教育的厚度

——基于『本真』视角的教学智慧与思考

周志友 著

东北师范大学出版社

长春

图书在版编目（CIP）数据

教育的厚度：基于"本真"视角的教学智慧与思考 /
周志友著. — 长春：东北师范大学出版社，2021.4
ISBN 978-7-5681-7536-4

Ⅰ.①教… Ⅱ.①周… Ⅲ.①中小学—教学研究
Ⅳ.①G632.0

中国版本图书馆CIP数据核字（2021）第062030号

□责任编辑：石　斌　　　　　　　□封面设计：言之凿
□责任校对：刘彦妮　张小娅　　　□责任印制：许　冰

东北师范大学出版社出版发行

长春净月经济开发区金宝街 118 号（邮政编码：130117）

电话：0431-84568115

网址：http：//www.nenup.com

北京言之凿文化发展有限公司设计部制版

北京政采印刷服务有限公司印装

北京市中关村科技园区通州园金桥科技产业基地环科中路 17 号（邮编：101102）

2021年4月第1版　　2021年5月第1次印刷

幅面尺寸：170mm×240mm　印张：16.5　字数：280千

定价：45.00元

序 言
PREFACE

　　说到写这本书，确实是一件很偶然的事情，也算是一件机缘巧合的事情。

　　2018年，广州市教育局给我颁发了一个"广州市名教师工作室"牌匾。这是一项任务，也是一个平台。

　　我当时想，自己在教育上已有34年的经历，并且至今还在教学一线，对教育、教学的思考也从来没有停止过。思来想去，要做就认真地做，不求做出多大的成绩，至少要争取做出一些成效来。一段时间内，我认真梳理了一下个人的教育、教学理念，结合当今教育现状，提出将"本元教学"作为工作室的研修主题，并把工作室的学名定为"本元教学坊"。在这一主题下，工作室组织开展了很多有意义的活动。

　　工作室成立两年来，为了和小伙伴们一起互动，也想起到一个示范作用，我先后写了40多篇关于教育教学的文章。正所谓教学相长，这对工作室成员启发很大。同时，写作也让我对教育、教学的思考又有了质的升华。

　　工作室成员邱蓝青，是玉岩中学教师发展处副主任，他对我说："要不，你也出一本书吧，这样可以让更多的教师了解'本元教学'思想，也可以了解一位教师的教育情怀和教学智慧。"想想也是，虽然这些文字是为了工作室成员研修而写，可也是自己几十年来对教育、教学的理解，于是我就同意了蓝青的提议。蓝青主任动作很快，马上拿来一份合同让我填写，其中一栏是"书名"，当时我就蒙了，但是马上要填上。蓝青主任看我为难，说书名可以是暂定名，我稍微放松了些，略加思考，就填了"教育的厚度"几个字。后来想想，还好不是"教育的高度""教育的深度"，这些我是不能碰的，那属于教育专家的事情。

　　教育的厚度，想想自己在教育战线已经34年了，确实感觉到了这个"厚度"。不过厚度最初的概念，是指教育很宽泛，内容很多。我如果把自己平常的自问独思、教育实践等材料收集整理，分门别类地放在一起，岂不是很厚？

在梳理的过程中，我渐渐地发现教育确实很厚，所以就有了"宇宙很厚，教育也很厚"这句话。这时候的"厚"，已经不是刚开始的那个"厚"了，这是很多层的那种"厚"，是一种动态的"厚"。

有了题目和主题，还有一个问题，用什么方式来写呢？

"很闲的生活，很散地写书。"这就成了一个基调，我想我没有能力按照论文、论著来写，不妨就用叙述的方式把书写成散文，轻松、真实，不仅写者轻松，读者读起来也轻松。

我先说说"本元教学"吧。

下面是"本元教学坊"创建之初写的一篇短文，大概能说明我的想法和初衷。

为什么是本元？

"广州市名教师工作室"这块牌子可谓重之又重，而且是头轻脚重的那种重。"工作室"是个实体，有名有实。名者，名师，实者就是要做事。怎么办？上不上船？这是一个问题。

其间，一个想法打动了我——对于一个常常沿着河边散步的人来说，如果这时有船过来，说可以让你试一试开到对岸去看看，而且免收船费，你去还是不去？想来我们就会有一种探险的冲动，对岸的未知确也是一种诱惑。

就这样，算是上船了。但是上船就要开船，开船就需要动力系统，动力源泉在哪儿呢？

"还有几年就退休了"，也可以说"还有几年才退休"。既然有了一条船，何不驾船驶向远方，看一看不一样的风景，也可以漫溯源流，"来回"走一走，找一找，看一看，倒是件赏心悦目的事。

11名成员再加上几十名网络研修学员，我们组成了一个"航班"，给本次航班取了一个名字——"本元教学坊"，为什么是"本元教学坊"呢？

现在较多的事情已经离开了"本"和"元"，或者说顾不上"本"和"元"。事事运行，乍一看是越行越远，实际上也有可能是越走越偏，走偏了还要一路高歌猛进，思之，有些令人不知所措。

毫无疑问，如今我们所处的时代是历史上从来没有过的时代。无论是科技还是人文都发展得太快了，以至于很多人发出"等一等"的感叹与无奈，如"放慢自己的脚步等一等灵魂"，我也不得不说"让科技发展等一等人文""让教学改革等一等教师和课本"。也许这一切都是"受力不均"所致，变形就是自然而然的了。

这种无奈，不是怕快，而是害怕回不来。出发是为了尽快地到达，也是为了更好地回归。没有归程或者说回不来的出发，那只能叫失联或者赴死。

所以，脑海中就冒出来"本元"两个字。

事实上，万千世界，眼之所见，唯一静一动，也即一物一事。

"物"者有本，干、枝、叶之分，一切又以本为最重。比如树，枝枯叶黄，多是本因。所有之物，皆如大树，忘本而长枝叶，最多长成风景，不能成为栋梁。

"事"者有元，形、态、势之别。所有都以元为始祖，如数学学习，概念、原理为元，所有经历都从元开始，丢了元，走不远。百事似溪流，从哪里流出，流经哪里，有迹可循，都可追索。另辟蹊径也可成流，只是它变成了另一条溪。

世间凡事皆有本元，只有关注本，做事才不偏离，才能走得远。重视了元，不但走得远，还能够回来。

本元，就是事物之本真、本味、本来。

若问人生的本元是什么，这绝对是一个很大的问题，却也是很直接的问题，每个人内心都会有这样的疑问，只是很多成了自问自答的过程，没有被显性化，也可能是故意回避。

人生的本元就是活着，有情趣、有尊严地活着。知道了本元，对于过好自己的人生，大致方向就错不到哪里去，不会出现一直在过别人的人生这样的尴尬。

若问社会系统的本元是什么，应该说是群，或者说是集合更易理解。群，特征之一就是分类，就好像集合与子集的关系，分类也就是常说的层级，不同层级有不同的属性。这个属性不仅仅是物质或财富上的，也可能是信仰上的，还可能是精神上的，等等。层级不是人为的，应该是自然的。层级不是固化的，层级是自由的体现。基本层级形成后，个体会在自己所在的层级里面生活、交流。层级确定并不代表层级的个体不变，个体会有相对的流动，而这种流动除了个人的力量外，更多的看社会整体的外力。

每个人在本层级里面，会更有安全感、自信心和幸福感。

当今我们进入了一个层级模糊的时代，由于数字技术的到来，信息传播方便，大家好像都处在同一个层级，所有的事情都在共享、参与，而且是互动式的参与。这样无形之中就互相干预了生活，带来诸多问题。

若问人与社会如何协调，怎样创建一种理想状态的"关联"，两个字——规则。规则是本，所有其他都是边。比如"秩序"，比如"文明"，等等。

社会结构就是要编织一张大网，把所有的都联结起来，不能乱，要有序，还要有纲。这些就得有一种约定，有了这些约定，能这样不能那样，"这样"就是规则，"那样"就是反规则。社会就是在不断地确立规则，不断变得文明、有序、规范化。

若问教育该如何，教育是人类社会一项重要的活动，本应是一泓清泉，或宁静，或独立，走自己的路让别人去说。可是，现在的情况是静不下来，静有可能被说成"保守"。因此，围绕着教育方式、教学模式的话题，大家谈论得很多，声音也越来越杂。细想起来，有时候教育走得也够快的了，只听得见风声雨声，呼呼吹过，哗哗淋过，却也把脚印模糊了，没有留下什么。走得太快，甚至让教材、教师都跟不上了。这或许是让教育承载太多所致。

创新，确实需要，教育创新更是需要。创新之"元"是什么？创是基础，新是目标，而创的本来意义是"做"，不是心想，不是展望。现在有些创新，都是离开了其"本元"的"做"，直接奔"新"而去，其结果变成了走捷径。

最后，教学才是本元教学坊的重点，也是该书的重点，我会用六篇内容，将教育、教学之本元及其意义慢慢道来。也是相当长一段时间内同船的伙伴们的共同话题，期待这条船越行越远，也期待能随时回航、上岸。

河流去向万里但有"起源"，教育厚到千层终有根本，用"本元"来诠释"教育的厚度"倒也贴切。

在此，要感谢"本元教学坊"的伙伴——刘珊珊、邓四元、邱蓝青、邓美英、杨健美、王磊、黄意良、刘芸琪、叶谊、刘慧娟、陈素清11位老师，因为有了你们，才有了"本元教学坊"，才有了这本书。这些成果是我们两年来共同的思考、同行的印迹。

　　还有，书中提到的孟纯初、印贤文两位教育大咖，他们分别是玉岩中学的首任校长和第二任校长，也是我在教育之路上的领航人，对我的教育思考影响很深，在此一并感谢！

周志友

2020年6月30日

目 录
CONTENTS

第一篇

01

教育篇
——教育很厚

导言

宇宙很厚

那么强的光都穿不透

教育很厚

三十六年时光只有些许感受

教育

有时候被表述得很薄

就是一张试卷的厚度

一开始就能看透

教育

有时候又被裹得很厚很厚

厚到一层又一层

总也理不清它的结构

教育

在外面会感到很薄

走进去

才知道教育的厚

教育的三个层面

什么是教育，或者说教育是什么，都是很"大"的问题，表述出来需要有渊博的知识与学问，要综合很多学科，做大量研究、论证，才能说出个一二，这不是我所能表述的。

学习过"线性回归"的人，在大脑中都会留下两幅图：一幅图，是很多点集中在一个"块状区域"内，还有一幅图，是很多点分布于一个"条形区域"内。教师会用这两幅图让我们判断，哪一幅图中的点具有线性相关性，哪一幅图中的点不具有线性相关性。

当然，我说这个，不是来判断相关性问题，我是用两幅图来形象地说明一个问题——教育是什么样的？

首先，我们假设把图中的每一个点都对应一个人。

如果说世界上没有教育，那么这些点的分布就是"块状"，有了教育以后，其分布就会是"条状"。

那么"块状"与"条状"有什么区别呢？

可以这样感性地分析一下，"条状"相对于"块状"有这样三个特征：一是这些点好似离开了自己原来的位置，走向一个群体。

二是这些点都围绕着一条主线，有明显的规则或价值意识，这也是最明显的特征。

三是从"条状"看，整幅图是向前发展的，有一种动感和希望的预期。

因此，我们可以得出这样的结论——教育就是要让人走出自我，走进社会主流，并能按照规则在社会中有立足之本，然后去推动社会向前发展。

我这个表达，有三层意思：

第一个层面就是人要有基本的生存技能和初步规则意识，这应该说是每个人都必须具备的。比如，行走、说话、使用工具、待人接物、读书写字等，这些都属于基本技能。如果说这一层面也需要教育的话，一般来说较为简单，通过自主性学习、零星的学习就能掌握。举一个例子，大家都使用手机，对手机的使用确实不需要特意去学习，大多靠自己观察、摸索就能完成学习。语言的学习也一样，只要有一个正常的学习语言的环境，家庭中就可以完成基本的语言学习。

除了基本技能以外，还有礼仪与规则，也是可以在家庭教育中完成的。比如用餐礼仪、对话礼仪、交通规则、守信规则等，这些比基本技能更重要。这些方面的教育可以统称为家庭层面的教育。

第二层意思是人要有一定的能力。这些能力的获得需要在专门从事教育教学工作的场所——学校来完成。这也是每个人都要完成的一课，最为正规，也最为重要，既能让每个人发挥出自己最大的潜能，发光发亮，成就自己，也是对每一个人进行分层分拣的一个过程。

第三层意思是人必须参与社会活动。人终将走入社会，参与社会事务，在实践中学习、发展自己，人要到社会这所"大学校"中历练成长。这是一节最长的课，在这里面看不到教师，却又人人为师；会有收获，也会有所失去；有成功，也会有失败。

简单地说，三个层面就是家庭、学校与社会。这三个层面的成长，就是教育的三个层面。

一、育于家庭

接触了很多家长，发现现在的家长越来越开明了，已经不是我们那个年代的样子了——只是追求孩子有出路、有工作。现在不同了，已有部分家长认同——孩子的成长过程，成人与成才两个方面都很重要，建立了孩子的健康成长理念。这里说的健康，当然包括身体健康、心理健康，还有情绪健康和兴趣健康等。

如何才能让孩子健康成长呢？第一步最为重要，就是家庭育人，在家庭育人中，我提出一个关键字——育。

育，本意是养子使作善。所以可以理解为，育不同于教，育的方式单一、单纯了许多，如果用流向图来说明的话，育的方向就是从家长到孩子，家长以一种近乎绝对的权威，要求孩子该怎么做，不该怎么做。在这一点上，不是不尊重孩子，也不是不平等，更不是育人上的倒退，而是育的特征决定的。

所以，我把育这个层面放进家庭教育，感觉更合适，也很急迫。

为什么这么说呢？

1. 家庭教育很薄弱

很多学校校园内挂了"家长学校"的牌子，什么意思呢？就是说，关于家庭教育那些事，还是由学校来主导的。这是目前很多地方，包括经济发达地区的一种普遍现象。这种现象的存在，造成的后果就是——致使孩子接受的教育不完整，有缺失，有的甚至是断层，严重的会影响孩子的身心健康，使得孩子在心理、性格、品质方面有缺陷。原因一，家长没有这方面的意识，这样的家庭还不少。主要是家长文化程度不高，坚持传统的育儿观念——自然生长，只是做到把孩子养大，长大了就送去学校读书，再大一些孩子就出去挣钱贴补家用，自谋生路。这种家庭走出来的孩子，问题倒不会很大，要么孩子本身懂事，知道自己去学习；要么是在父母典型的放养式环境下长大的孩子，不太懂事理，但也不会有心理问题。原因二，家长没有更多的时间。这部分家庭在城市里占比更高，家长工作压力大，整天在外面跑，与孩子没有交集，即使回到家里，也会很累，没有精力陪孩子。

2. 家庭教育的特征

既能把学生教育好，又能把自己孩子教育好的教师，确实非常了不起。毫不奇怪，很多教师能把学生教育得很好，可是在教育自己孩子上，很是头痛，这说明家庭教育更复杂，更需要学问。同时，也说明家庭教育与学校教育不能等同，不能互相替代。

毫无疑问，已经有越来越多的人意识到了家庭教育的重要性，这也就是出现了很多"家长学校"牌匾的原因。但是，把"家长学校"牌匾挂在校园内，也说明教育界重视了，家长或者说社区、社会还不够重视。

家长学校，顾名思义，就是家长学习的地方。家长学习什么呢？或者说家长学习是为了什么呢？

在家长学校里，家长主要是学习"育儿"的知识、方法，目的是更好地配合学校教育，让孩子身心健康地成长。

那么，这些知识是学校教师能教的吗？答案是"不能"。

教师研究的是如何教育"学生"，家长需要学习的是如何教育"孩子"，教育孩子与教育学生有什么区别吗？非常肯定地说——有区别。

教育孩子是家庭教育范畴的事情，它的目的决定了它的内容和方式。

家庭教育有哪些区别于学校教育的特殊性呢？

（1）亲情血缘，具有天然的力量，可褒可贬，可骂可罚；

（2）家规家训，是有个性化的传统有效的做法；

（3）长期连续，别人皆为片段，唯你是一份长卷！

从这三点来看，家庭教育确实是学校教育所不能替代的，一般来说，这一环节失灵了，再求救于其他方面，难度就大得多。

3. 家庭教育做什么

全社会都应该越来越重视家庭教育，这是教育界的呼声，但目前还是停留在"口号"层面。一方面，家庭教育还没有引起足够的重视，甚至有些人会认为，这是学校在推卸责任。另一方面，即使有部分家长重视这个问题，但是在如何做、做什么等方面，观念和准备都跟不上。

如果家长真想学习的话，我建议可以学习或补上这几课：

家长学习第一课——知行第一

知，一方面家长要知道孩子成长与家庭教育是相关联的这样一个现实。不可否认的是，很多家长还不知道，或者说还不算是真正知道家庭教育的存在及重要意义，会错误地认为家庭教育可能是家庭状况比较好的家庭才有的，与自己无关，将孩子送到学校，好好学习就可以了。

知，是指伴随孩子成长的整个过程中家长所具备的这方面的知识。这就需要学习、培训或交流。当然现在用得最多也最有效的方式是父母们相互交流。但是这些都代替不了家长自己看一些有关的书籍，再结合自己对孩子的观察，实施有效的方式进行教育。

有哪些知识呢？这是很专业的问题，可以根据自己的实际情况，收集整理所需要的东西。比如，儿童心理学常识、儿童发育常识，还有卫生健康常识、安全常识，以及一些方方面面的通识知识等。

行，就是要行动起来，可以说新生代家长在"知"方面可能要强于"行"。

这可能与现在的生活节奏有关，也可能与工作压力有关，当然也有自制力不够的原因，心里想到了，可就是做不到。

我有一位同事他在家庭教育方面可以说有自己独到的理解和做法，自然也取得了非常好的效果，一直以来都是大家学习的榜样。我在此分享一下他在子女教育方面的故事：

有愿景。他，或者说他的家族，一直在遵守一条铁律——那就是必须做到一代更比一代强。父亲一代如此，本人如此，孩子也一定要如此。

为了遵守这条家族铁律，可以说他付出了很多，也承受着很大的压力，包括经济方面的压力，但是他一直坚守不悔。

大女儿在国内很好的大学读书，毕业后，在这位爸爸的主导下，女儿申请了继续到国外深造的项目。可能大家都会和我想的一样：怎么舍得让"小棉袄"去那么远，不回来怎么办？毕竟出国读书经济负担也不能不考虑。他有两点理由，我感觉还是很能说服人的——一是孩子所读的大学没有超过她爸爸（事实上都是国内名牌大学）；二是爸爸已经工作、生活在广州这样的大都市了，唯有出国经历才可以有所超越。我们都很佩服，这就是一种愿景的引领、方向的指引。

我认为有这样的愿景是对的，是社会或者人类向前发展的动力，相反就是不对的。也有家长说，只要孩子健康、平安就可以了，不求大富大贵。其实这是不负责任的想法，你还不能给孩子做这个决定，除非孩子已经到了十八岁，自己能做决定了。这之前，父亲就应该给孩子提供能成大器的基础和愿景。家长不求上进不能代表孩子不求上进，家长所处的时代和环境不能代替未来的变化与形势。

有行动。我这位同事的小儿子还没到三岁，对孩子的全面培养便提到日程上来了。说一个细节——首先在小孩生活的环境方面进行特别用心的优化。客厅不装电视，只放书架和书籍，旁边还放书桌和座椅。另外，凡是在客厅，就不能使用手机，除了读书就是和孩子做游戏、听音乐。这样在孩子的可视范围内，是一个读书、游戏的环境，自然而然小手就伸向书架了，拿着书随便翻一翻、玩一玩，读书习惯就养成了。

家长学习第二课——言传身教

言传，并不是指父母的专门教导、教育，父母说的每一句话、做的每一个动作，哪怕是不经意的，也都是孩子的教材和课本，而且对孩子影响深远。

有一点几乎是真理——你想让孩子成为什么样的人，你就该说什么样的话。要想孩子阳光，你就得正能量；要想孩子向上，你就得积极进取；要想让孩子有文化，你就得手有书香。父母（特别是在孩子的成长阶段）是孩子最近的榜样，你若高大，孩子自会强壮。

身教，就是行动，就是以身作则，你若不会说，你就得会做。做是无声的表达，更有力量，更有画面感，而画面感真的很重要。差不多有六年过去了，一位玉岩校友回母校看望老师，无意间看到了我，他说："老师，您还记得我吗？我入学的第一天是您和我们一家面对面进行'家校恳谈'的，至今我还记得当时的画面——您说，今天我们四个人坐到一起，一边是家长所代表的家庭甚至是家族对我的期望，一边是校长所代表的学校教师对我的关怀和培育。这个画面我记得很清晰，也许永远不会忘记。"是的，他的家长能请假陪着孩子来，这就是行动，玉岩校长能与家长一起当着孩子的面，进行特殊意义的"三方恳谈"，这也是行动，也许学生不记得当时我说了什么，能记得有这次恳谈就足够了，也许有很多事就会改变。

家长学习第三课——陪伴成长

家长与孩子一起成长，孩子需要的可以用两个字——"陪伴"来表达。"陪"与"伴"是不一样的。

陪，就是家长保证与孩子在一起的时间，或者下班，或者周末；或者游戏，或者运动；或者读书，或者画画等。

如何更好地陪呢？"陪"的字面意思是：跟随一起，从旁协助或帮助。注意，只是在孩子需要的时候，站出来提供援助，不是一直左右孩子的行动。

事实上，我们大人很多时候是做不到这一点的，大都会把自己的想法强加给孩子，左右孩子的想法和行动。举一个例子，我们都会带小朋友去公园、动物园玩。有时候我们感觉某个地点不好玩的时候，就会让孩子换一换地方，其实我们不知道，小孩可能是喜欢这个地方的。还有，如果自己感觉到一个地方有危险，就不让孩子碰，这样，离"陪"字就越来越远了。正确的陪法，应该是让孩子玩，自己要做的就是提供必要的帮助，包括提供保护。

什么是伴呢？从"伴"字的演变看，甲骨文的"伴"是两个同行的人，后来右边的人用"半"代替，意思是两个人各占一半，即两人要相近相仿才能成伴，也就是说，小伙伴才是孩子的伴。

因此，家长在陪的同时，还要让孩子与年龄相近的伙伴一起玩。他们一起玩，建立的关系是平等的互助、原生的互动，有他们自己的语言及交流方式，这是其他的伴所无法替代的，有伴对小孩子成长尤为重要。

当然，家长如果俯下身子，从孩子的角度思考问题、设计活动，从同一个角度看世界，这也是一种"伴"，是爱的"伴"、亲情的"伴"。

愿天下孩子们有陪有伴，在陪伴中快乐成长！

二、学于学校

显然，一个人只是有技能、懂礼仪、守规则等，是远远不够的，尤其是当今时代，需要通过知识改变更多，获得更多。

知识的学习要具有系统性、科学性和方向性。毫无疑问，学校教育是完成这项任务的唯一选择。

为什么说是"唯一"呢？

专业的事要由专业的人去做，教师具有教师资格证，可谓专业人才。这个专业，是指教师具备教育学、心理学知识，也具有学科专业知识，同时还了解教育政策，能够把握总体教育方向，并对孩子的成长规律有所了解与认识。

可以得出结论，学校教育是每一个走进社会的人都必须要经历的，这也是每个国家都重视学校教育的原因。在讨论学校教育诸多事情之前，先看看学校教育存在的一些问题，了解了这些问题，我们在接受学校教育的同时，也要积极思考，看如何避开或解决它们，让我们的学校教育更美好。

1. 目前学校教育存在的误区

严格地说，不能说是误区，因为道理大家都知道，只是在实际运行中会走偏。

一是太"专注"于智与能方面的教育。升学成为中小学教育的主旋律。具体地说，升学几乎成了学校教育的唯一目的。因为体现升学的指标是成绩，成绩最为可视化，所以学校的主要工作都集中在如何提高考试成绩上，相对来说，其他方面就会弱化。

这种状况能长期存在原因有很多，其中，与学校、家长在目的上的"一致性"有很大的关系。家长要成绩，学校给成绩，一切变得如此默契与简单。但是，从长远意义上看，一定会有改变，只是时间的问题。

二是太把学生看成"学生"了。什么意思呢？就是说，我们对学生的认识滞后了，把学生"看低"了。现在的学生很不得了，在某些方面获得的知识甚至会超过教师，他们有很多获取知识的渠道。他们看的书，或许教师都没看过，或者不会去看，这也会造成在认识上的脱节，思维方式上也对接不了。可是，我们还总是感觉，学生来到学校就是学生，我要按照我的方式来教你，这样就容易出现对立或对抗。

这一点，必须尽快改变，要形成一种新的学校教育观念，正视和享受"教学相长""学学相长"。也就是说，学校把一群学生集中起来，形成一个学习共同体，这里面可以是学生向教师学习、学生向学生学习，还可以是教师向学生学习。这也是学校教育的优势所在。

三是"学"相对于"教"来说，还是被弱化了。新的教育理念，虽然或多或少会关注到学生在学习过程中的主体地位，不过真正落实下来，还是有很远的路要走，基本上还是"教"大过"学"。在整个教育系统或者说是业界，研究教法的居多，研究学法的很少，即使是对学法进行研究，也仅仅局限于教师的研究，教师去指导学生如何学，其实这还是教。如果到哪一天，学生在研究学法，而且互相切磋、交流，才算是学生真正走上前台了。

2. 学校教育在专业性上无可替代

教育，从某些方面来说，算作科学的范畴。做教育就要尊重科学，讲究规律。因此，教育要由专业的人来完成，这些专业的人才是支撑学校教育实施的基本要素。

作为教师不能认为这个要求过分，或者这个标准太高，这是教师之所以为教师的最基本的特征。

这个问题我们可以从家长角度来看。我们都是家长，教师也不例外。如果我们的孩子或孙辈在一所学校，他们闷闷不乐的时候，你是否希望教师能及时发现并进行开导？如果他们情绪失控，你是否希望教师能准确判断，并进行干预？如果他们学习遇到了困难，你是否希望教师能更深入地分析原因，并进行补救？等等。答案都是肯定的。

学校很专业，要承担专业任务。因此，学校会在文化学习与锻炼身体之间寻求平衡，会对室内学习与室外活动划分比例，会在理想教育、成才教育、成人教育方面有标准。

3. 学校教育在环境上无他可比

这里说的环境，是指学习的环境、成长的环境。

学校教育就是把不同家庭、不同性格的孩子聚集到一起，以班级为单位开展教学活动。因此，要把这个群体的群体性体现出来，也是学校教育的另一个特征，这是其他方式所不具备的。

群体性如何体现呢？两个字——影响。对于教育，我有一种自己的理解或信仰："教育不是教导，不是开导，甚至不是引导，教育就是一群人之间的相互影响。"

一个班级，一群人，在一起，一起学习，一起生活，一起开心，一起互相影响。

影响，当然也会有两个不同的方向——向好的方向影响和向坏的方向影响。向哪个方向影响，这就需要教师来把握了。

要想从影响中收获更多，就要有一个开放的班级环境、自由的活动空间。因此，建设一个优秀的班集体就显得尤为重要。

好的班级氛围要把以下三点发挥到极致：

（1）交往

学生在学校里面有一项特别重要的学习任务，就是学会交往。学校从某种意义上说，算是一个过渡、一层保护。首先，在学校里，这时候学生之间的交往还是单纯的，是容许失败的，利用好这个学习阵地，对今后融入更大的群体大有益处。其次在学校、在班级里，学生有一种积极的交往需求，学习中遇到问题，就需要向同学求助，知道找哪位同学，怎样沟通，如何表达感谢，这都是锻炼；也要学会向教师请教，克服心理障碍，要敢说敢问，要大胆、大方，锻炼自己的语言表达能力，增强心理素质，学会沟通礼仪，让自己融入集体，展示优秀。最后，学生在交往中能够提升自己，通过交往，他们会发现同伴的长处、优点，学会为别人点赞、喝彩，也能弥补自己的短处，让自己强大起来。

交往是成长过程中重要的一环，在交往过程中也可以培养价值观，锻炼辨别能力，培养并完善志趣。

（2）讨论

无论是学习方面的，还是活动方面的，只要遇到了问题，自己没有办法解决的时候，在学校能有讨论、争论的机会。讨论，也就是辩，这是认识和解决问题的最好方式。正所谓理不辩不明。为什么辩就可以明呢？辩就是对一个问题的多方面进行举证、否定，再举证、再否定，当然，这两者之间不是越分越开，而是逐渐靠近，逐渐接近，慢慢就会形成结论，也就解决了问题。

讨论的一个特征是，双方是平等的、互相尊重的，没有权威，不固守经验，是看理说话。

讨论的另一个特征，就是公开的、有听众的，所以要做好充分的准备，对知识与能力都是一个挑战与提升。

讨论，是不同观点的碰撞。在学校教育中，要让讨论这个关键词的效用充分发挥出来，这也是学生在学校学习一定要享受的一个"福利"。

（3）"攀比"

打上引号的攀比，其实还是攀比，无非想给它一个褒义。

一个孩子的成长必须在集体中来完成，因为集体可以给他多一个成长的参照。

我做过一个实验。在一个假期里，有很长一段时间是由我们带我家小松果的，其间的经历有很多具有启发意义。小松果来我们家大约两周以后，为了规范作息，并且鼓励松果的主动性，我制作了"王珞珩一日作息及评价记录表"，之所以用学名王珞珩，是想强调其"学习者"的身份。设计了起床、洗漱、早餐、手工、斑马英语、悟空识字、午餐、午休、自由活动、少儿节目等评价项目，项目表现优秀的奖励一朵小红花，项目表现欠佳的要奖励一朵小黄花，当然，要提前"灌输"给她小红花是最棒的，黄花有点警告的意思。

第一天结束，记录表上有六朵小红花，松果很高兴。第二天更积极努力，得了七朵小红花。可是，小松果后来几天的兴致就不如前几天了。我分析，之所以这样，可能这种评价对她来说还太早了点。但是，有一个重要的原因，这种评价一直是自己和自己的过去进行比较，维度太单一，也不足以刺激其有更多的表现欲望。我就想到，在评价上除了有纵向的比较以外，还应该有横向的比较，也就是与同伴比较，与同伴比较维度就丰富多了，动态性也好一些，因为同伴不止一个，是一个群体。

与个人比较可以使个体进步，与同伴比较可以使集体进步，这也是体现人的社会性的一个方面。一个社会必须有互相之间的比较与竞争，在比较与竞争的动态发展中，我们的社会才会进步和发展，才可以创造新的文明与历史。所以说，群体的"攀比"是一切发展的不竭源泉。

学生走进学校、走进班级，其实也就进入了"社会"。在这里，无论你愿意还是不愿意，都会出现一种动态的分布。这时候，教师就会起到作用，要让这种分布朝着积极的方向聚集、流动。

如何做到这一点呢？过去讲的"比、学、赶、帮、超"可以作为一个集体活动的永远口号，如何把它具体化，让这种"攀比"更具人文性和可操作性，这就要看教师的管理艺术了。

4. 学校教育在成长评价上有独到之处

学校教育是专门的教育，是正统的教育，所以在评价机制上有其权威性和综合性。

学校会对学生在校期间的德、智、体、美、劳等方面进行单独评价与综合评价，使得家长可以随时随地了解孩子的成长情况，还可以知道孩子在群体中的情况。学校通过阶段评价来促进孩子的进一步发展。

目前来说，虽然有多维度的综合评价，促进学生在学校教育中获得更多元的发展，但不可否认的是，目前对于知识的学习评价还是主要的，不过这并不影响学校评价机制的权威性和综合性，它还是能在一定条件下起到激励与督促作用的。同时，我也不认为，知识与能力是分开的，知识是能力的基础，有哪方面的知识，就会有获得哪方面能力的条件与基础。

人们常讲的"高分低能"，这里的"分"不是知识，也不能代表知识，分是瞬间形成的一个符号。而有了真正的知识，就有了解决与知识相关的问题的能力。比如，有了数学知识，就具备了解决数学问题的能力，至于能解决到什么程度，那是过程与实践的问题。

在学校的评价机制中，除了对学习知识的评价外，还有德、体、美、劳等方面的评价，这些对于一个孩子的健康成长具有重要的意义。

5. 学校教育对完善人格至关重要

人格作为区别一个人与另一个人的重要特征，既有先天性，又有后天性，后天性主要体现在个体投入集体中、积极参与实践后，在过程中形成的个性特征。

一个人从家庭走出来，进入学校，其特征之一，就是走到集体中来了，并且在集体中参加各项活动，通过活动完善自己的人格。比如，在学校要学习，学习就会遇到困难，如何克服困难，这是很好的历练。遇到困难后，有的同学会退缩，有的同学会懊恼，有的同学会寻求帮助，有的同学不解决好问题决不罢休，等等，但是随着集体生活的影响，可能会逐渐发生改变，并向着积极的方面改进。

在学校，还要有意训练与他人的交流，如何让别人接纳自己、喜欢自己，与同学有矛盾了如何处理，这些要自己去想、去做。不同的人可能会有不同的方法，这没有公式，也不存在经验，自己要从中体会成功的快乐，也要学会接受失败的结果，重新开始。

三、律于环境

要引领或推动社会发展，就需要有引领社会前进的能力与品质，这是对教育的更高要求，也能使人达到更高的境界与高度。这样的人，除了具有基本技能、必备知识以外，还需要在综合素质上达到更高。

在综合素质的构成中，基本素养占了很大比重，其形成，更多的是一种自律行为。是一个人走入社会以后，一种自身的修炼与提升。自律，是环境对人自身的影响、改变、约束，而不是通过学习或教导达到的。

环境为什么能影响人呢？其实，人都有一种本能，要与环境尽量达成一致性或和谐性，以求获得一种安全感、存在感。

很多人都会有这样的感觉——走在路上，如果突然迎面走来的是一位西装革履又非常有气场的人，哪怕是一个人，自己也会挺直腰杆，更加大方风度地走过去。这就是一种本能，每个人都是想尽量与环境相称，这是一种力量。

还有，当我们走进某些庄重的场合后，在行为举止方面，不自觉地就会有所改变。举一个例子，学校在每周一都会有升国旗仪式，在这种庄重、严肃的氛围中，每当主持人说请大家"整理着装"的时候，在场的每一个人一整套流程就会不自觉地自主完成，并且立得正、挺得直。这是一种自律性的学习，是人的基本素养养成的重要途径。

一个人的基本素养有哪些呢？

1. 守规则

规矩成方圆，入世之需。

规则意识不是在幼儿园就开始培养了吗？怎么在这儿提出来呢？原因很简单，学会了，知道了，甚至是养成了，这样还不够，必须放到具体的环境中去检验，因为环境会影响人。规矩，不是知识，你无法自己学到。规矩是大家都要遵守的，而且是要一群人引领另一群人去遵守的。

规矩，难就难在对别人讲规矩，到自己就忘记了规矩，这是我们每一个人的痛点。规矩被破坏的原因有很多，有一些还具有迷惑性、诱惑性。比如，学校招生，上面每年都会有具体方案，可是每一所学校，只要是自己有可能，都想在这些办法、方案之外开一个口，招收更好的学生。这时候，没有人会认为自己在违反规矩。

所以说，守规矩是一件难事、苦事，但是社会生活需要规矩，所以个人要守规矩。

2. 讲秩序

秩序建和谐，存世之诀。

秩序和规矩不同，规矩是静态的，秩序是动态的。比如，有一百多人去参加一个培训，一般情况下是不会在座位上写名字的，这时候大家怎么就座呢？规矩，大家都不会破坏，一人一座，那么是不是这样就可以了呢？事实上，只有规矩不够，还要有秩序。实际情况是，这时候很少人会注意到秩序问题，每一个人都是依照自己的方便在找座位，这个过程很是混乱。混乱对大家都会有影响，后来的人要进去找位置，开始入座的人要起身让道，都不得安静。那么入座的最好秩序是什么？如果两边有通道，那么第一个人最好就坐在这一排的中间位；如果只有一边通道，第一个人就坐到最里面，后面的人依次坐下去，就不会互相影响，而且会场也会异常安静。这就是秩序。

社会是一个大会场，一个良好的运转秩序很重要。建立秩序，要靠每个人的参与。显然，第一个坐在中间的那个人更为重要，需要有更多一些这样的人。这些人不是培训、培养出来的，是一种更高的修炼与达成。

3. 懂礼仪

礼仪显君子，处世之成。

每个人都是社会人，少不了要有交往，所有的交往都应该以让对方感觉到舒服、愉悦为标准，所以，有礼仪的交往就显得尤为重要。这种礼仪不只是在正规场合使用，或是在有目的性的活动使用，要做到在日常交往中也要用，它会让人感觉到放松、快乐。

在出入公共场所的时候，大家都会顺手给后面的人挡一下门，本人做了很长时间的观察，发现最初说谢谢的人比较少，后来说谢谢的人越来越多了，但是回答"不用谢"的人又少之又少。为什么呢？可能我们还没有把这当成礼仪行为，认为前者只是一种习惯，或者是一种"责任"，也可能是礼仪还没有进入每一个人的交往活动之中吧。

一个人在礼仪方面做得好，那么他就会成为一个自信、成功的人。

4. 善判断

判断真智慧，为己之利。

判断，就是对一件事情做出对与错、是或不是的结论。判断书本上的一道题是对还是错可能并不难，大千世界，事物万千，数据时代，信息无数，要在众多的事件或信息中做出正确的判断，不是仅靠知识就能完成的，要有足够的智慧和严谨的态度。

举一个简单的例子，网络信息大量传播，其中不乏公众热点事件，这时候就需要对事件的真实性有一个判断，而不至于人云亦云。

5. 能克制

克制源自信，为己之益。

人都是有情绪的，管理好自己的情绪状态是极为复杂的事情。人不可能长时间地处于一种心境，当受到外界因素影响时，往往会有变化，这是很正常的情形。个人所要做的是，使这种变化发生在可控范围内，避免发生一些激情行为，这就需要一定的应激能力。

能否控制情绪状态，或者有一定的控制能力，是需要长期历练的事情，也是在实际生活中锻炼出来的能力。

教育的"三维一经"

在此，我想通过对教师的工作定位来阐述学校教育的"立体架构"，以期使教育同人及关心教育的朋友对学校教育有一个全面、深入的认识与了解。

36年的教育经历，36年的教育思考，使我真正体会了"教学相长"的道理，我跟着学生一起成长，在此过程中得出一些"结论"，这也算是收获的一部分了。

归纳起来是这样，作为一名教师，我们的工作应该是用三个维度与一个经度，构成一个稳固的结构。

维度一，是"教"。

维度二，是"育"。

维度三，是"培"。

一个经度，是"学"。

三个维度，无轻重之分，也无好坏之别。它们共同形成一个"面"，至于这个面是平面还是曲面，是柱形还是球形，或是其他什么形，都不重要。依我看，其并无定型，在教师的工作进行中，它是动态的，是在寻求一种平衡的过程中趋于完美的。

如果教师工作只有一个维度，那只能说还仅仅在"线"上工作。如果我们有两个维度，那就在"面"上耕耘了。当我们拥有三个维度的时候，那就是名副其实的"人类灵魂的工程师"了，因为我们是从学生前面走进学生中间，再走进学生心灵，会有一种特别丰满、踏实的感觉。

当然，纬线只有与经线联结才有意义，才能形成结构。

一、三个维度

维度一——教

所谓"教"，是大多数教师能做到的，也能做得好的，这也被认为是最常规、最重要的一个方面，是最为显性的层面。

"教"的释义是：把知识或技能传授给别人。关键词是"传授""知识或技能"，侧重的是学业。特别指出，下文说的"教"，都是指学科知识学习方面的"教"。

在"教"这个维度，教师的基本功应该体现在以下75个关键词上，吃透这些字的含义，才能称得上真正地理解了"教"，也做好了"教"。

教，可以看作一个独立而又完整的系统，在这个系统中，我们要从科学性、人文性和艺术性三个方面来理解并实践"教"的任务。

第一，教，要会教。在此基于"教的科学性"提出：

通本个案，简入彻解，固根强干枝叶茂

通本个案：

通本。一是通晓作为知识载体的课本；二是透彻理解知识的本元。教师以课本为本，对知识产生的本和元理解通透。对于这个本，能做到可薄可厚——薄如纲领，厚可著书。所谓薄如纲领，就是教师，要对课本知识化繁为简，提炼主干，知道哪些是最重要的、最本质的，能在万千之中找一二，这是教师的基本功。而厚可著书，是说在给学生讲解的时候，对于每一个细节，以及每一个知识点的产生、发展及背景，都了如指掌，在桶水之中取杯水，万次而不尽。

这就是专业，专业的人要比其他人更通透。

这就是功底，在此基础上，如何形成个性化教学设计？这是整个环节的基础。

个案。修成个案，是相对于通案而言，一是指教师的个案；二是指学生的个案。

如何把通本修成个案，重在一个"修"字。修，指修为，也有编撰与修复之意。

不管教师是怎样的饱学之士，对知识内容理解得如何到位，要想把它传授给学生，还得有设计的能力。对于给学生上的每一节课，都要经过认真思考、设计，反复修正，在体现个人风格的同时，要符合学习者的认知基础、心理特征，以及知识本身的规律，只有这样才能提高学习效率，提升学习效益，达到事半功倍之效。

在现实中，有不少教师在上课时，使用的是"通案"。这里所说的"通案"，一是指本人原来的教案，二是指从资源库中下载的教案，三是指备课组集体研讨的教案，这些都不是"个案"，对学生的学和教师的教，都会造成阻碍。因为教师用起来会不顺畅，没有自己的逻辑与流程，自然也会影响学生的学习进程与效果。

通本个案，是对教师在备课方面的基本要求，也是加深教师对学科知识理解的很好途径。如果一名新教师能有一轮如此的备课经历，相信会对学科的深度、难度有一个精准的把握。

修，不达不休。

简入彻解：

通本个案算是设计层面的标准，从教案到学生，还要经过课堂这一环节。不得不承认，有不少教师的教学设计很好（目前的教学资源太丰富了），教学效果却不尽如人意，我想原因可能有二：一方面，教学设计可能不是自己的"元"设计，用起来不是很顺，不符合自己的课堂；另一方面，可能就是缺乏课堂教学的真功夫。

简入。一节课的内容无论多么繁杂，无论难度多大，开篇进入都要简洁明了，然后渐入深处，不把学生挡在门外。有的教师恰恰相反，把简单的问题复杂化，开始就给学生当头一棒，讲来讲去，学生还是一头雾水。

入，也可以理解为入门，为一节课的导入，也指一门学科的进入。

简入，非浅入。浅入，是舍深求浅，有偷工减料之嫌。简，是大道至简的简，是看穿实质、理顺条理之后的简。简入，是通过教师的整合、梳理、提炼，形成顺序，按照由浅入深、循序渐进的原则，带领同学走进知识通道，让学生有兴趣进入，有自信经历，有期待感受与学习，做到把百分之百的学生带进来、走出去，一个也不能少。

能不能简入，这是课堂众多环节的基础。

彻解。此处的解，是庖丁解牛中的解。

解之一，是分开，即分析、分解。对于一个知识点或者一个综合体，教师就要像庖丁解牛一样，能对其进行拆解和理顺，通过自己的语言徐徐道来，如泉水淙淙，使得学生听起来轻松有趣。对于解决问题所需要的知识能点对点地一一列举，清晰展现。对解决问题的路径，能按照分类逻辑，一一辟开，要走哪一条道，清晰可见。也就是有能力把一个问题拆解成一个个小问题，还能把一个个小问题拼接回原位。

这是培养学生解决问题能力的关键所在。对于一个问题的出现，如果教师不分析、不讲道理，干巴巴地从头解到尾，也许这个问题解决了，再遇到问题还是不会解。

解之二，是打开，即解开疑问。解疑是教学的重要内容，没有"问题"设计的内容是不切合实际的，要有问题、有疑问，要把问题和疑问设计进去，放入课堂教学之中，放到情境之中，让学生感知到问题、发现问题，再在合适的时机解决问题，这才是成功的教学。

在教学中，解决问题与解决疑问是两回事。解决问题可能是现成的问题，是设计出来的问题。而疑问则不一样，它是课程中生成的，是学生在一定氛围之中思维活动的结果，是学生在一定状态下迸发出的火花，是瑰宝。

既然疑问是生成的，不是设计的，要解开，就需要教师的学科功底和教学智慧。教师不要害怕课堂上学生的疑问，也不要回避疑问，相反的，要创造机会，开放课堂，鼓励这种疑问的产生。这时候解答疑问是最佳时期，因为问题是学生提出的，关注问题的学生也最多，此时听解答也是学生最感兴趣的事情。当然，如果能在课堂生成中把问题解决了，也就等于在学生中建立了更高的威信。

彻，通透之意。彻解，就是彻底解决，不留障碍。这一点说起来容易做起来难。

首先是一些课堂不能解决问题。我们有很多课堂，要么因为担心课堂时间不够，要么因为问题的难度太大，也有的是因为问题与本节课不直接相关，等等，不能做到当堂解决问题，也就是说，不能落实，把问题留在课后，也给后面的学习留下了障碍。这也是目前课堂教学的最大弊端——课堂是在传授知识，而不是在解决问题。

其次是课堂不能彻底解决问题。有一些课堂会有"问题"意识，给学生些许时间来提出问题，但也仅停留在学生问什么，教师就答什么。这样其实不能算作解决问题，最多叫作"解题"。什么是解决问题呢？学生提出的问题，往往具有表层性，作为教师要善于抓住这样的机会，把问题表述得更完整，把问题的实质和根源找出来，分析学生为什么会产生这样的问题等，然后再对问题进行真实的解决。

我们不能一知半解走过堂，当过堂先生。

固根强干枝叶茂：

即牢固掌握本元知识和主干知识、坚实基础。这是储备营养的环节，为学生学习能力发展、学科素养形成打下坚实的基础。这是所有环节的目的。

根，埋在土里的部分，是基础，是本元。根，是可以回查的，是学科的基础部分、原理部分。对于数学学科来说，就是概念、定理、命题、原理等，是学科的核心部分。

固根，就是要重视这些基础内容的教学，要舍得花时间，舍得花费精力，把这些课上好。这是目前一些学科教学的短板，很多时间都花在了做题上，到后来才知道基础没有，学科素养没有，稍微变换题型、题境就没有对策。

干，树之干，事物之主要部分，通常讲的是学科的主干知识，是学科知识体系的重要支撑。

强干，就是强化主干知识及应用。一是强化学科主干知识的学习与训练，这是构成一门学科知识网络的纲；二是对每一节课来说，也有主干内容，要合理分配时间，把主干内容放在重要的位置，也就是常说的重点突出。

干，是发展的基础。

枝叶，从主干发散而出，是相对于学生的学科品质来说的，是创新，是联想，是想象。

枝叶茂，彰显学科思维与知识体系生命力的勃勃生机。

第二，教，要愿教。在此基于"教的人文性"提出：

悦己怡人，爱心润泽，亦师亦友—冰心

学生学习的人文环境包括关爱、关注、鼓励、尊重、梦想及驱动力等。

教学是基于对学生的心理、情感的贴近，使其在渴望、自主、愉悦的状态下进行学习。

人文，就是让学生从情感上喜爱教师，从心理上信任教师，从学习上敬畏教师。

悦己怡人：

悦己怡人，就是光亮自己，照亮别人。悦己是基础，为了照亮学生悦己，是为师之必须。以怡人为目的，让学生在一个舒适怡然、宽松自由的环境中学习与生活。

给学生一个什么样的"教师"，这是我们自己可以做到的。如果我们是情绪低落的，学生能喜爱吗？如果我们是高高在上的，学生愿意接近我们吗？如果我们对一切漠不关心，学生会信任我们吗？因此，我们要给学生一个阳光、热情、豁达、开朗的形象，让学生在课堂上如沐春风，让学生与教师交流轻松自在、不设防，让学生感觉到他们的教师是"对的"，他们便会对今后充满希望与期待。

在这样的环境中成长的学生，一定是健康、阳光、自信、善良的，他们的内心一定足够强大，他们的理想也一定光亮、远大。

悦，为怡人。

爱心润泽：

爱心。爱，是对流的，双方都能感觉到才是爱。师爱如山不是爱，恨铁不成钢的爱也不是爱。

润泽。润的可以是一个学生，也可以是一个空间、班级等。要让一群学生如沐春风，轻松呼吸。

教育与任何一个行业都不同，可以这么说，爱心是一种教学力。爱，在教育教学中，与学识相当。爱有这么大的作用，是不是我们要"用"好爱呢？我认为不是这样的，那样就会有假装之嫌。

首先，要有爱心。这是选择了教育职业后，应该自行培育的，把爱心看成职业能力的一种，如何做有爱心的教师是一门必修课。

如果说爱心是教育资源的话，那么我们就拥有了取之不尽、用之不竭的永恒资源，就应该大方地给出、给予。

无论哪个学段的学生，对爱的感觉都是敏感的，也都是有需求的。

一个有爱心的教师可以打造一个滋润温馨的教室，让教室里的每一个学生都不被忽略，每一个角落都不会变成沙漠。

爱，静轻慢。

亦师亦友一冰心：

师，在智，在慧。

师之尊严，在专业；师之崇敬，在关爱；师之精神，在为他。

友，在情，在信。

亦师亦友是教师的最高境界，单为师不够，单为友不行。可以说，有的人可能一辈子只能为师，一方面是个性决定的，另一方面是观念决定的，这不能算是成功的。

一冰心，教师要通透、通彻，晶莹剔透。

忘我为学，倾情陪伴，亦敬亦畏两相知

如果说"悦己怡人，爱心润泽，亦师亦友一冰心"是重在"给"，那么"忘我为学，倾情陪伴，亦敬亦畏两相知"就重在"修"，是对个人的更高要求。

我是这样认为的，教师是很了不起的职业，同时也是很难做的职业，因为这个职业对个人的要求很高。人师，从来都不是一般人能做的，需要具有一种精神，这种精神是高尚的，具有牺牲意义的，是"牺牲自己照亮别人"。这就要求教师要有一颗博爱且宽容之心。一名教师教书生涯中要与成千上万的学生打交道，怎么可能每个学生都是听话的孩子，怎么可能会一切顺畅呢？如果遇到了难题、困难，难道跟学生"针锋相对"？如果遇到了不愉快，还要"耿耿于怀"？不能的。你要包容，要践行"有教无类"之祖训，方才具有为师之心。

忘我为学：

忘我，即舍己。怎么忘？众人难一，忘者无怨。只要我们的关注点在学生身上，只要我们记得自己是人师，是因学生成长而存在的，自然就会偏向学生一边，还会有自己的得失感吗？

为学，指的是为学生，为学校，也是为学问。这里面有三个方面，为学生也许都知道。其实，为学校也很重要，我认为每一个人都是因为单位而成长的，只有认同这个单位，认同这个团队，才可以做到更好的忘我，否则，心里会一直有一个"魔鬼"，让你不能静心，不能忘怀。最后，忘我也是做学问的一个境界，教育是很大的学问，教学也是，都是足够穷尽一生来学习、探索、体验和追求的。

倾情陪伴：

陪，意思是随同，提供协助。伴，更多的意义在于平等、对等陪，能成为可以互助的人，不仅是陪其身边伴其左右，还要有交流，有对话，有提醒，有鼓励，有帮助。因此，作为教师要不断提升自己的修养，有一种甘为他人作嫁衣的境界，要把自己看成与学生同行的人，只是我们默默行走在其左右，陪其行，解其惑。陪伴是成长过程中不可或缺的一环。

亦敬亦畏两相知：

即敬师畏友。学生为什么会敬师？那是因为师博学高尚。所以说，教师要想赢得学生的尊敬，不仅要修学问，还要修道德。其实这也是做教师的最大光荣与享受。畏友是什么意思？在现实中，教师仅有学生的尊敬还不够，要想追求对学生的更大影响与更多改变，还要让学生"畏"你，这个畏不是怕，是服你，佩服你，有了这个"畏"，学生就会不好意思违背你，进而建立一种互信、流畅的沟通交流关系。

两相知。即相知相长。学生对教师有了敬与畏，这是第一步，是基础，不能仅停留于此，要让这种关系升华为一种情感，结下深厚的友谊。

这样的关系可能打破了传统意义上的师生界定，但确实是现代意义上的新的师生关系。

第三，教，要善教。在此基于"教的艺术性"提出：

良材应适，善讲明道，引领正向为良师

整个教学活动，科学性是一端，人文性是另一端，两端的中间就是艺术性，它是将两个端点连接成一个整体的重要环节，科学性、艺术性、人文性共同构成教学活动的稳固框架。

艺术性，具体反映在教学设计与组织环节。这方面对教师的个性化素养要求很高，如何把学科知识传授给学生？如何做到更有效果？这些都是有讲究的。从某种意义上说，教师的专业发展都体现在这个环节。因为艺术性是动态的，没有最好，只有更好，所以年轻教师的成长要有很长一段时间来提升自己教学的艺术性，当艺术性有了独到之处，也就形成了个人的教学特色，甚至是个人的教学风格。

良材应适：

"材"好，教才能好。材好半成，合适的材就是好材。

教学设计的第一步，就是选取素材，素材是教学环节的基本要素，素材是构成一节课内容的重要元素。课堂学习进行得是否流畅，是否有节奏、有秩序，是否有效，很大程度上取决于教师选取的材料。

材料的来源，当然课本是主要的资源地，但不是全拿照搬，不是做一个"拿来主义"者，还要分析、甄别及遴选，还要有外来资源的补充。

那么什么是好的素材呢？我认为好的素材应该具备以下几点：

适合性。材料是为教学服务的，是为学生服务的。这就要求我们对材料的定位要准确，一个素材可能在甲班是好材料，但是到了乙班就不适合了，这是很常见的，所以我们要避免素材出现"水土不服"的现象。

这种合适性还体现在对本节课内容的匹配与适用，一个素材可能在新课学习的时候不合适，但是到了章节复习就是一个优质的素材。这就是说，在选材时要有一个系统的考虑，什么时候达到什么目标，用什么素材，只有教师知道，所有细节只有在系统中才有意义。

原创性。原创主要体现在以下两个方面：一是注重课本上给出的素材，这些素材具有最真实的原创性，算是最为经典的素材，它与模块、单元、章节具有最好的契合性，是教育专家精心设计出来的，每一处都有它的源头与背景。二是强调出自个人的原创性。每一位教师补充的素材最好是个人从学科中、生活中提炼加工而成，或者是对一些原始素材经过改编而成。因为只有这样，教师对选用的素材才是"心知肚明"的，放在什么位置，具备什么功能，是为了解决什么问题等，都有预设与预判，这样一来，一节课的进展与节奏便尽在掌握之中。当然，这个掌握并不是不允许有课堂生成，只是一种结构上的掌控。

新颖性。新颖，不是说经典的材料不能反复使用，新颖大都表现在"外在"层面。所以，新颖更多的是突出材料出现的情境，要把经典的材料放在不同的情境中，这样对于学生来说会有耳目一新的感觉，同时也展示了教师的智慧，有时候学生可能会因为教师改编一个材料而"刮目相看"。这些要看教师的阅历、经历，要看平时是不是有素材积累，还要看是不是有"创新"的意识。

善讲明道：

讲，一直以来都是教学中的重要方式，也是教师的一项基本功，强调学生的学，并不等于弱化对讲的要求，只是讲多与讲少、会讲与不会讲的问题。

善讲，就是会讲，是高明地讲，是有技巧地讲。"讲"不等于"说"，说得好不等于讲得好。说，只是把意思表达出来；讲，是把事情的道理说出来。所以，讲课重在讲，讲道理、讲逻辑、讲原因，含有分析、阐明等思路与方法。讲课不能像"说课"，只是转述、告知。

尤其是现在新课改时代，提倡学生自主学习，注重学习体验与经历，我们不能认为放手让学生自学就可以了，淡化了自己对"讲"的要求与修炼，长此以往，可能就不会讲课了，这是很不好的现象，一定要避免。

明道，就是讲得清楚，让学生懂。道，即规律与方法，也有方向之意。这就对讲什么提出了更高的要求——讲，不只是讲资料、讲知识，更重在讲方法、思想与规律。

真正地讲，一是要把握在合适的"点"去讲，这个"点"可能是时间节点，可能是合适的地方，也可能是合适的时机，总之，是在需要讲的时候讲。学生通过阅读、思考，正好有想法，但又不能准确表述，或者思维乱序的时候，教师在这时点一点、拨一拨，道理就清楚了，规律就出来了。二是要选择合适的"表述"，掌控自己的语言，不能随意发挥，不可一发而不可收拾。表述，需要讲究一点艺术性，要简明扼要，有逻辑条理，直指道理深处。简单、清晰、有序是对一节课的基本要求，也是最高要求。

所以，善讲明道是个人素养的体现，也是教学组织的艺术。

引领正向为良师：

教师的引领作用不可忽视，教师知道哪个方向是正向，哪个方向是反向，无论成长还是教学。

就教学而言，正向就是与课标同向。学科课标，是学科课程的标准，也是学科教学的标准，这一点只有教师清楚，一般情况下学生是不知道的。这时候教师对于教材的分析、内容的整合、难度的把握等环节要精准到位，不偏不过，恰到好处。

就成长而言，中学生正好处在成熟与不成熟之间，他们认为自己成熟了，什么都懂了，所以会勇往直前。这是好事，可有时候他们会走弯路，可能还会犯错，会付出代价，这时候教师的引领最为重要。

良师，就是对学生学习有益之师。

精练如织，优测似网，提纲挈领具匠心

在学生学习过程中，教、学、练、测是几个常规的环节，各有各的作用，都有存在的必要。上一个环节侧重于"教与学"，其实，"练与测"也很重要，做得好同样会事半功倍。但是这个环节确实最容易被忽视，现实状况并不好，对练习、测试的功能认识不到位，在选题与整体设计方面质量堪忧。当然，也有不重视的成分在里面，想到练习就是让学生课下有事做，测试就是看看学得怎么样，等等。此处，设计不好，就会消耗掉学生很多的精力与时间。

精练如织：

这四个字是对给学生的练习题以及练习的作用提出的概括。

精练。练习上的精，是指题目要"经过提炼与挑选"，练习设计具有经典与细致的双重性。

如织。如果说选材第一重要的话，那么，第二重要的就一定是对一套练习的整体组合了。组卷就像编织一样，既要平衡左右、细心编制，又要全面考量、不多不漏。从这方面说，出一套练习题并不比备课容易。所以对那些"拿来主义"来说，练习质量方面还有很多事情要做——一套优质的练习，要有设计上的目的性、内容上的针对性，以及学习上的延续性。

当然，也不能无限扩大练习的功能，精练不等于把练习推到学习的最前方，很多时候学习在前，教随其后，练习次之。一练并不能堵百漏。

优测似网：

优，区别于劣。我们要承认，有很多的测试题是劣质的，对学生学习是有危

害的，要时刻记住这一点，不能让这种劣质的试题从自己手里走出去，不能耽误学生的时间。只有每一位教师都这样想，才可以避免这种情况的发生。

测，有原则，有标准，按照某一标准来测量某一个指标就是测。所以，测要有预设与预期。每一次测试的功能可能是不一样的，那么所选题目、组卷原则可能就不一样。一般来说，常规的测试功能有学习检查、标准检查、情绪调节、学习指导等。如果某一个时段学生学习状态不理想，作为学科教师，这时候给一份检测试题，应该侧重于基础性检测，如果还是"学科过关"那种，那么效果可能就会适得其反了。

似网，就是要有整体意识，任何测试都有一个预设的范围，在这个范围内，要全面、不遗漏，要像一张网一样，可以覆盖范围内的全部。其实，这是所有考试的基本原则，对考查的知识点要有均衡的体现。怎样达到这一点呢？全凭感觉不行，凭经验也不行，需要有一套完整的试题命制计划书，其中至少要包括一点——知识点分布表。只有这样，一份试卷才能做到均衡，一个学期的全部试卷才能达到均衡。

提纲挈领具匠心：

网，既有纲，又有目。要想拟就一份优质的试题，教师必须能做到提纲挈领，把纲与目体现在试题的设计中，主干知识、基础知识各有其侧重。

在教与学方面，要做一个良师的话，那么在练与测方面，更多的需要匠心，要做到精挑细选，如织如编。

很多时候匠心难于良师。

维度二——育

何谓"育"？其释义是，养子使作善也。即按照一定目的长期教导和训练。关键词是"教导"，侧重于品格。

在"育"这个维度上，我们又要做什么呢？我们做得怎么样呢？

教师在育人方面可以这样概括：

尊规重序，懂礼守信，明德弘毅志致远

规则、秩序、礼仪和诚信，是文明程度、个人涵养较高的人群所遵循的"社会公约"。

尊规重序：

无规，万事不能成形，有规而不能守，难成方圆。规，是一个静态的东西，无论如何，它就在那儿。规矩一定程度上是为了秩序而存在的，但是代替不了秩序，序是动态的，可以在某一刻又是静态的。重序，就是一旦排定顺序，就要看重这个顺序，感觉不适，可以建立新秩序。

尊，不是遵守的遵，是尊重的尊，对规矩、规则要敬畏、敬重。没有规矩，不成方圆，规矩不是靠教的，是靠育的，即要有强制的规范训导和教导。我想以前学校的教导处，其实就很好地说明了这个功能，有教有导，有训导之意。现在很多学校把教导处分成了教学处和德育处，含义还是有局限的，失去了从前教导处的很多东西。

尊规重序，这是基础，是走向社会的入门。

在现实中，如果把"教"与"育"进行比较的话，"教"的现状要好过"育"的现状。为什么会出现这种情况呢？这种现象和更早些时候比，正好是倒过来的，那时候可以说学生对教师、对规则都是敬而有余的。现在之所以如此，原因并不单一，但是过于强调尊重学生的个性发展、差异化管理，是重要的一条。整个教育界，或者说大一点，整个社会形成了一股风气，过度以学生为中心，围绕学生个体开展教育活动，相对削弱了"管"的作用，加大了"教"的比重，"管"与"教"之间失去了平衡。

其结果就是，教师不愿意管学生，顺其之好，迎合所为，收获学生的"爱戴"与虚荣。

举一个例子。如果学校只是在办公区安装一部或两部电梯，自然是为教职工上下楼而设的，都会规定在上课、下课高峰期学生不宜乘坐（原因很简单——都去乘坐，会更慢。我观察过，一部六层楼的电梯，由于每一层都有学生进入或停顿，最多用时差不多要6分钟），这就是规定，也可以说是规矩。就这一点，学校与学校之间的差异很大，很大程度上是对学生的"管理"出了问题。不够严

厉，或者说没有理解规矩之育的重要意义。放松管理，看起来是关怀学生，事实上会害了学生，学生走出学校以后会为此而吃亏。

懂礼守信：

礼仪，是一种律己敬人、约定俗成的礼节，也是个人修养的重要体现。礼仪不是生硬地表现出来的，是发自内心的表现和习惯。

诚信，具有真实的信用，是个人的第二张"身份证"。诚信教育，学校大有可为。

如果说"规矩"与"秩序"是第一层面的话，那么"礼仪"和"诚信"应该是第二层面，是现代公民所应具备的基本素质，是学生今后参与社会交往层面的所需所要。有了这些，展示给别人的将会是一个有素质、有修养的人。这是走进社会之必需，是社会交往之基本。

作为学校，应该通过不同的形式加强礼仪、诚信教育，而且要持之以恒、有奖有惩。事实上，很多想法还是纸上谈兵，具体执行不了。

记得玉岩在办学初期，期中考试专门设了"诚信考场"，想以此形式告诉同学们诚信的意义，也想让同学们都能做一个诚信的人。一段时间后就取消了这种做法，原因当然是没有达到预期，反而使不诚信的同学越来越多。究其原因，是把本应是"育"的事情用"教"的方式来解决，用之不适。

无论懂礼还是守信，作为教师都是有义务、有责任把这些事情做好的。这看起来不像教学那么显性，好像与成绩没多大关系，但是我们要去做，不能完全交给家庭、家长去完成。因为学生毕竟在学校的时间那么长，接触教师也是最多的，为人之师当尽为师之责。

如何做呢？比如，在校园内有一道独有的"风景"，是其他地方没有的——学生见到教师都会说一声"老师好"。关于这件事，我也进行了较长时间的观察与记录——新生说得多一些，到了高二、高三，或初二、初三，就会逐渐减少。究其原因，是我们教师的回应少。回应少了，学生在说的时候也就心不在焉，越是这样，教师就更不会回应，长此以往，便失去了礼仪的教育机会。

我一直坚持一个习惯，只要是学生说"老师好"，就会回应"同学好"，哪怕有一群学生一个一个说"老师好"，我也会挨个说"同学好"。如果学生太多了，有时候就说"好""好""好"。而且不是敷衍，是看着学生，笑着回答。

我把这当成一种交流的形式，也是一种影响学生的方式。

每一位教育工作者，都应该用自身去影响学生，影响别人。

明德弘毅志致远：

明德，即光明之德。大学之道不仅在明明德，而且要把不明之德变为明德。此乃教育之本质。

何谓德？看得正，想得正，行得正，引领向上之意。可以理解为，不正，就是不德；向下，就是不德。

"立德树人"是教育的根本任务，就是要培养出一批批能引领大众走正道、向上攀登的人。

每一级学校，都要重之又重地看重德育。

德育，在学校教育这一层面，在我看来还未成体系，不是说没做，做得很多了，通过课程、活动等教育形式开展德育教育也初见成效，但总给人感觉还是少了点什么，也可以说多了点什么。

德是育，不在教。育，就是要有强制和管教，要有惩戒。要落实到个人，要以不同的形式加以考核、评价。这个考核与评价不是文本的考试与分数，可以通过品德档案记录的形式呈现与使用。

目前的情况是，一般很少使用，要使用也就是二分法，是或不是。事实上，可以不给结论，只给过程记录，让别人去做客观判断。

尤其是学校教育这一阶段，对德育要求多、落实少，评价"高度一致"。所以，造成学校德育很虚，更有甚者，现在很多学校把各种大型活动的设计与开展当成了德育的主题。

明德，立世之基。

弘毅，即刚强、勇毅。任重而道远，弘可胜其重，毅可致其远。

学习，对于学生来说可谓一个漫长的过程，要达到一个目标，除了勤奋、方法、智力等因素外，还要有毅力。

在教学过程中，我们都会发现一个现象，刚开始一个学科学习的时候，由于时间不长，这时候学生对知识的理解与掌握并没有太大的差异。可是随着时间的推移和难度的增大，差异就会显现，并且越来越大。原因之一，无非时间长了，有的学生坚持不下来，有的学生遇到困难了，这些学生就会出现畏难情绪。

所以，如果没有坚持下去的毅力，没有克服困难的勇气，是绝对干不成事情的。学习如此，做事也如此；小事如此，大事也如此。

事实上，毅力的培养可以渗透到学习与生活中，作为教师的我们要善于发现契机，适时进行教育。所谓契机，可以是课堂听课的专注、学科学习的成绩、做一件事情的坚持等。这个教育是随机的、零星的、点滴的、平常的。

我不排除通过一些活动来实现这个任务，比如玉岩中学一直坚持的大型活动"远足"，但是如果我们以为有活动了，就把所有目标都寄希望于一次活动、两个项目，这就不现实了，也是不负责任的做法。

毅力，是坚持，培养毅力更要靠坚持，持之以恒。

弘毅，立世之本。

志致远。宏志致远，有梦想，有志气，有理想，有抱负。

学校教育较之家庭教育或其他教育，应该有所区别。在志向方面，家庭教育的志向可能局限于个人、家庭、家族方面的目标与方向，而学校在志向教育方面，要更远大。这里说的远大，不是空远、虚大，而是指个人的志向要与国家、民族、人类未来等相关联，只有这样，志向才有意义，才能坚持，才有足够的力量去支撑。

作为教师，我们不能仅仅盯着报考某一个大学、学习某一个专业，要与国家的长远规划结合起来，要与国家发展的需要结合起来。

这些教育，也不是靠口号或活动就能完成的，是潜移默化的，是慢慢浸润的。

志向与理想，立世之向。

明德弘毅志致远，对于学生而言，修明德、弘毅力、树理想是其健康成长、向上发展、走向成功之必备，也是我们教师的重要职责。

如果说"教"的行为是双向的、可以互动的，那么"育"就一定是单向的，是从教师到学生的，要告诉学生哪些可以做，哪些不可以做。没有讨论与互动，这就是"育"的基本特征。

如果教师的工作到此便完结，就会感觉缺点什么。

维度三——培

最后一个维度是"培"。培和育有何不同呢?

作为教师,我们面对的是学生,如果只是在前两个维度上做功课、下功夫,显得直接、干瘪,没有温度,往往也会遇到障碍,行不通顺。

培的释义是,为了保护植物或墙、堤等,在根基上堆土。关键词是"保护、呵护、关爱",是从学生的角度出发,去思考问题、解决问题。关注的是学生的成长,而不仅仅是成绩、成就和成功。

人的成长是一个过程,过程中有对也有错,错得多了,正能量就耗尽了,正如树木失去了扎根之土,我们就得去补、去添,使其不干涸枯槁,给一点营养让其继续生长。侧重于情商。

在"培"的维度上,我们需要的更多,付出的也要更大。

关于"培"教师的教育境界可以这样概括。

修身为师,春风化雨,怡情醒智心体健

修身为师:

修身,择善而从,博学于文,约之以礼。即,心旷、心宽、心稳、心健,有公心、正心。

修最难,为人皆有杂念,师也一样。但师又不一样,教师的师和从业学艺之师不同,教师是专业特称,是人师,不仅仅是授业、解惑,更重要的是传道,是教人成长与成人之师。所以说,为师者重。

修身是"培"的前提,是要求为师者达到较高的境界——有我忘我,悦己爱人。

因为培,在于滋润,润物细无声,如春风,似细雨,所以对师者要求非常高,高在修养,高在风度,高在雅致。这些是有别于博学的,也不同于教诲,教师要走进学生内心,关爱学生点滴,呵护学生成长。

春风化雨：

春风，使人舒服的风，温暖，柔和，富有生机。

化雨，滋养万物的时节雨。及时，救急，舒缓。潜移默化，循循善诱。

春风化雨，如和暖的春风吹拂，及时的雨水滋润。

我们要在学生最需要的时候、最脆弱的时候、最无助的时候出现，提供帮助。这个帮助可能是听一听学生的倾诉，可能只是陪着走一段路，可能是一个鼓励与微笑，当然，也可能需要我们去解决生活、学习上的难题。不管是什么，就是要及时出现，没有呵斥，没有训导，不存在管教，就是在他身边，用心陪护，让他有安全感、舒服感，给他带来自信与希望。

培，是滋润，是润泽，是细无声，也似春风化雨。正所谓"好雨知时节，当春乃发生。随风潜入夜，润物细无声"。

怡情醒智心体健：

情，即情绪，喜怒爱恨惧等。

怡情，就是要怡悦心情，能控制情绪，提高情商。情商，在培在养。

智，聪明和见识。智力，智商。

醒智，轻轻地唤醒，点亮隐藏的天智。有益于智力开发，提高智商。

怡情醒智心体健。这是"培"的目的，要让我们的学生在智商、情商、心理和身体上都能健康成长，拒绝为了"智"而牺牲"情绪、心理及身体"的健康。

心体健，既是根本，也是基础。

教知识，育做人，培沃土。不偷工减料，不避重就轻，全方位呵护孩子的成长，让孩子在一个多元的社会中多元发展、多元成长，这个世界就会丰富多彩，每一棵树都会枝繁叶茂！

二、一个经度

经度——学

不是说教、育、培过后就是学，而是教、育、培都与学相连，当然，最终目的是落在"学"上。如何学，显得更重要。

求学惜教，向疑好问，愿想肯说文笔畅

求学惜教：

求，是设法得到，有恳求之意。

求学，是在想学、愿学的前提下，有一种虔诚、谦虚的态度，从师学习，探求学问。

学，一定是发自内心地想学，这是学习全部过程的一个基础。首先。要让学生确实知道为什么要学习，不学习会是什么样，这叫作功夫在学外，所以前期准备也是很重要的，不能一上来就是让其学，学不好就生气、批评，这会适得其反。要做到这些，就要走近学生，建立良好的师生间的信任关系，所谓"亲其师信其道"，教师要了解学生家庭及他的学习经历，帮助其建立学习动力系统。

其次，学生能主动学习，是持续学习、高质量学习的关键。有一些同学知道为什么学习，却不知道怎样去学习，处于被动状态，致使教师的教、学生的学都很低效，增加了学习成本。时间长了就会影响心情，产生抵触情绪，包括教师自身。教师帮助学生建立主动学习的习惯，也是在帮助教师自己。

但是，作为教师，在万种关心关爱之外，也要建立一种师之尊严。让学生知道，要珍惜学习机会，珍惜教师对自己的关心、帮助。师生是一种关系，也是一种缘分，不能让缘分尽了。求学的求，就是在学生有要求的时候，教师的回应也要有前提，并不是次次都有求必应，可以向学生提条件，提出有助于学生进一步学习的条件。

学，有所成。

惜，珍惜，重视。

惜教，要特别珍惜教师的教。在学与教之间建立一种对称关系。就教师而言，教在学的前提下才有意义。就学生而言，要知道教师教的用意与不易。

互通，才有益。

向疑好问：

向疑，思维指向产生疑问。在学习过程中，对一些知识、结论不是信手拈来，而是自己动脑，发散思维，举一反三。向是全面理解、深入学习的基础，是学生必备的品质之一。向疑，体现学生学习的自主性、探究性。

　　如果一节课下来，学生没有疑也没有问，应该算不上一节好课。教师要善于设问、悬疑，调动学生，使其发现问题，表达问题，再共同来分析和解决问题。

　　有疑有问，也是让学生专注学习的基本技巧，不能一眼看穿，要时刻表示对课堂的关注，养成在动态下思维的好习惯。

　　疑，而后无疑。

　　好问，一是反问，二是请教，是相对于向疑而存在的。有疑不问，不如无疑。

　　问，可以是自问，也可以是问同学、问教师。体现了学习过程的合作性与成效性。

　　好问，是学生的学习品质，也是教师的教学责任，要有合适的方式与环境，让学生有问、敢问、会问。

　　问，无荣耻。

　　愿想肯说文笔畅：

　　这是学的结果，是对学生学习的三个层次——思维表征、语言表达、文字表述的能力要求。

　　愿想，要有想法，能想出来是基础，要让大脑或思维处于一种积极的状态，是大脑对外部信息的一种呈现方式，是积极的学习者的重要表现。能想，要给学生思维空间，还要有合适的设问、悬疑、留白等。

　　想，万念之始。

　　肯说，就是把想法说出来，这是一个跨越，需要对想法进行整理、排序和筛选，再组织语言进行表达。其间，需要胆量与自信。

　　说，乃体现教学过程的交流、互动与对话的重要环节。

　　说，不可或缺。

　　文笔，韵者为文，无韵为笔，泛指行文的技巧、文章的风格和条理。是文采和逻辑的综合表现。

　　给同学文字表述的机会和任务，是任务学习、课题学习的很好机会，当然也是学习成果的最终呈现形式。

　　写，学以致用。

附：

下面是本人记录的我家小松果的成长日记，可以侧面说明"教、育、培、学"的内涵。

2016年7月21日。我家松果13个月了，每次外婆喂饭，松果都表现得很乖。最近还想自己拿勺子吃。外公就想教松果自己拿勺子，于是百度一下，了解了小孩能拿勺子的月份和姿势，买了适合松果的小勺子。就这样连续教了几天，很是仔细，还几次手把手示范……可是后来松果好像又不想自己拿勺子了，给她就扔掉。看来还得耐心地等一等。

教，无学则废。

2016年8月16日。松果家的电视真够复杂的，有三个遥控器——电视机遥控器、切换遥控器，还有小米盒遥控器，我都记不清，可松果不这么认为。这几天，松果玩累了，就想看电视。她先拿那个菱角形遥控器给我切换，再给我拿条形的小米盒遥控器，还会指着返回键找她喜欢的贝瓦儿歌或《小猪佩奇》。后来我就越来越熟悉她看电视的流程了。

简直是无师自通啊！厉害了我的果！

学，不在师教。

2016年8月11日。每天，松果在房间里从这儿走到那儿，从那儿走到这儿。

今天家里只有我，我是说外婆有事出去了，只有我看护着她。我呢，就弯着腰跟在她后面，我的职责就是在后面看着。要是她靠近哪个比较尖凸的地方，我就从后面把她捉住——我是说，松果一直到处乱走，对哪儿都好奇，她不知道哪儿有危险，我得在合适的时候从合适的地方出来，把她捉住。我这一整天就干这件事，我只想做松果成长的守护者。

培，在情深。

2018年8月13日。每天，松果在房间里从这儿走到那儿，从那儿走到这儿。

这一天家里只有我，我是说外婆有事出去了，只有我管着她。我呢，就一直跟在她左右，我的职责就是在旁边盯着。要是她靠近哪个比较尖凸的地方，我就冲到前面把她拦住——我是说，松果一直到处乱走，她不知道哪儿有危险，我得在合适的时候出来，把她拦住，并且告诉她，这儿有危险，危险的地方不能来，下次不要再到这儿来玩了。

　　我这一整天就干这个事，我要做个称职的松果成长看护者。

　　育，在用心。

教育的三个位置

几年前，上报一份"开萝园丁"事迹材料，要求写一段300字左右的教育感言。当时以"三十年三个位置"为题交了作业：

前十年，我认为教师是学生的引路人，教师要有充沛的精力、渊博的知识和燃烧的激情。要跑在学生前面，把握方向，掌控速度，教师在前面跑，带领学生向前冲。

此刻，前方是一条笔直又充满诱惑的阳光大道。

中间十年，我发觉教师应该是一个点灯的人。因为每个孩子头上都有一盏灯，有的明亮些，有的暗淡些；有的是科学之灯，有的是艺术之灯……教师应该走进学生中间，用智慧的眼光去发现那盏灯，用轻巧的手指点拨那盏灯。

此时，眼前出现的是一双双迥然不同而明亮的眼睛。

最近十年，更感悟到教师更像是一名守望者，一名校园的守望者。要有足够的爱心、耐心和细心。我会偶尔溜到学生身后，专门等那些就在后面的孩子，不让他们乱跑，必要时提供援助。

此间，眼前简直是一片一望无际的大草原。

这300多字，描述的是30多年的教育经历，还是感悟，抑或是反思呢？很是复杂，也许都有吧。

把话说得远一点，把事情说得细一些。

1980年以前，属于还在"享用"教育资源的时段，那时不像现在这样，可以对教育评头论足。那时，一切都很自然，上学，读书，考试，循环再循环，直到毕业，要么去城市上大学，要么回家干农活。

1980年，我考进了信阳师范学院，可以说是开始学习"教育"的起点，却也没有多少感觉。

我甚至认为师范专业不如医学专业、农学专业、农机专业等，当时确实不知道还有什么更高精专的领域。究其原因，想来还是没有把教育看成专业，用现在的话讲，就是没有把教师当作专业技术人员来看。认为教师就是一个孩子王，差不多谁愿意做就能做的职业。事实也确实这样，教我小学的教师只有一个，什么都教，而且一点也不像我们想象的那种教师的样子。

当时，我有这样一种想法，不管是邮递员还是供销、食品售货员，都是了不得的，像一个"工作人员"，而教师不像。

因此，大学四年，我用于学科专业学习的时间可谓少之又少，反而把大部分时间放到了图书馆和阅览室。

那时在图书馆、阅览室也没什么目的，阅读也没有特定的目标，只是闲看而已。

四年很快过去，自然也没有考研这一说。

到了毕业分配，我哭着喊着要回自己的家乡。不是出于对家乡的留恋或感情，实在不知道去别的地方会是怎么样。经过三番两次的变换，我终于回到了自己的家乡，进了县里最好的一所高中——固始县高级中学。

现在想来，我的大学四年学习的只是一些教育知识、教育方法、教育技巧之类，可以归结为教育常识。

从1984年从事教育教学工作以来，匆匆忙忙走过，不觉已36年。停下来想一想，发现这36年的路还是有所不同的，概括起来就是"三个阶段、三个位置"。这是教育感悟、教育的自觉，还是教育的进步？自己一时也分辨不清。

一、学生前方的领跑者

第一阶段，差不多工作的最初12年。我的位置始终是跑在学生最前方，我给自己的定位是一个领跑者。形象一点比喻，就是手里拿着一个哨子，时不时地吹一下，带着同学们往前冲，不允许有掉队的。如果有谁掉队了，可能看都没看见，找都找不到，因为回头看的时间很少。

这时候，是把所有同学看成一个方阵，而且是形状不变的方阵。

具体说，那时候就是把成绩永远放在最前方、最重要的位置，总是认为只要能把学生的成绩提上去,就是对学生最好了,也是自己尽责了。

提高成绩的路径有两条,我是说在那时候,一是看教师的教学水平,二是看学生是不是听话。

刚参加工作,教学上可谓认真。记得最清晰的有这样几点:一节课备课至少三遍,第一遍是备教案,在学校发的备课本上完成。第二遍是找一张大的纸张(现在想来,就是类似于A3纸),横着放,按照黑板的形状,备板书和流程。第三遍是备时间,在家里先"讲"一遍。三遍下来,一节课在形式上真的达到了"炉火纯青"的地步——从开讲第一句话到在黑板上写下最后一个字,恰好45分钟。换句话说,当下课铃声响起,最后一个字落笔,节奏感恰到好处,自己也觉得很是潇洒。这种感觉不是一天两天,是相当长一段时间,数学科组里面几位年轻教师都把这个当成"标配",谁达不到这样的节奏自己都不好意思。

还有,对学生要求也很严,那就是绝对服从。因为感觉一直是站在"高处"的,类似于现在说的什么"道德高地"——在一个县城里面,教师能把你送出去,变成"吃商品粮",你听话才对。记得有一次,因为一名同学不好好听课(他属于家境比较好的那种),我与他在教室里发生了争执,一怒之下,把他的凳子从三楼扔了下去……

这种状态延续了很长一段时间。

那个时候,周老师也就成了"严"老师了,"严格"就成了我的代名词,当时,满以此为豪。

有一件趣事,好像很能说明当时的情况。记得大概是十月的一天,走在校园里,迎面走来一个学生,看到我后,回头就跑,可是跑了没多远,突然停了下来,大摇大摆地从我身边走过去了。当时我就对跟我一起的同事说:"你知道为什么会这样吗?刚才我看见了,这位同学是上一届我班里的,没走(没有去上大学的意思),今年来复读了。估计他开始没反应过来,后来回过神来了,现在我不教他了。"

说实话,严,好像是家长学生所需要的,确实拉开了教师与学生的距离。

现在想来,这个"严"字,有没有词性?到底是褒义还是贬义呢?或者是个中性词?

我们常理解的严,其实就是标准高、不变通,还略有威严的意思。那么,在教育方面，或者说在与学生交流方面，是不是所有方面都一定得严？

比如，在学习成绩方面、在作业完成方面、是不是可以有缓冲地带，作业没完成可能确实完不成；成绩下滑了，可能近段时间有事情。诸如此类，如果一味批评，也许不是严，而是简单粗暴。

那时候，自己感觉精力充沛，尽职尽责，永远冲在最前方，带领自己一班同学一路拼杀奔向最高处。

说实话，那时候也很是享受带着学生奔跑的状态，享受是因为有收获。每年高考时节收获颇丰，有很多学生考上国内一流大学、顶尖大学，当然，更为自豪的是被清华、北大录取，兴奋度往往超过了学生本人。

记得有一年，我们班级有两位同学被北京大学录取，我很有成就感。

那时就是这样，如果你带的班级考得好，那么下一年学校就会安排你带复读班，学生家长就会想方设法地让孩子进入你的班级。这样，班级的人就会越来越多，直到再也塞不进去为止。

个人也就在这种"荣耀"与"自豪"中一路飞奔，年复一年，不亦乐乎。

二、学生中间的陪伴者

直到有一天，这种状况改变了，不是慢慢改变，而是突然一下就改变了。

这一年我担任的是"复读班"的班主任。

说到复读，那时候在我们县城里，复读是再正常不过的事了。复读的原因，一是河南考生多、高校少，分数线一直居高不下，能考上大学的考生比例低，需要复读；二是那些年都是估分报考，同批次志愿设置又少，不少考生估分和实际得分有差距，以致落榜；三是为了考上好的大学、理想的大学，甚至是为了考上别人理想的大学而复读。

说一件有趣的事情，我还教过我的高中同班同学一年，其实这时候他已经参加了差不多八年高考了。可见那时候上大学的艰难与考大学的坚持。

言归正传，这一年我的班里一共有134名学生，可想而知那个场景有多"壮观"。老师在上面讲课，看到下面全是一颗颗黑脑袋，不爱抬头听课的同学，脸都看不清。

快到学期期末了，部分学生还没有把复习费交完，我在班上就说了交费的事情。（每次回忆到这儿，都会停下来，想很多……）

下课后，一名同学追上我，跟我说复习费的事情。听他说完后，我不得不问一下，你的名字是？（很是尴尬）

千万不要认为是班级人多，或者其他什么原因而记不起来这名同学的名字了，那时候我记忆力特好，一周之内记住全班同学的名字是件容易的事。

我叫不上名字，是因为他站在我面前，而不是坐在他的座位上！每一个座位对应一名同学，我记得清清楚楚，哪名同学坐在第几排哪个位，都在大脑里面。可是，他突然站起来了，而且是离开座位后站到我的面前，我感到很陌生，对不上号。

他个子不高，很瘦小，很胆怯，穿着一双皮鞋，可是两只鞋前面都张开了口。

我就安慰了他一下，回到了办公室。

我想了好久，我平常都是"高高在上"，很少走下去，确实也走不下去（太拥挤了）。我看到的只是一颗颗脑袋、一个个分数、一节节教案，对于座位以外的学生是什么样都不知道，当然更不可能知道其他的事情，比如他们在想什么，爱好什么，遇到什么困难，等等。

快过年了，我跟这名同学说，复习费可以不急着交，他很是感激。我又送给他一双新皮鞋，当时我爱人下岗后在一个好朋友的私人鞋厂做事，也很方便。"回去要把头发理一理，过年就穿上这双鞋，走路要挺直腰杆，还要穿上这双新鞋去参加高考。"好像只说了这么几句话，但这几句话改变了他，也改变了我。

从此，我的位置不是在最前方了，我会时不时走到学生中间，去了解，去发现，去关心，去享受。

这一段时间，看到的不再是一颗颗黑黑的脑袋，而是一张张表情丰富的面孔，感觉到很温暖，感觉到了"热度"，也感觉到了幸福，是那种真正的职业幸福。

这期间，脚步放慢了许多，与学生不再是擦肩而过，是面对面、心贴心的交谈，与学生的交集面更大了，共同语言也多了起来。这时候才感觉，教学，除了成绩的满足感之外，还有沟通交流的愉悦感、学生信任的自豪感、学生依赖的责任感等等。

不知道从哪一年开始，接手一个新班级之后，我不只是神速记住学生的姓名，还会特别认真地记住学生的家庭状况，还要关注一下学生兴趣、爱好。

尤其是当发现学生某次数学成绩或总成绩下滑时，不再是单一地提要求、讲利害，而是安慰在先，关心为重，再结合对学生家庭整体状况的了解，做一些有针对性的思想工作，这样往往会收到事半功倍之效。

无论是严格严厉还是和蔼可亲，其实学生都是"怕"老师的，所以教师放低身段、平等交流，会使学生消除戒备心理，身心放松，思维也就放开了，学起来就不再那么难了，学好了，就更愿意接近老师了。正所谓亲其师，信其道，学可成矣。

好的成绩、高的分数，可能只是学生一个方面的需要，通过走近学生，会发现他们想要的还有很多……这也是我走下讲台，走进学生中间的收获。

三、学生身后的守望者

2005年，我来到广州，不知道是因为广州，还是因为时代，抑或是因为年龄，我感觉到我的位置在逐渐后移，向学生身后移。

这个移动，可以确认的时间是在一次年级艺术生汇报演出之后。

这些艺术生，他们平时都分散在各个班级，很不起眼。可是，那晚，当他们站在自己的舞台上以后，一切都变了：他们像春天的花儿一般绽放了，缤纷灿烂，多姿多彩！他们自信满满，他们多才多艺，那个场景震撼了我，也感染了我。

他们读玉岩中学是幸运的。虽然玉岩中学不是艺术特色学校，也没有专门招收艺术特长生，但是学校面对全体学生，还是会提供特长发展的机会，并且会不惜投入，包括经费和师资。让同学们在沿着一条大道前进的时候，可以多看一眼道路旁边的风景，哪怕只是喜欢，只是满足于欣赏。

就是从这一天开始，我溜到了学生身后，专门"守住"落在后边的学生，当然指的是考试成绩落在后面的学生。

新学期开始，我就申请教普通班、艺术班。

教普通班，对我来说是一个新尝试。开始还好，因为有足够的准备，最充分的当然是上课方面。一段时间过后，发现仅仅在上课内容上降低难度、上课节奏上放慢速度还不够，因为这些学生之所以选择艺术特长，不是他们的智力或者说学习能力跟不上，而是他们在目标理想、学习兴趣、注意力等非智力因素方面有所欠缺。

找到原因就好办。

我就在拉近同学距离、彼此了解、建立信任方面多思考，也在教学方式上进行改进，尽量适应他们的学习特点。

主要的做法是：在教学上，精心设计，分层递进，一题多问，降低入口，而且多让学生参与。我发现，只要一位同学参与，那么其他同学的注意力会更集中，兴奋点也多了起来。从心理学角度分析，这之中应该有"看热闹"的，也有"有意纠错"的，还有准备为同学鼓掌的，总之，就是比教师讲要兴奋得多。

经过一段时间后，我发现这些学生在瞬间思维方面并不差，差在没有毅力，不愿刻苦，学习的知识时间一长就又忘记了。针对这个情况，我就在课上增加了一个固定环节，开课前5分钟，默写公式、定理等基本知识，久而久之，他们这方面也取得了明显进步。

还有，要在教学以外下功夫。为了提高兴致，活跃课堂气氛，我会不时地插入一些小活动，如"猜谜语送祝福"环节。这个活动项目也成了颇具个性化的"周氏游戏"了，一直在坚持玩。玩这个游戏，最初是这样开始的——那年我带的是毕业班，高考的前一天晚自习安排的是数学答疑，我觉得这时候答疑应该不是主要的，更多意义是陪伴，缓解压力。所以我就在前一天做了一点准备，设计了一个活动——为每一位同学送一句祝福语。但是，方式有点"创新"——第一步，我把祝福语装进信封里面密封；第二步，信封不写姓名，用猜谜语的形式给出，也就是说，只是把谜面写在信封上；第三步，随机分发给每人一个信封；第四步，各自把装有祝福语的信封送出去；第五步，本人打开信封，念出祝福语。

因为是第一次，有些谜底还是比较容易猜的，有的谜面也很搞笑。记得有几位同学一时间还送不出去，其中一个的谜面是"鲁迅"，大家猜不出来，可能是有点难，其实，谜底是"文锋"同学。

当晚的教室里，可以说一片欢乐，大家都很放松，同学们甚是兴奋，我也特别高兴。

后来，每当接手新的班级，我会时常选择合适的时段，在课堂上插播一些小节目，很有"笑果"。

就这样，年龄一年一年变大，我与学生的距离却越来越近了，也可能是广州这边的一个特色：一般情况下，学生打招呼或问问题，对教师的称呼都是"老师"两个字，而在北方或老家，一定是称呼"周老师"。但是从几年前开始，我有了一个"友友老师"的称呼，确实感到很亲切，这也许是学生的一种"尊称"？

带艺术班已经三届了，这也是最为幸福的几年，也是我感觉到自己成长最快的几年。我是说，我对教育理解上的成长，是与学生一起成长，是学生帮助我成长。

文科普通班情况比较复杂，除了有文科普通学生以外，还有体育、艺术、传媒等特长生。他们都特有个性，学习不是特上进，情感却又特别丰富，或者说心理安慰需求强烈，情绪变化大。

在与他们相处时，我经常以小松果（四岁）的外公身份自居。这样，无论出现什么情况，我都是可以理解，并能想出办法解决的。甚至我得出一个不成熟的结论："姥爷型"教师一定是一位好教师。

至今，我每天都是守在最后面，一群学生的最后面，做一名真正的校园守望者。

我是守在学生的最后面？还是守在教育的最后面？

36年，三个位置，哪个位置好？哪个位置更重要？值得深思。

教育的三个"不要"

教育，要做什么，是一个层面；不要做什么，是另一个层面，而且"不要做"更难。

不要做，就说明有可能做，而且很容易发生，所以才提到"不要做"。从心理学的角度讲，要做到这一点，思想上要转弯。就像走路一样，走哪条路更顺利，需要在走路前做出预判，而不是随便走哪条路，到中途再判断，再选择。当然做出预判是要做许多前期准备工作的，选择的难度会增加。

增加难度，也是值得的，既然不能走那条路，说明一旦走过去，会有危险，或者损失太大，所以我们要更加关注"不要做"的事情。

一、不要放弃任何一个孩子

这句话，不只是对教师讲的，同样也是对家长和社会讲的。

放弃，实际上有两种情况。一种是学生本人或家庭那边，遇到了困难或障碍，使得孩子离开学校；另一种就是有些学生学不好，不想学，或者就是品性不好，等等，被外界放弃，如被教师放弃，被学校放弃。

这里所说的不放弃，并不一定是学习上的，也不一定是成绩上的，是指教育上的不放弃。

首先，每一个孩子都是不一样的个体，这是真理。我们做教育的不是为了把他们都教"齐整"了，那是不可能的，其实所有教育的挫败感大都来源于此，没有教成自己设计或理想的样子，就以为是失败了，这是自虐。

教育不是设计的，教育也不是构思的，教育是实际，教育是现实，教育是本真。

教育，就是当你遇到了一个孩子，遇到了一个学生，你要全心接纳他，仔细观察他，把他拥入怀抱，仔细地看一看，这个孩子与其他孩子有什么不同，他需要什么，他缺少什么，我们要给他什么，等等。我们要把他当成主体，看看这个孩子头上闪亮的是什么灯，是科学之灯、艺术之灯，还是数学之灯……不管是什么灯，我们都不要让它熄灭，不要熄灭其他的灯而留下自己想要的那盏灯。

我们的任务就是慢慢地、轻轻地助燃，让每一个孩子头上的那盏灯都更明亮起来。

想一想，如果你熄灭你不想要的灯，那么一个班、一个学校，你要熄灭多少灯？最后，校园岂不是漆黑一片？

再想一想，如果我们帮助他，发现他的灯，哪怕不是那么亮，给他加点油，再挑一下灯芯，倍加呵护，辅以保护，他一定会亮起来的，那么整个校园又会是什么样？可以用缤纷多彩来形容吧。

此外，每一个孩子都是一个真实的存在，无论你喜欢还是不喜欢，他都会存在于社会当中，都会有一条道是给他走的，有他的活动区间与范围。换句话说，对于社会来说，是无法真正放弃任何一个人的。

如果因为不学习我们放弃了一个孩子，就是减少了他的学习机会，他也就不能学到必要的生活技能。在任何社会，基本技能都没有的人，大都会成为生活的弱者。这样的人越多，社会分布就会偏向于一面，重心偏移，框架就不稳定。我们每一个人都是社会中的人，没人能置身事外，都会受到不同程度的影响。

如果是因为"不听话"我们就放弃了一个孩子，那就更有犯罪感了。不听话，不听谁的话？难道你的话就是真理，学生都必须听？也许他听别人的话呢，放弃一个不听话的孩子，对孩子来说是不公平的。

我总是感觉，学生对教师评价如何，很大程度上与教师本身有关。我们都可以试验一下，或者回头观察一下。比如，很多学校每个学期都会有"学生评教"活动，可能上下学期评价结果会有变化，有时候会有很大的变化。

这是为什么呢？

这与教师本人阶段付出或工作有很大的相关性。

因此，我们如何看学生，学生就会怎样看我们，一切都是关联的，也都是动态的。

二、不要伤害任何一个孩子

当然，任何时候、任何地方，谁都不可以伤害别人，谁都不可以被伤害。为什么在这里提出来呢？有以下几个方面的原因。

首先，学生或者说孩子容易被伤害。中学以前，学生都是未成年人，他们在方方面面都还不成熟，心智还不健全，缺乏判断能力，缺乏自我保护意识。一句很轻的话、一个不经意的眼神都可能对他们造成伤害，并且受到伤害后，他们不像成年人那样会说出来，表现出来，一般都埋在心里。

由于受到伤害不会马上说出来，就不能立刻释放，对于学生来说就会有阴影，或者有埋怨，会影响到他们做事、学习。一旦伤害到学生的自信心、自尊心，重新建立起来就会很难，负面影响会很深。

有时候伤害到学生可能是无意的，甚至你都不知道，可是学生会"耿耿于怀"。

今年带的班里有一个特别活泼的女生，也特别调皮。平常我在走进教室时总是笑脸相迎，有时候还会夸张地做一个"请进"的手势。

从某一天开始，不见了这些"仪式"，课堂上提问她也不回答。我就感觉有问题了。我找到她的同桌了解情况。原来是中午他们在一楼食堂吃饭，我路过，他们跟我打招呼，我看到他们了，却没有回应。

从此，每一次从三楼吃完饭，我都会从那儿路过，认真地找到那个位置，还真在那儿，我就说"好好吃饭"，他们也很开心地说"天天向上"，很是默契，一个学期一直这样。

其次，教师容易伤害到学生。学生接触最多的人当然是教师，而且在学生看来教师又特别有"权力"。

老师要把握好度，不能伤害了学生。

一个班的学生成长交给教师，一个学科的教学交给教师，所以从这个角度说，教师有很大的权力和自由。无论是权力还是自由，我们都不能过度使用。

三、不要"放过"任何一个孩子

好像说得不是特明白，什么叫作不能"放过"呢？

作为教师，如果我们遇到一个有"问题"的学生，不要"放过"这个孩子，让其自然发展，而是要给予关注、关心和关爱，把他拉过来，改变过来。要担当起一个教师的职责，不能想着交到下一任教师手里。

如果能做到这样，那是非常完美的事情了，也是功劳特大的事情。

大家知道吗？一个孩子，从上幼儿园开始到18岁成年，一共会遇到多少位教师，算一算近百位。一百位教师是一百个个体，教育方法、方式、风格都会不同，这是多么大的力量！说实话，玉石的瑕疵再大，经过了这么多打磨和雕琢，也会变的，哪怕只是经手一下，也会温润许多。

至今记得，杭州一个小店门口写着"老师与狗不得进入"，这件事情是个极端例子。当时我们很有教育思想的印贤文校长在评论这件事情的时候说："如果在他上学的时候，有一位，哪怕只有一位教师让他尊重，他在写这句话的时候就会想一想，多想一想，也许就没有这句话了。"我非常认同，也感受到他对教育理解的大智慧。

是的，在一百位教师中，可能只有一位教师深深地伤害了他，其他老师或许没有伤害他，但是也没有哪一位教师走近他，影响他，温暖他，让他尊重。

那么，为什么没有一位呢？原因复杂，我们可以推断，这个学生在学校期间或许有缺点或短处，但是没有及时被当任教师改变，而且这些情况在学校学习阶段被"延续"了，后面的教师会受到前面教师看法的影响，也有先入为主的看法，久而久之，情况会越来越糟糕。

想来，一位教师，一年，我是说一年，而不是一个月，一年去影响一位同学，影响或改变一位有点问题的同学，那么有多少学生会被改变呢？不止千万！

试想，如果我们把对一个学生的改变作为这一年教师的最好成绩来看待，岂不是远比平均分、高分率这些目标要高大得多，比一篇论文重要得多，也更有意义得多。

课堂教学是学校教育活动的重要组成部分，是学生获取知识、提升能力、形成综合素养的主要途径。教学质量如何，直接影响到学生的成长与发展。其中，教师的教学理解能力、教学活动设计及组织能力等，是影响教学质量的重要因素。如何教学是教师避不开绕不过的话题，因此对教学的研究也成了教师的一门必修课。本篇内容是基于本人多年教学观察、教学思考、教学实践而提出的观点，是基于问题解决的教学方案。在内容划分上，将学科教学分成基础年级教学和毕业年级教学两部分分别论述，意在突出这两个阶段的不同特征。

02

教学篇

——教本学元

教学现状分析

教育研究的过程，是一个发现问题、正视问题并解决问题的过程。正确的研究方式应该是从实际中发现需要研究的问题，而不是想出来的"悬空"的问题。

一、从教学设计质量分析基础年级教学现状

教学设计是教学流程的源头，也是教学活动的"剧本"，也许说"脚本"更合适。无论课堂如何生成、变化，课堂教学的主体结构都是由教学设计所确定的。教学设计体现了教师对课程的理解、定位，以及教学方式的选择等。不是说好的教学设计都能上出精彩的课，但是不好的教学设计绝对出不了彩。所以，我把教学设计放在重中之重的第一位置给提出来。

因为工作关系，每一年我都会听很多课，听很多教师的课，包括校内和校外，还有一些是比赛课、示范课，但总体印象是存在问题的，而且某些问题具有普遍性。

1. 教学目标上的一步到位，表现特征是"直线陡升型"

多年多次听课后，我发现了一个普遍的问题，就是作为高一、高二基础年级的新授课，在内容选择和材料选取上，或多或少存在难度极差过大的问题，即一节课从基础学习到综合应用，"斜率"太大，甚至是跳跃运动，忽略了中间的联结和铺垫环节，可以说是典型地看着考试教学。

随之而来的问题是：

第一，抬高了教学起点。这样就会留下基础不牢的隐患。基础不牢固，仅靠刷题强攻得到的一些知识，是形成不了能力的，对知识的理解和应用都达不到

要求。另外，这样做还会流失一部分学生，这些学生可能会感觉该学科难学，不如学习其他学科容易，在学科选择上就会出现不利于本学科学习的偏向。因为学生的学习和所有人做事一样，都会先做简单的，这样容易出成果，有成就感。试想，如果在基础年级时期，学生就远离了自己的学科，那么再想拉回来便是难上加难的事情。

第二，忽略了体验经历过程。以数学为例，学生的学习不只是获取知识，还要有过程体验，在体验过程中去发现问题、提出问题，最后才是分析和解决问题。由于教学的一步到位、一讲到底，难度增加，就会丢弃这些体验环节而直奔主题。直白一点说，就是把知识"结论性"地直接转交给学生，这样获得的知识太"骨感"，是没有弹性和延展性的，一拉就断。

第三，不得不以练代讲。这样的课堂危害不仅在课堂内，还会延伸到课外。因为难度陡升，课堂上常有不能完成任务的情况发生，只好留到课外，以练代讲，增加了学生课外负担。这样还会造成恶性循环，因为练习题目多、难，不得不在下一节课前"评讲作业"，有时要用时十几分钟，又影响到新课的学习，然后再循环……

知识学习要螺旋式上升，不可贪求直线快进。

2. 教学设计上的面面俱到，表现特征是"球状臃肿型"

教学活动讲究的是逻辑与条理，主干突出可见，枝叶稀疏有别。我观察过很多的教学设计，差之甚远。他们把教学设计，具体说就是把一节课时当成一个大桶一样，什么都往里面塞，可以用"难舍难弃"来形容，生怕漏掉了什么。最后是难负其重，会有很累、很重的感觉。

其结果就是：

第一，内容上显得主次不分。不能突出重点，不能合理分配时间，没能集中精力和时间解决主要问题。对于重点问题、难点问题没有耐心和时间去突破、加强，这样就出现了重点知识的"夹生饭"现象。

第二，形式上显得拼凑堆砌。没有主线条，失去结构框架，看上去就好像堆了一堆的"东西"在那儿，杂乱无章，没有秩序。一节课下来，学生会感到不知轻重，无处用力。

课堂当追求树型课堂，根、干、枝、叶各占应有的比重。

3. 核心素养培养上的游离偏转，表现特征是"偏转离心型"

每个学科都有自己的学科味道——属于学科独有的特征，通过这种独有的特征，来培养学生的学科素养。举一个例子，《普通高中数学课程标准》要求数学学科培养学生"用数学的眼光观察世界，用数学思维思考世界，用数学语言表达世界"，那么数学眼光是什么？数学抽象是其中之一。又问，学生如何形成数学抽象的素养呢？这就要贯穿于课堂教学之中了。给出一节概念课或命题课，如何上？如何学？其实，这样的课重点不在教，而在于带领学生去经历、体验和发现，要让学生知道，这些命题是如何得来的，背景是什么，等等。现实中有很多这样的课，被上成了练习课——先让学生背结论，然后通过练习来强化应用，草草了事。其实，这样留下的隐患，会表现在后续的学习上，当学生在解决一些综合问题，或者继续相关内容的学习时，就会力不从心。为什么呢？因为没有学科底蕴的知识是不会扎根的，就不会有原来的思维记忆可以唤醒这些概念、命题。

这些做法为什么还会被大家所用，并且乐此不疲？原因很简单，"近期效果"明显。近到什么程度呢？可能就是为了一个月后的月考，或期中考、期末考，仅此而已。后面的事由后面的人去做，或者由后面的自己去做，反正有的是时间。可以说，我们的教学就是这么近视与短视。至于课程标准、课程理念，部分教师还会看看，很多教师是不管这些的。认为那是专家的事情，是上层上级的事情；会很浅层地认为，教学就是考试。

我们可以想象一下，一个心中无课标，一心为考试的教师，怎么舍得用时间去让学生经历与体验呢？所以可以这么说，很多教学都是游离于核心之外的，只在表层上做文章，不会在核心处下功夫。

教学上，要提倡向心型，远离偏转型。

二、从学习分化分析基础年级教学现状

学生是学习的主体，也是课堂的主体。在整个教学环节，无论怎么设计，始终都不能不考虑学生。好的课堂教学标准是什么呢？如果一个学期下来，你所有的学生都还在学习你的课，而且是充满愉悦与期待地学习你的课，这就是最好的标准。

而实际情况是，学生在学习过程中，会选择性地"离开"某些学科，那么，

学生离开这些学科的原因是什么？

第一，因听不懂而逐渐离开。这样的学生在高中阶段可能少一些，但还是有。在现实中，有很多同学选择文科，除了一部分是因为个人发展及兴趣爱好以外，还有不少同学是因为对一些理科科目畏难而离开的。也有一些会一直留在班级里面，其实已经没有太大的信心了，只是坚持"上课"而已。

为什么讲课会有学生听不懂呢？原因很多，教师心中没有装下全部学生，是原因之一。如果我们一走上讲台，就像电影放映员一样，按照既定程序或预设，一讲到底，一"翻"到底，直到下课为止，忽视了停顿，忽略了差异，无视课堂生成，这样就会出问题。

其实任何课，无论是物理、数学，或其他学科，只要从一开始都能秉持让学生"听懂"这一基本想法，每一节课都如此，就不会出太大的问题。

第二，因为没兴趣而逐渐离开。说到要培养或帮助学生建立学科学习兴趣，往往会有两种声音：一种声音是学习是为了自己，为了让自己未来变得更好，学习是任务，有兴趣要学，没有兴趣也要学；另一种声音是兴趣是带有个性特征的事情，甚至兴趣是天生的，不是靠培养的，学生可以选择自己感兴趣的学科学习。可能各种想法都会有市场，但有一点是肯定的，那就是学生对某一学科学习有没有兴趣，与该学科教师也有关系。教师要能影响学生，使其对学科学习增加兴趣。这就是教师的影响力，教师对学生的影响力也是教育能力的一部分，如果没有了影响力，也就失去了教育的意义与价值。

第三，因为学不会而离开。确实还有一部分学生，学习态度端正，会很认真地学习。他们很执着，愿意下功夫，可就是在一个阶段内，不见学习成绩提升。他们会动摇，有时候会痛苦地放弃，甚至认为这是自己的问题，不具有学习这个学科的潜质等。

每一级都会有"学不会"的学生，这也没什么问题。关键是我们遇到了这样的学生时，是不是先入为主地认为是学生的问题？我们是不是从来没有从自身找原因？是不是从来没想过教师可以提供帮助？甚至直接漠视，从来就没有把这当作问题，长期视而不见，任其存在？如果是这样，就是失职了。

相反，如果遇到这样的学生，我们能够把他当作一个案例，或者说是今年教学的一项重要任务，全面介入，锲而不舍，我想是会有结果的，要么能改变一些学生，要么积累了教育素材和经验，为今后的教育教学工作提供参考。这是很有意义的事情，远比一般性琐碎事情重要得多。

三、从学习成绩提升空间分析基础年级教学现状

教学的效果如何，成绩是一个维度标准。虽然成绩不能作为教学的唯一追求，我们却不能不讲成绩、不要成绩，这里说的成绩就是学科考试分数。每一位教师都希望有好的教学业绩，实际情况是有一些教师的业绩会一直上不去，究其原因，是所教的学生成绩始终上不去。那么提高学生学科成绩的空间是什么？

成绩上不去是一回事，成绩下降是另一回事。有一点是成立的，成绩下降与教师是相关的，用专业一点的话讲，就是学生每一阶段的成绩与教师阶段"状态"是呈正相关的。这个"状态"包括教师对教学的理解、时间的投入，还有与学生的关系是否融洽等都有关系。学生出现成绩停滞不前的原因有哪些呢？

一是知识储备不够。要完成任何一项工作，都需要材料与工具，学科知识学习也是一样。要想解决一个问题，会需要很多的知识点，这时候如果"提取不出来"需要用到的知识，就会寸步难行。

实际情况是，教师在落实学生掌握知识点方面，往往是只顾赶课，没有"过关评价"，时间过了就都过了。正确的知识学习应该是这样的：新课学习只能说是学生初见这些知识，学生不但要把这些知识收为己有，还要把它们存放在自己方便找到的地方，按一定的秩序存放，也就是会进行知识的储备。

二是技能掌握不到。技能是靠习得的，获得技能的途径是训练。无论多么先进的教育理念或教学方法，只要最终是为了解决问题的，都要给予练习的机会，并增加强度。实际上，我们的学生喜欢听，教师也习惯讲，给予学生练习的机会少，给出合适的练习会更少，属于"空中论道"，连"纸上谈兵"都没做到。

学生没有技能训练，就不会有"操作记忆"，在做题的时候反应迟钝，思维间断，不能连续、系统地去思考一个问题。

三是情境体验欠缺。我们知道，纯学科问题只存在于书本之中，我们所要解决的问题大都是含在具体情境中的，有的是学科情境，还有的是生活情境。即使是学科情境，在不同的地方出现，或不同的时间出现，也会有所不同。

而我们平常的教学和学习往往是没有情境的，或者是以大家都熟悉的一种形

式或背景出现，久而久之，就习惯于某一种设问方式。换一个角度设问或换一种方式出题，学生就会感到陌生，以至于不能应对，出现紧张情绪，直接影响对问题的分析与解决。

情境创设是对教师的一个基本要求，目前来说也是一个很高的要求，创设什么样的情境，把问题放在什么样的情境中，这是一种个性化的创造，体现的是教师对课程的理解与把握。

让学生常在情境中学习，习惯于在不同的情境中发现问题、提出问题、分析和解决问题，就不至于遇到新问题还是老思路，或没有思路。

以上仅是从三个方面发现的问题及分析，这些问题共同的特征就是存在不同程度的教学偏移，避重就轻，没能进入学科的里层、核心，在外围匆忙地赶路。虽然速度快，能够到达终点却不会领先，说得重一点，可能是一直在路上。

正确的学科教学系统应该是怎样的？

排在系统第一层的应该是学科课程标准，所谓标准，就是规范性的上位文件，下位都要遵守和依从，要对照执行。

而且，我认为，从属于第二层的教材、教学和考试是并列的位置，换句话讲，就是教材编写要依据标准，教学设计要参照标准，考试也要符合标准。只有这样，教学活动才能不偏离正轨。

本元教学

本元教学是我在教学实践中提出的一个概念，也是我一直坚持的一种教学理念。

本，乃草本之根，用来汲取营养，起到固根强干之效。又为事物之根源，所谓果有因，因有源，一切皆有秩序，事事不能本末倒置。

元，意为"天地之始，混沌太初"，是开始、最初的意思。同时，元也是事物最基本的构成要素，如元素、单元。又有原本之意，存有原汁原味。

"本元"，即追求事物的本来、本味与本真。

提出本元教学，就是倡导学习知识要追溯知识的起源，明白知识的来龙去脉，领会知识的原本意义及真实情况。提倡阅读与学习要先看原著、先学课本，然后才是资料与听讲。

提出本元，就是要拒绝学习的浮躁与乱序；拒绝不遵循学习规律，不注重知识发生、发展过程的行为；拒绝不尊重学生认知规律的行为。

越想枝繁叶茂，越要扎根沃土之中。学习也是一样，抓住本元，牢固基础是一切的根本。

一、新课学习之"三环"

按照新课程理念及新的学科课程标准，对于学生的学习，特别强调学科核心素养的形成。这里面的学科核心素养，是指"通过学科学习而逐步形成的正确价值观念、必备品格和关键能力"。这是学科学习的标准，同时也是学科学习的方向，是培养学生发展的方向。

在具体教学中，如何做呢？是节节渗透，还是阶段侧重？

我想这两种思路都不够好，最好的方式就是把学科核心素养的形成过程进行有序设计，既有轻重，又有联结，所以提出"三环"学习方案——新知学习、技能习得及能力提升。

环，既不是完全分开的，也不是互相缠绕，既有分又有联。每个环节各有功能，各有侧重，自成体系；既不要轻易穿越，也没必要太多往返。三环联结要有良好的秩序和黄金比例。

第一环——新知学习

新知学习是学科学习一个最重要的环节，也是学科学习的主要部分和内容，新知学习主要通过新授课来完成。因此，研究新知学习，就是研究新课如何上的问题。

新授课有两个特征：

新：

新的含义是"初始出现或未曾经验过的"。所以说新知识、新方法等是学生不曾知道或不曾系统地学习过的。对于"不曾知道"可能教师会特别注意，也会想方设法让学生学会。但是对于某些知识，或许学生知道一些，这时候一定不能简单放过，要注意关键词"不曾系统学习"，虽然知道一些，但缺乏系统性，不能建立知识间的联系，只能属于一知半解。

基：

基础，字典解释是"墙角为基，柱下石为础"。墙角是建筑物最开始的部位，所以说基既是基础的、根本的，又含有起始之意。那么如何打下这个坚固牢靠的基础呢？

教本学元，知识通透，记多识广根固基

所有的教学研究中，如何上好新授课占有重要的位置，新授课也是最能反映教师基本功底和教学理念的课型。我想突出这么几个关键词的解读：

教本学元：

教本。特别指出，教并不等于讲，所有组织并指导学生学习的过程都是教的

过程。

为什么突出教呢？因为对于新知识的学习，教师是主导，如何引领学生去经历、体验、感受，如何引导学生自主学习，学到什么程度等，教师要准确把握。所谓"讲"，就是要把最根本的原理、源头讲出来，不能只让学习停留在表层，匆匆而过。

比如，数学概念对于学生来说不仅是新的，还是"深"的，如果教师不能把学生带"进去"，学生只能停留在"知道"的层面，能认识，能记住，那么变换一种情境后，恐怕就是另一回事了。形象一点说，就好像认识一个陌生人，只是通过看几眼勉强记得了面相，过一段时间或换一个地方再见面，可能就不认识了，因为没有进行对话交流，看不到他的表情变化、习惯动作等。

本，有何意义？仍以数学学科为例，概念、命题是知识之本，概念中，概念的内涵是概念之本。学科知识学习，只有学到了知识最本质的东西，才会留下思维的烙印，这样，无论以什么形式出现，都能理解、迁移和应用。

因此，概念课的教学非常难，但是上好了，也最容易"出彩"，这也是公开课、比赛课中较多选择概念课的原因之一。概念课能够体现教师的学科素养、学科理解力，只有教师理解到位、深入，才能带着学生走进去，再走出来。

我的意思是，本，必须教；而且，教，一定要教本。

学元。新知识的学习，学生当然是主体。学生主体性，就是学生要参与学习的全过程，体现学习的主动性、自觉性，要让眼、口、手、脑都动起来。学生主体性，还要求教师要以学生为主体，根据学生基本情况来设计教学，组织教学，调整教学。

如何学？学什么？要学"元"。所谓学"元"，就是要慢下来，钻进去，感受与经历知识的来龙去脉，甚至可以提倡学生先自己阅读、理解、分析，感受一下这些"原汁原味"的东西——没有被教师加工、复述的内容。通过自己的"元"学习，记录下思维发生的反应，可能是困惑，也可能是疑问，再去听教师的讲授和点评，印象就会更深刻。

为了加强对知识的理解，可以让学生在新知识的"说"与"写"上有所作为，给学生机会，把自己的理解语言表述出来，然后再把自己的理解用文字表达出来。从会说到会写是一个完整的提升过程。有的学生知道但是说不出来，有的学生可以勉强说出来，但是写不出来，如果对于一个概念、一个知识点，学生能完成这个说与写的过程，那将是深入学习与理解的过程，也是一个学"元"的过程。

知识通透：

知识学习最怕"囫囵吞枣"式的一知半解，这一点，教师都知道，学生也知道。可实际情况是，很多知识的学习就是在一知半解中过去的，无可奈何地过去了。什么原因？客观上，是赶时间、赶内容。其实，真正的原因是对教学内容理解和把握上出现了问题，出现了过度学习、没有取舍的拿来主义现象。

对于学习来说，知识就是在某一学习内容中呈现的新的又有用的内容，如概念、定理、原理、公式、字词等。知识是组成能力系统的最基本的元。

通透，是一个形容词。通，就是能穿过，不存在障碍。透，就是透彻、透亮。对一个知识点要做到通透，就要让学生能看到知识的前因后果，理解到位，了解清晰。这就需要教师在时间和心思上多投入，拿出优秀的教学设计，精心组织教学。在教学过程中要"慢下来"，主干知识多用时间，难点知识多花心思，化繁为简，化大为小，把大问题分解成若干个小问题、容易的问题，逐步解决。还要有"过关"意识与标准，一节课没有过关，绝不放过，课下或下一节课再过关。不要有太强的课时概念。

记多识广根固基：

学习能力的升华或质变是需要有扎实的基础知识作为支撑的。因此在新知学习阶段，记忆是不能忽略的。而且记忆的最佳时期是初始阶段，也就是初学阶段。这时候是单纯的理解和记忆，不掺杂太多的其他干扰，一旦记住了就很难忘记。

知识只是记住了，是没有多大用的，要在记住的基础上能认识、辨识，在用到的时候能提取出来，这就需要对知识有辨识能力。如何辨识呢？

记忆是有两个层次的，一个只是把知识收集起来，胡乱地堆积；第二层次是把这些知识按照一定的秩序，排列整齐地装进大脑记忆中，这一层次可以称作知识储备。要实现从堆积到储备的过程，必须要求对知识的理解，要留下自己的烙印，有自己的思维和想法在里面。

当我们完成对知识的储备以后，就会增加辨识度，提取这些知识就会得心应手。

这些新知相对于整个学习系统，就相当于基础，是根本，只有稳稳地护住根，基础才能牢固，为今后的继续学习做好知识上的储备。

第一环节是获取经验的过程，也是维持"生命力"的保障。

第二环——技能习得

"技能，就是个体运用学习的知识、经验，通过练习而形成的动作方式或智力活动方式。"可以看出，技能是连接知识与应用的重要一环，少了这个环节，知识再多也没有用。对于学生学习来说更是如此，大脑装着满满的知识，最后解决不了问题，显然不是教育的目的。

技能的特征很清晰：

技：

技，"靠手来支撑人的生活"。是动手、动脑，要靠训练获得，具有长期性和重复性，只有练得多，才能形成技术、技艺。

学科学习要不要技能？要的。可是就目前的情况来看，有点退化的迹象，有的教学太多地注意了探究、经历、讨论等与新课程"形似"的环节，真正意义上的技能训练显得不够了，这也是不符合新课程方向的。

学科学习技能是什么？如何快速地写字、准确地运算、正确地推理等，这些是最基本的技能。目前学生的技能如何呢？我今年所教的班级，已经到高三了，有的同学一元二次方程还不能熟练求解；对于一个式子进行运算，分解因式还不能完成，这些就是技能没有到位。

题：

用什么训练技能？题目。题目就是问题的呈现形式，所有问题都是以题目的形式呈现的，做题就是解决问题。"刷题"在一段时间内好像不是褒义词，但是里面包含的道理还是很有深度的，至少在习得技能方面是有效果的，事事都要辩证地看。

练题习典，技能掌握，手快脑勤熟生巧

除了学习新课以外，还要安排固定时间来练习技能，这个练习不是指作业，作业是用来巩固知识的，技能训练要做到定时间、定强度、定速度。

练题习典：

必须强调训练是学习的重要部分，不可动口动脑不动手，只做一个眼高手低的学习者。现实中有不少这样的学生，只喜欢看书，而且看书的时候，手放在口袋里，或放在桌下，他们认为只要看懂了，自己就学会了。如果教师也是这个导向，到头来便会把学生培养成一个懒惰的思考者。

练题习典，也可以说练习经典。题目很多，不加辨别与选择地盲目练习，无异于害了学生。如果练习不分类型、没有重点，练习越多越容易让人迷茫。所以特别提出对题目的挑选与甄别。

练题习典的第一步是精选题目。适合练习技能的题目有两点要求：第一，不能有太大的思维量。难度大了，起不到定时训练的作用；第二，有针对性地进行训练。要非常清楚，所选择的这些题目是用来练哪一方面技能的。

练题习典的第二步是合理安排时间。最好有一节课或者课堂上留出一定的时间，进行定时训练，且及时反馈结果。如果把一套用来训练技能的题目扔给学生，让学生自己找时间完成，效果会大打折扣。

练题，就是要不断地训练题目；习典，就是要不断地温习经典。

技能掌握：

练题习典，让学科基本技能都在掌控之中。举一个例子，就像修理一个物件，不会在找工具和使用工具上耽搁时间。其实，学习了一段时间以后，是会通过考试来检验学习效果的。能在考试中顺利过关，其实对于考试的题目必须做到：看到题目，就像"条件反射"一样，这时候也许不需要太多的思维，更多的是技能，按照熟悉的思路完成而已。

也就是说，学习除了有创新精神以外，也要有工匠精神。

手快脑勤熟生巧：

我主张学习的技能训练也要放在重要的位置，这样做并不是培养"答题机器人"；相反，一个人经常动手，或者说动手能力强，也会影响到动脑或者促进思

维发生变化，手与脑也是相互连接的。手快带来脑勤，脑勤促进手快，正所谓熟能生巧。熟反映在手上，巧一定是大脑给出的指令。

技能既是一种机能，也是高层次的能力。我是说，相对于只是会"想"，只是会"说"，那么会"做"是高层次的能力。

熟生巧，首先要做到熟，其次才能巧。巧，是在熟的基础上加以思考、总结而得到的结果。

第二环节是练就本领的过程，也是抵风抗雨的保障。

第三环——能力提升

对于学生学习来说，学科能力即解决问题的综合素质，是新课程方案及学科新课程标准的主要概念。知识与技能是形成综合素质的基础，如果仅仅停留在这个层面，是培养不出学生解决综合问题的能力的，也是培养不出研究型、创新型人才的。

能力的基本特征：

综：

综，原意是指织布机上将经纬线连起来的装置。具体来说，学科综合就是能调动学科知识，汇集学科能力，集中一起解决问题。因此，学科综合能力的形成，就是要形成学科知识网络，由点到线，由线成面，编织成知识系统。

用：

用，即应用，"学以致用"，是说学习的一切都是为了应用。是否形成了知识系统是需要通过应用进行检验的，要在不同的情境中都能够灵活应用。这是学习的落脚点、目的地，也是检验学习效果的试金石。

构体建系，素养达成，提纲挈领繁为简

学科学习，小到一章一节，大到一个模块、整个学科，开始学习都是零散的，互相之间好像没有太大的联系。学习当然不能就此停步了，随着学习层次的推进，教师要有设计，要在合适的时间对知识进行梳理，构建知识网络，以提升

学生的综合能力。

构体建系：

建，建立、建筑与建造，建是大格局。构，组成、组合的过程，构在细微处。可以这么理解，要建造一个大的建筑物，建，就是搭起大框架；构，就是每个连接处的细工活。建与构都重要，哪一个环节都不能少。

对于学习中的知识框架来说，建，就是要对相关知识进行梳理、布局，根据经纬不同放置于合适的位置。构，就是要用学科思维、思想，还有内在的逻辑关系，把它们连接起来，织成网络，形成牢固的知识体系。

以高一数学"函数基本性质"这一章为例，当学习完函数的奇偶性，函数的单调性、最大值、最小值以后，能用树图列出这些性质及关系，这属于"建"的过程。进一步备注"研究函数性质基本方法——可以先对图像特征进行观察，再用文字语言进行描述，最后能用数学符号语言进行表达、刻画"，这算是"构"的过程。学习中一定要有建有构，这样才能形成体系。

把零散的知识联系起来，从点到面再到体，形成完整的学科知识体系，这是对知识从储备到运用的一次跨越。

素养达成：

素养，这里特指学科的核心素养。对于每个学科来说，学习的最终目的就是形成学科核心素养。核心素养的形成当然不是某一阶段的事情，但是在综合能力提升这一环节，要特别侧重于核心素养的培养和要求。提供给学生的学习材料不再是知识的简单再现，也不仅是技能的专项训练，要突出核心素养的培养。以数学学科为例，数学核心素养主要包括"数学抽象、逻辑推理、数学建模、数学运算、直观想象、数据分析"六个方面，因此在这一阶段的教学活动中，素材选取、活动组织及目标要求等，都要围绕这六个方面进行。给出的学习材料要有针对性，如果材料过于简单，没有思维量，就不可能训练逻辑推理能力；如果材料过于直白，就失去了训练数学抽象的机会。教师只有心里装着"核心素养"，想着"核心素养"，教学活动中才能体现和实践"核心素养"培养。

达成，达，是到达，达到这个高度。成，成功、完成。达成的意思就是完成预期，完成任务。无论是预期还是任务，都要求在开始的时候，心里有这个目标，这也是很多教学所缺失的。

提纲挈领繁为简：

提纲。纲，就是那些主干知识等；提纲，就是在有纲的前提下，能准确地抓住纲。挈领，领，指学科的思想方法、核心素养等。挈领，就是要站在高处，抓住关键和核心。

在素养提升环节，为什么要提出提纲挈领呢？因为这一环节与前面两个环节最大的区别在于综合，这对教师的要求特别高，如果教师还是与学生站在同一个高度，就很难做到使学生素养提升的了。只有教师站得高，选取的学习材料具有综合性，让学生处于跳一跳才能触碰到的状态，才能起到素养提升的作用，达到素养提升的目的。

这一环节在具体操作层面要特别引起重视，因为相当一部分教师在这一环节是处于粗放型的——信手拿来一套题，或东拼西凑一份卷，其后果就是完全失去了自主性。要把这个环节真正做好，不只是做到心中有纲有领，还必须做到每一套题都要有知识点分布细目，整个阶段要有主干知识训练计划列表等。

繁为简。是对教师的要求，也是对学生的要求。本环节是综合训练，所给材料都具有综合性，会把一个问题放进不同的情境中，给学生的感觉可能是形式上的陌生、表述上的生疏等。要培养并训练学生，善于阅读、提取、整理信息，分析、梳理要点，联想题型，返回题根，化繁为简。

第三环节是枝繁叶茂的过程，也是收获的过程。

二、教学遵循之"四元"

大家知道，到达一个地方，一是选择起点，二是确定方向。起点和方向是事态运行的两个基本要素。一旦起点出现了问题，方向越是正确，偏离目标也许会越远。

本元教学坊提出教学之"元"，就是为了解决起点的问题、初始的问题或者说是本质的问题。

所以说，在教学上，"元"很重要。

何谓"元"？元，开始的、从头的。元，也是根本的、本源的。元，还是基本的。

世上万事万物，无论如何发展，如何演绎，都能找到其元。即都有开始的地方、最初的原因及最基本的构成。

元，是解决"是什么"的问题，是如何使起点正确的问题。

1. 元标准

在"四元"之中，为什么把"元标准"作为第一个提出来呢？

作为学科教学，和很多事情一样，要正确开展，一定得有一个标准，这个标准就是开展教学活动的"度"，即深度、高度、难度等。这个标准还是开展教学活动的"矩"，即把握分寸，拿捏到位。更为重要的是，一定要找到那个"元标准"，而不是衍生的标准。

（1）学科教学的这个元之标准是什么呢？

可以这么说，很长时间以来，很多人把考试大纲、考试说明当成"标准"。所有一切活动都要围绕这个"高高在上"的指挥棒开展，甚至忘记了本元，忘记了根基。学科教学也就失去了学科原本的"味道"，千篇一律、灌输与解题成为教学的主要特征。

2020年6月19日国务院办公厅正式公布了《关于新时代推进普通高中育人方式改革的指导意见》："学业水平选择性考试与高等学校招生全国统一考试命题要以普通高中课程标准和高校人才选拔要求为依据，实施普通高中新课程的省份不再制定考试大纲"，这是历史性的变化。

这是新时期教育一个重大变化，也是让很多一线教师感到压力的地方。不再是"考什么，教什么"的时代，怎么办？

到底考什么，教什么，全凭教师去猜吗？当然不是！

其实，这本身不是一个问题，无非从前被"娇惯"坏了。也可以说，是我们教师自己被"填鸭式"灌输多了，束缚惯了。哪个在束缚教师？大纲。

大纲一直在指挥考试，绑架教师，左右教学活动。

为什么说这本该不是问题呢？

因为学科教学本来是有"标准"的，课程标准是教学活动最根本的"条例"，这是一切的起源，是所有问题的元。

任何一个学科，在教学中都离不开一个内容，那就是教学要求或者说教学目标，准确地说就是质量标准。所有的教学都会按照质量标准要求来进行，所有的学习也是按照质量标准的要求来学的。这个标准就是课程标准。

目前教学普遍存在的情况却很复杂，存在以下误区：

一是把考试作为标准。被诟病的所谓应试教育，就是考试教育，所有的教学都是基于考试的教学，或者说是一种"结果教学"，这显然是矛盾的东西。考试是结果，教学是过程，过程最终要走向结果，但是不能一直盯着结果而忽视眼前，这就很容易出差错。

这种结果教学会带来很多弊端。比如，"一步到位"式的教学，从第一个概念、单词的学习就开始看高考，从第一天的练习就开始选用高考题。这样在向高考行进的过程中，就失去了很多"看风景"的机会。一切变得很功利、很直接，也很乏味。

这样的教学就会很累，很没有自由，甚至都没有一点点"空闲"来"跑题"，哪儿来的创新与创造？甚至不能有半点"幽默"或"走神"，哪儿来的学习愉悦与快乐？

二是把教材当标准。教材只是实现课标的一个素材，它有自身的体系，有其完整性、系统性等优点，是学习知识很好的蓝本。但也会带来问题，如素材的时代性如何体现？学科的核心素养体系与教材体系能否契合？学生的多元发展如何体现？等等。

三是以学生为教学标准。对不对？学生的基础或学生领悟能力方面的区别，只能是在教学过程中和方法上区别对待，对于学科教学来说，还是要有一个明确的标准，不能在开始就给学生分类，这样他们永远都无法"逆袭"了。我们要通过学科学习，开发学生必要的智力，唤醒其沉睡潜能，点燃还不明亮的那一盏盏灯。所以说，以学生为教学标准也是不可取的。

因此，准确地说，我们应该把课程标准当标准，是所有标准之元、之初。

这个非常简单的问题，却被很多人放在一边，且放了很久。

课程标准里面，有时代对人才的要求，有国家意志的体现，还有对课程的思想性、科学性、时代性、系统性和指导性的提升目标。

对于学科来说，课程标准凝练了学科核心素养，制定了学业质量标准等。

课程标准是教学实施方面最明亮的那盏灯，也是最为基础之纲要。

（2）正确的学科教学系统应该是什么？

答案是，基于元标准的教学，即基于课程标准的教学。

课程标准传递出什么信息？

其一，方向和内容，其载体是教材。它是编写教材的依据，在一定时代背景下，国家对人才类型的需求，要培养什么样的人才，要加强哪些基础学科的学习，以及对人才的核心素养要求等都体现在教材里面了。

其二，目标和理念，体现在教学上。以数学为例，"数学教育要帮助学生掌握现代生活和进一步学习所必需的数学知识、技能、思想和方法；提升学生的数学素养，引导学生会用数学眼光观察世界，会用数学思维思考世界，会用数学语言表达世界；促进学生思维能力、实践能力和创新意识的发展，探寻事物变化规律，增强社会责任感"。这是目标，要求教师在教学中心里要知道，设计有体现，评价有要求。

当然，还有基本理念。比如，"以学生发展为本"的理念，"突出学科核心素养"的理念，"重视多元发展、过程评价"的理念等，要求教师观念要更新，评价要多元，方法要多样。

其三，质量和标准，落实在评价上。新的课程标准，明确要求要有学业质量标准，吃透这个标准，教学就有了合理的高度、合适的难度，是开展学科教学的最根本的尺度。

那么，基于课程标准的教学和基于考试的教学区别在哪里呢？

一是学习会更有深度，或者说更有内涵，更关注学科本质的东西，不再肤浅、浮华。

二是教学会更显多彩。区别于以考试为标准的那种直白式、直线型的教学，此时这样的教学可以更有宽度，形式或内容更丰富多彩，可以有更多的联想、延伸，可以让教师更像"教师"，增强了学科学习的趣味性，激发了学生的学习兴趣。

三是评价会突出多元。在评价学生学习时，会考虑多元评价，可以关注知识，也可以注重能力，还可以侧重创新思维等，给学生更大的发展空间，也给学生更多的自信和鼓励。

总之，课程标准定教材，课程标准定教学，课程标准定考试。课程标准是教学活动和教学标准的"元"。

2. 元备课

备课是教学活动的一个重要环节，会不会备课，按理说不是一个问题，大多数教师能做到先备课，再上课。但是，如何备课才能更有效，这是一个问题。我提出一个概念——"元备课"——阐述如何备课更有效。

元备课，就是在备一节新课前，不参考共享资源的教学设计，也不参考自己过去的教案，只是从当前教学实际出发，按照"钻研教材，了解教参，依据课标，分析学情，融入个人风格"的顺序进行新课的教学设计，而后，可以参考其他的教学设计案例、自己过去的教案，选取有用素材，加以修改完善，形成自己的"元教案"。

为什么开始不要参考其他教学设计呢？原因很简单，我们都会"先入为主"，如果看到一些"优秀"的教学设计，由于那些设计有时候真的很好，再想从中减去一些内容，加入自己的设计，恐怕很难。因为做减法很难，你会觉得里面的素材都有用，所以就不舍得去掉。不去掉，就加不进自己的想法，到最后这份设计就会很臃肿，不干练，同时也不适合自己班级的实际情况。另外，由于不是自己的"元"设计，教学设计的整体框架不一定适合自己的风格，逻辑结构也不顺畅，到了组织教学环节，往往会"不顺手"，影响教学效果。

优秀的教学设计应该是这样的：

钻研教材。教材堪称最为经典的资源库，同时知识划分也是具有指导性和权威性的。其一，根据教材提供的知识顺序、结构，进行合理的课时划分，既要考虑知识的连续性，也要考虑知识的整体性，结合学生情况，进行合理的划分。其二，重视这些素材的特点——具有针对性、系统性及原始性，尽量首选这些作为教学素材。当然，这些素材不一定都要选用，也不一定要按照教材的顺序编排选用，这时候就需要教师对这些素材进行分析、研究，选择使用或改编使用。另外，这些素材要让学生熟悉，甚至知道在什么具体位置，如哪一个章节。因为这些素材是一些大型考试，包括中考题、高考题的原型，只有让学生心中有这么个资源库，运用起来才不陌生，有底气。

如果不是元备课，而是使用现成的共享教案，就会使这些经典素材失去应有的作用。到最后，学生一本书学完，可能就只知道资料上的素材，而对教材的素材没有印象。

了解教参。如果学科有教学参考书，还是要看一看，了解参考书给出的参考意见，如课时划分、内容分析及知识拓展等。这些都很好，毕竟是对教材最权威的解读，参考价值还是很高的。

依据课标。有了前两个环节之后，在学科教学设计的科学性方面，还是要以课标作为依据的，不能仅仅按照教材内容和难度，因为教材有不同版本，还要提供给各层级学生使用，所以教材不是标准，学科课程标准才是标准，一是可以提供难度标准；二是能提供学科思想、方法、理念。只有这样，我们准备的教学设计才是符合学科精神的。

分析学情。前面的三项涉及的是素材选取，好的教学设计一定是有三个因素的，即教材理解、学生实情及教师风格，这些都是含在教学设计里面的，所以还要分析学生实时情况。所谓实时情况，不只是学生的平常基本情况，还要考虑近期学生的情绪、前一节相关的知识掌握等。只有这样，给出的教学设计才是符合实际的，才可能在课堂上适用。

个人风格。一节好课，一定是自己的课，所以要元备课。每一位教师经过几年的适应以后，上课都会有自己的特色，有的教师会形成自己的风格，这个风格不只体现在课堂组织上，更应该体现在教学设计上。如果经常使用共享教案，就是大一统，没有个性化的东西在里面。这样一来，上课时也就失去了个性化的可能。

我的观点是，所有的备课只有两类，一类是元备课，另一类是假备课。元备课前，参考别人的备课是"备别人的课"，使用自己已有的备课是"备过去的课"。要想真正备好课，一定要"元备课"。

3. 元学习

学生学习，应该分为两种方式，一种是通过教师的加工、整合，然后传授给学生，我把这种方式称作辅导式学习。这种学习大都是"浓缩"的，"加工"过的，从某种意义上说，是不完整的。另一种是学生自己走进教材，通过阅读、查阅，完成对新知识的学习，这是直接的学习，可称为元学习。

元学习可以从两层意义来理解：一是自己先进行的独立学习；二是学习了知识的源头。

关于独立学习。能称为学习的，就一定要有实现学习的程序，就是对新知识进行阅读、理解、判断，进而了解新知识，掌握新知识。这中间会有新旧知识的连接、碰撞，产生思维的火花，再把新旧知识融为一体。

从某种意义上说，学习都是自己对新知识的一种自觉认识的过程，都应该是元学习。而我们现在的学校学习的方式，应该算作元学习的一种辅助形式。也就是说，如果学生学习期间遇到了问题要由教师来提供帮助，答疑解惑，然后学生再继续学习。从这个意义上讲，学校存在的必要，更多的是学生成长的场所，并不仅仅是知识传授的地方。

关于知识的源头。任何知识都不是突兀地出现的，或是片段式出现的，如果真是这样的话，这样的知识也没有存在的意义，就不值得去学习。所以说知识都是相互联系的，产生一个新知识，一定是有原因的，与某些原有的知识联系密切，甚至就是从原有知识发生、发展而来，为解决某些问题而生。也就是说，所有知识都有来龙去脉。

通过元学习，把控知识整体的变化，知道为什么有，到哪里去，这里面的思维都是积极的思维，会对新知识的产生背景及发生、发展有足够的了解，也会对这样的知识作用产生兴趣，是一种积极的学习、主动的学习。

两种学习方式并不是孤立存在的，也可以理解为是学习的两个环节，只是有一个顺序，元学习在先，辅导学习在后，如果能恰当结合，就是一个完美的学习过程。所说的恰当，不只是顺序，还要有一个比例，多少比例合适，也许因人而异、因事而异。如果说仅仅是学科知识的学习，由于教材具有系统性、连续性，学习起来不算难事，元学习可以完成大部分内容。

那么，如何实现元学习呢？

元学习不只是一个概念或理念，它应该包含学习的全过程，元学习提倡把学生的学习分成学、教、做、讲四步。这里面强调的有两点：一是把教与学分开，区别于把教与学同步进行；二是给出了四步的顺序，突出学生的自主与自学。如果说是什么模式的话，可以用"教在学之后，做在讲之前"来概括。其基本思想是所有的学习活动都让学生先经历、感受，留下学生的思维痕迹，教师再循迹而教之。这样就能充分调动学生学习的主动性、积极性，做到以学生为学习主体开展教学活动，全面体现学生在学习过程中的主体地位，积极培养学生在学习活动中的主动意识和自主能力。

元学习的基本流程：

学：

学于教前，记忆过关。

即通过学生自主阅读、感知、经历和记忆，了解知识产生的背景及过程，知晓本节课学习内容中主要的陈述性知识和简单的程序性知识，并对这部分知识的学习充满期待与兴趣。

"先学"，是指学生在教师的引领下，依据教师所给出的课前自学指引，实现自主学习。通过"先学"，让学生积极参与到课程学习活动中来，亲自经历学习、探究、质疑及释疑的全过程，以调动学生学习的主动性，激发学生的好奇心和求知欲，进而达到学习的可持续性效果。

"学存疑，学为教"为学的标准。

一是定自学目标。

识记。要求学生熟读、记准并能准确表述或书写，解决"是什么"的问题。

理解。要求学生能懂得、会解释，解决"为什么"的问题。

质疑。要求学生会思考、能提问，解决"怎么办"的问题。

二是定自学指引。

内容。本节课阅读、学习的内容；本节课重点关注的问题；本节课要查阅的相关资料（可以使用字典、词典、纸质参考资料、网络学习资料等）。

指导。视具体情况指导学生选择朗读、阅读、演算、推理、合作、探究等学习方法；引导学生大胆怀疑并提出质疑的问题。

检测。识记知识检测——脱离教材和参考资料，完成以背诵、默写或关键词填空等方式呈现的题目；模仿知识检测——脱离教材和参考书，完成以练习题形式呈现的题目；应用能力检测——可以查阅教材，完成以思考题形式呈现的解答题，包括疑问、疑点记录。

教：

教重点拨，智慧发展。

即通过教师的智慧启迪学生的智慧，拨动学生的思维，让学生领悟到学科的思想方法，提高学生智力水平。

"后教"，是以学生"先学"为基础的"教"，是了解自学效果后的

"教",是掌握了问题而确定的"教"。这种"教"更注重启迪和点拨,帮助学生提高分析问题和解决问题的智慧,本着"因不会而教,为会而不教"的理念。

"教释疑,教启智"是教的目标。

课堂学习开始前,教师要检查或抽检学生自学情况。检查内容及评价,即任务完成情况,重点以识记知识检测情况为依据进行评价;学习达标程度,主要以模仿知识检测情况为依据进行评价;学生存疑的问题,通过应用能力检测情况及疑问记录等,充分了解关键信息,为"教"做好准备。

一是定教授目标。

教师课堂教授必须达到的目标——解决学生自学中没能解决的问题、有疑问的问题;解决知识的迁移和应用的问题;帮助学生初步形成对知识的总结和梳理能力;进一步培养学生的自主学习能力。

二是定教授内容。

重点知识。即本节课学习的重要知识及对学科学习起到重要作用的知识。视学生掌握的情况,给出问题的分析和解决方法的学习指导,带领和帮助学生理解、掌握重点知识。

难点知识。即超出学生自学能力之外的知识。要利用好课堂现场和互动,给出恰当的点拨和引导,帮助学生突破难点知识。

易错知识。即易错易混知识。先让学生暴露出来再点拨点评,让学生经历错误,加深印象,分辨易错知识。

疑点问题。即学生有疑问并大胆提出探讨交流的问题。要及时回应这种课堂上生成的疑点问题。

思想方法。即学科学习的规则与程序。要及时渗透学科思想方法,培养分析、解决问题的能力。

三是选教授方式。

启。设计合适问题,启发学生思维。

引。组织合适的语言引导学生思考,"二次"解答相关问题。

点。抓住关键,只讲"片段",点到为止,不面面俱到。

拨。用简练的语言讲清复杂的问题,四两拨千斤。

自学情况的掌握要全面,讲授内容选择准确,讲授时间适度,讲授方式灵活。

做：

做在课堂，习得技能。

即通过学生亲自参与学习活动，坚持练习训练，进而完成本节课的学习任务，将书本知识转化为解决问题的能力。

"先做"，是指在课堂上教师为学习精心设计或根据课堂生成而开展的各种学习活动，通过学生的"做"，来检验知识的掌握程度及知识的应用效果，并为后面的讲提供重要信息。

"做中学，学会做"是做的方式。

一是定练习（活动）内容。

知识巩固型。紧扣本节课程内容要求，设计基础练习、活动。

知识应用型。紧扣课程标准，设计综合练习、活动。

能力提升型。根据学生实际，分层设计练习、活动。

二是定练习（活动）形式。

练习形式可以视具体情况灵活多样。可以有独立的书面练习、小组合作讨论、现场互动问答等。

三是定练习（活动）要求。

学生。要求学生神情专注、反应敏捷、大气大方、书写简练、快速准确。

教师。教师要广泛巡视、重点观察、及时提示、个别指导。

根据练习形式的不同和教学时机，灵活选择检查练习的方式和方法，及时反馈，了解达标情况。

训练以预设为主，适当生成；以巩固为主，适量提升。

讲：

讲贵升华，方法提炼。

即通过教师的讲评或学生的讲评，从一般的活动或练习中提炼、升华对某一类问题的解决方法。

"后讲"，是针对学生活动的"讲"，是针对暴露出问题的"讲"，是针对解决问题的方法的"讲"。此时的"讲"更注重提炼和总结，帮助学生梳理知识、反思问题，提升对知识的归类和方法的总结能力。

"讲关键，讲为明"是讲的要求。

一是定讲评内容。

讲问题。由学生练习中暴露的问题，确定要点评的内容。

讲思路。讲评要凸显对问题的分析过程。

讲方法。讲评要从解决问题的过程中提炼方法，渗透思想。

讲规范。教师要关注学生答题的规范性，并能示范答题的规范要求。

二是定讲评方式。

学生讲。展示学生练习成果，请同学讲评。

教师讲。展示学生练习成果，教师通过对已有的错误进行"拆解、分析、提问"等，直接或间接地达到讲评效果。

先了解，后讲解；不需讲，不要讲；轻讲重解，化繁就简。

总体上来看，"教在学之后，做在讲之前"教学方式既符合学生的认知规律，又体现了教师对学生学习的引导和点拨作用，真正实现了以学生为主体、以教师为主导的双向互动教学理念。

4.元评价

评价，这里指的是对学生的教育评价。可以说在结果方面，我们还没有真正意义上的教育评价，在过程方面我们又很少正确使用教育评价。

所谓结果方面，就是对学生产生影响的学段评价几乎没有，只是通过高考或中考分数对学生进行一个排序，起到了学段评价的作用，分数高就说明你学得好，分数低就是没学好，很简单，也很粗糙。现在开始进行教育改革，尤其是高校招生制度改革，引入了学生"综合素质评价"，应该说对学生的评价会越来越丰富。但是高考、中考应该不是学生整个成长过程和目标的全部，仅在考试改革上有变化，显然还是不够的，还要更加全面、多元、真实地对学生进行教育评价。

所说的过程性评价，就是教师对学生的学习成长阶段的平时性评价，这个很少有，只是学期结束，班主任对学生有一个评语，而且很简单、粗略。

其实，学生的学习阶段是需要真实的评价的，通过科学的评价，一是给学生以激励；二是给学生以引导。

如何评价一个学生呢？是分数还是表现？都不是，我们应该可以找到更好的评价方法。

　　我们可以把学生在学校的发展看成一个"向量"——起点、长度和终点。起点，就是学生的元状态，长度就是学习过程，终点便是发展的效果。

　　一方面，由于学生的起点不一样，我们为什么要求终点一致呢，所以必须关注学生的起点，即元状态。另一方面，我们要考虑教育本身的意义——发展。也就是说，每一个学生通过学习，接受教育，在原有的基础之上有进步、有发展，这就是教育的成功，也是学生的成长，这些是教育之元。

　　如果我们是基于学生的元状态及发展效果来评价，就是元评价，就会给学生带来很多的机会。

　　那么，这对教师的要求如何呢？毫无疑问，要求变得更高，工作要求更细。

　　首先，学生的元状态，也就是学生的起点，作为教师，心里要非常清楚。元状态不是学生的原始成绩，而是学生的全部状态，包括身体、心理、情绪、理想，还有学习习惯、爱好兴趣、家庭状况等，这些都是他的元状态。如何获得这些信息呢？需要教师耐心细致地工作，还要有对学生爱心的倾注、教师职业责任感等。如果起点不清楚，一切评价就没有了基础，所以必须对起点有完整的记录。这些记录不能只是结论性的，要有描述，有细节。比如，某某同学"数学基础知识不牢固。原因是感觉数学学习难度大，对数学没有兴趣，致使上课走神，课下不做作业"，这就形成了一个比较清晰的描述，有原因，有逻辑。

　　接下来，教师就要针对这些情况，按设计流程找学生沟通、交流，帮助其建立信心，改掉不良习惯，改进学习方法。这可能是一个长期的任务。但是，只要教师知道了起点，并从起点开始动起来，又有明确的方向，坚持向前走，与学生一起，那么，一个学期结束，也许教师的评价就会变为某某同学"经过一个学期的努力，改进了数学的学习方法，对数学学习有了一些兴趣，不再害怕数学，基础知识基本掌握，还要进一步下功夫，克服学习上的畏难情绪和畏惧心理，争取在综合问题上有所突破"。

　　其次，对学生进行评价，不能只局限于考试分数或纪律表现，还要包括影响学生成长的多个因素，如态度、情感、理想、志向，还有品德思想、团队意识、责任担当、组织能力等。这就要求我们的教育活动要丰富多彩，倒逼我们要给学生提供多种平台，让学生能自我展示，教师也要进行多元观察，多维评价。给某某同学的评价可以是"有理想，肯努力，本学期表现出顽强的意志和高远的追求，相信你的成功就在坚持之中"。这是一个同学成功所具备的品质，有了这些，就可以得到高度赞誉与肯定，没必要加入"学习成绩有待提高"之类，当然有些人可能不赞同，非要把成绩加进去，那就说明教师对多元评价的认识还不到位，心里面有主次之分。试想，如果我们对一个"学习态度好，学习刻苦认真，学习成绩优异"同学的评价之中，会加入"希望在组织能力上有进一步提升"吗？很少，因为我们都认为学习及成绩好是最主要的，其他可以不提。

最后，这样的评价不能成为学期最后的评语，它要时时刻刻装在教师心里，挂在教师嘴上，要让学生知道，他在你这儿学习是有进步的，是获得认可的。他不是一个落后的学生，他不是一个被放弃的孩子。

实行元评价最明显的优点是：一个集体、一个班级，所有的同学没有被排序，没有哪个前哪个后，是百花齐放的状态，整个校园都是春天。

当然，实行元评价，最受益的是学生，是学生的发展。一个学生不会因为数学成绩最差而失去信心，甚至失去尊严，也不会因为多次犯错就"破罐破摔"，学生会看到自己的进步，看到自己的变化和成长，永远充满希望，永远都是起点。

三、教学操作上的"五本"

元，是解决事情起点的问题，是解决"教什么"的问题。本，是解决"怎么教"的问题，是方向问题。

1. 学科教学素材以教材为本

课堂教学是学生学习学科知识、提升学科能力、形成学科素养的主要活动方式。对于一节课来说，教师选择什么材料作为教学素材，以期达到本节课的教学目的，这很关键，也考验着教师对本节课内容体系的把握及教师的教学判断水平。

事实上，越是有经验的教师越是会以教材为本，深浅难易"拿捏"到位，在教材体系内构建、设计，在方圆尺寸间求平衡、创新。

现在有一种现象，学习一节新课时，有的教师自然或不自然地会离开教材，另选材料，尤其是"课堂练习""课后作业"基本脱离课本，依赖资料，直奔考试。这样的后果很严重。

何谓教学素材？一般指能为一节课提供学习服务的有益的教学材料，包括问题材料、思考材料、探究材料、例题、练习与习题等。

所谓教学素材以教材为本，是指在新课学习阶段，对学科知识的理解与学习、知识系统的建构，以及在学习兴趣、能力培养方面，最好选用课本上的材料、练习与习题。以课本为本，这个"本"是根本的本，即以课本材料为根本。

为什么呢？首先，说一说教材的特征及其益处：

第一，教材是依照上位的课程标准编写的具有完整体系、明确要求的学习资料，每一处材料的呈现及所放置的位置，都是恰到好处的，都做到了很好的取舍与平衡。

第二，课本上的材料都是由学科领域顶层专家选定，具有权威性。每一个问题、例题、习题都堪称经典，具有平和性、朴素性，不奇不怪、不偏不倚，材料编制耐人寻味，如数学教材上的题目，表述准确易懂、简单明了。哪怕一些题目中"数"的给出也是特别讲究的，如教材在给出函数解析式的时候，系数最多的是以数字1、2等来呈现。

第三，材料具有的"本元"性，无论是数学概念、原理，还是问题、数字等，这些材料都具有开元的意义，学生学会、理解了这些"元"，才是真正领会、领悟，为能力提升打下了坚实的基础。

第四，教材也是各类考试命题的"元"。教材上的材料可以说是"题元"，教材上的题目都是"题根"，命题专家都会在教材素材的基础上进行改编、扩充，形成一系列的考试题目。

第五，以教材为本，另一层意思是具有资料整理、保存的重要意义。如果教师以教材为本进行教学，那么学生也都会重视教材的利用，会将一些重要信息都记录在教材上，将是一份最具个性化意义的学习资料，因为里面有自己学习的痕迹，或是成功，或是失误，都有记录。

第六，教材上的课后练习、习题，更是课后作业的最佳"题选"。它不同于其他资料上的练习，有选择题、填空题和解答题，课本习题几乎是清一色的思考题或解答题，其目的很明确，作业不是考试，其功能是巩固和实践刚学习的知识，不需要"综合"，也不需要马上进行题型训练。其过程是要走"批改"流程的，教师通过学生的解答过程，查看学生错在何处，看学生思维流动，通过"红批"与学生沟通，与学生对话。另外，课本上的习题作为作业，有"原汤化原食"的功效，是其他再"好"的资料都代替不了的。

其次，说一说为什么会出现不以教材的现象及其"病处"：

一是教学资源极大丰富，如果教师不是"元备课"，自然或不自然地就用上了"别人的教案"，而这些"别人的教案"大都有追求"新、异"之嫌。再加上教师自己对教材上的材料过于熟悉，感觉不新颖了，自然就会取而代之。

二是由于学生的课前预习，对教师的"设问""探究"等环节，失去了新鲜感。比如，在讲数列求和的时候，高斯小时候求"1+2+…+100"的故事，同学们都知道，确实是不够新鲜。

三是对教材体系没有从根本上吃透，"人云亦云"，缺乏对一节课的极致追求和"作品"意识。其实，如果对一节课的设计多琢磨、细推敲，最终还是会回到课本之上的，回到本元之初的。

最近听了一些课，很能说明一些问题。一类是教研活动的示范课，另一类是机构组织的基本功大赛课和招聘教师的专业测试课。

为什么会拿这两类课做对比呢？因为它们具有一个很大的反差：除了时间不对等以外，最大的区别就是备课的资源差别，即教学素材的差别。因为后者几乎只有课本和自己。

当我们听了多次公开课、示范课以后，总会有这样的感觉：公开课总是很精彩、很完整。但是公开课的意义更多是用来研讨、交流和展示的。

假设一下，如果某个班级一个学期教师都在向别人展示这种公开课、示范课，到最后考试成绩提高，学生能力提升也许会大打折扣。

为什么呢？原因不只一二，其中有一个与"教学素材"相关。因为为了完美和精彩，在设计里面加入了太多的东西，选取了"新颖"的材料，舍弃了"本元"的东西，其结果是会失去对最基本的概念、原理的理解和探究，"精彩"只是表象。

所以说，这样的课可以去听，可以进行研讨，或者作为示范，都没问题，但是不能每一节课都这样上。

比较而言，那种大赛课、专业测试课，都很朴素，很简洁，也很"瘦身"，教师讲起来，也会很从容，分析透彻，落实到位。每每听后，总会令人感觉有一种课堂的"原味"在里面。

原因当然是参赛的教师没有更多的参考资料，也不敢随意选用自己记忆中储备的素材，只能选用课本里面的教学素材，"少而精"，就会对课本的材料使用很到位。

可以看出，离开教材的原因很多，但有一点是明确的，经典的东西不怕多讲、不怕多练，更不怕剧透。我们必须大声地说出来：以课本为本，锁住经典，用经典启迪思维、拓展创新！

2. 教学设计以主干知识为本

教学设计是教师教学的"剧本"，整节课的课堂活动、学习效果及学科能力培养，很大程度上取决于教学设计。

如何进行教学设计？教学设计的基本框架是什么？优秀的教学设计要具备什么条件？这是三个非常基础而又很有意义的问题。

（1）如何进行教学设计？

教学设计应该是三位一体的综合，即课程标准、教材体系及个人教学思想的结合。

一是读课标。这大概是大家不容易做到的事情，事实上，这很重要，除非自己对课标烂熟于心。因为要通过读课标，来领悟课程标准对本节课的知识、能力及核心素养的要求。这一点是为了保证教师的教学是基于课标的教学，而不是基于教材或考试的教学，更不能是基于教师本人的教学。课程标准是所有知识的本元，了解知识的源头，站在课标高度思考问题，就能沿着正统的脉络铺展开来，不会偏向。

二是读课本。通过读课本来了解本节课的教学材料、知识结构体系。厘清课本的逻辑关系、选材用意，了解每一个例题所放的位置及作用，还要找出后面对应配套的练习及习题，看看它们是如何前后呼应、互为补充的。以课本为本，根据课本的立意进行教学设计，就不会悬空。

三是定主干。通过分析教材，明确教学任务，划分重点、难点，梳理本节课内容的逻辑线条，确立主干知识、核心内容。从主干处向外展开，就不会松散。

四是建主体。结合本节课的内容实际，构思必要且恰当的教学情境，包括选素材、设计活动及教学流程等。整个设计要给人"一气呵成，融为一体"的感觉。

（2）教学设计的基本框架是什么？

第一层级：

普通高中课程标准实验教材给出的教学设计案例是这样的：

① 题目；

② 教学任务分析，重点难点划分，学习目标确定；

③ 流程结构图；

④ 教学情境设计；

⑤ 学习小结及作业布置。

第二层级：

这一环节是教学设计的重点部分，是第一层级中"教学情境设计"环节结合个人、学生实际情况进行的细化细分。

① 知识回顾。对本节课将要用到的相关联知识，提前列出或温习。这样做，比到用的时候再去复习效果会好很多。一是凸显这些知识的意义，学生会比较重视；二是教学流程会显得比较流畅。

② 新课引入。遵循自然、有用、简单的原则，不要刻意创设那些与课程内容不协调的引入方式。

③ 新课学习。是重中之重的环节，特别要注重活动与讲授相结合，问题与结论相呼应，科学精神与人文关怀相统一。

④ 模仿练习。这是学习新知识的必经之路，只有练了，才知会了；也只有练了，才知道不会。

⑤ 过关评价。一节课结束前，要有一个过关评价，哪怕只有一个问题、一道练习题。这是评价学习，也是评价教学，算是教学跟踪和教学反思的一部分。只是我们"不敢"来评价，如果我们评价了，就会对自己的课有新的思考。

（3）优秀的教学设计要具备什么条件？

一份优秀的教学设计，不是看每一个环节如何完备，也不是看每一个环节如何细化，重要的是看教学设计是否突出主干知识，是如何突出主干知识的。换句话说，这份教学设计是以什么"形状"呈现的。

一份优秀的教学设计一定是"树形"的，有主干，有枝叶，层次分明，线条清晰。

如何做到呢？

第一，每一节课的教学设计都要画一个知识结构的"树状图"。不同于上面提到的流程图，它包含了这节课的知识结构、逻辑关系及教学流程。这棵树的形状一定是"竖长形"的，而不应该是"球状形"，树状图的主干就是本节课的重点知识和教学流向。

第二，选取教学素材，按照树状图的主次层级关系，选用教材上的素材，力求主干知识突出，不求全求齐，要有取舍，不臃肿，在主干上恰到好处地长出一些枝叶，要紧凑、有序，显示出这个结构的力度感。

这时候会遇到的一个问题是，如何"瘦身"？因为备选素材可能很多，又都很好，怎么办？

一是提倡元备课，就是不要使用别人的或现成的教案，这样就不会有过多材料不知如何取舍的问题。

二是原则上不要选取过多的材料去反复说明一个问题，能用一个材料说清楚的就不用两个材料。

三是不求面面俱到，有些非核心问题点到为止，不能过多纠缠。也许这些小问题会在以后的练习中慢慢消化掉。

四是在课堂练习上，避免太多变式或加深，先以练习"根题"为最基本的要求。

"瘦身"不等于主干就突出了，如何才能"强干"？

一是逻辑上，要联通连贯，一气呵成，不脱节，连成一体。

二是选材用力有侧重，围绕主干，不偏不离，主干就是轴心。每一个材料都是为了说明或解决与主干相关问题而选用的。

第三，顺畅主次逻辑关系，确立教学的流程。

第四，做减法，当完成一份教学设计后，可以主干为线条，重点内容为标准，进行梳理，被"梳"下来的都不再放进去。

总之，一节课的教学设计是不是突出主干，是不是有多而未舍的材料，就是要多几遍这样的梳理，多做几次减法，最终呈现出来的一定是非常具有线条感的"树形"。

3. 课堂教学以学生发展为本

课堂教学的组织是教学最重要的环节，这不只是考验教师的专业能力，还考验教师的经验、艺术与情怀。

一节课40分钟，主要任务是什么？是完成教案的内容吗？是教会学生本节课的内容知识吗？

这是一个很重要的问题，也是很严肃的问题。40分钟完全交给教师掌控，如何使用基本是自由的。所以说，如何有效、有益、有心地上好一节课，是非常值得探讨的一个话题。

课堂教学以学生为主体，凸显学生的主体地位是教学理念的一大进步，也算是新时期教育讨论的一大成就。

但是，主体意识的确立并不等同于主体地位落实到位，或者说"主体"意识本身具有笼统性，致使理解与落实都会有所偏差。所以说"课堂教学以学生发展为本"才更细化、更贴切。

以学生为主体，多表现在对整体概念的实施上，具体实施细节模糊。因此就会出现一些虚的，甚至是假的主体转换。

比如，为了凸显学生的主体地位，课堂上让学生讨论问题，其实很多问题没有讨论的必要或价值；让学生自主学习，但大多数课程学习后，到头来还要讲满满一节课，没有减少，这无形之中增加了学生的负担，也增加了学生学习的成本。出现这些情况的原因，就是"以学生为主体"不够细化。

以学生发展为本，就是要求一节课最根本的任务是以学生学习和学生终身发展为本，也即以学生发展为根本。只要是对学生有益处的就是本，对学生有启发的就是本，对学生有警示的也是本。

何为学生发展？当堂学会知识、方法是发展；获得了活动体验、经历是发展；得到了鼓励、关爱，增强了自信心是发展；对学科产生的学习兴趣是发展；受到了启发、启迪，爱上了本学科的学习是发展；等等。

一般来说，一节课可以从三个层级进行设计或评价，即科学性、艺术性及人文性。其中，人文性处理得好，不仅是课堂的亮点，也是教育的至高追求。

科学性，是一节课最基本的要求。就是要在学科知识、认知规律及立德树人方面，达到准确、严谨、正向。表现形式包括教师的语言、书写及必要的表达逻辑等。这是一节课的骨架，出了问题就是有了硬伤，是失败的课。

艺术性，反映了教师的教学方式、教学特色、教学风格等。诸如如何化繁为简，如何条理清晰，如何由浅入深，如何循序渐进，如何先学后教等。还有，如何引入自然，如何设计问题，如何开展活动以及如何调节氛围，如何因变应变等。

这些都是课堂艺术性的元素。这是一节课的枝叶，处理好了，一节课就会有视觉冲击，好听、好看。

人文性，这是很少被教师在实践中使用和践行的，虽然都会喊出口号"以人为本，以生为本"。

其实，人文性就是要求课堂教学以学生发展为本。这是一节课的灵魂，处理好了，一节课就会"活"起来，成为一节"有生命"的课。

如何做到这一点呢？以下几个观点至关重要：

教师观。教师不能站在知识的制高点上俯视学生，否则学生就会感到压力，透不过气来。教师要充分给学生空间，是指给学生一个自由、自信的空间，甚至给学生出错的空间，给学生轻松愉悦的空间。只有这样，学生才能"舒展"开来，思维也就自然而然地打开了。

教师的作用体现在可以把控空间的大小及其发展趋势，有能力放开和收回。

学生观。教师心中先有"一个""一个"的学生，再有班级的全体学生，不是反过来的。也就是说，我们是从关注、关心、关爱某一个学生开始的，然后才可能去关注更多的学生。也许一学期、一学年我们只能改变一个学生，这也是非常了不起的。

教师上课是可以观察到学生听课、活动等反应的，还可以观察到学生的表情和眼神的变化，通过观察能知道学生学习过程中遇到了困难，进而能及时调整进程，问一问、变一变，甚至等一等、停一停都是必要的。

一位乡村教师在课堂提问环节，与班级某一位同学约定"会了举左手，不会就举右手"，这个故事很有启发性，这就是一个典型的教师心中有学生、心中有爱的典例。我们不能只是拼命往前赶课，对于一些特殊情况看不见，或视而不见。

我提出"课堂效应"这个词，用来评价一节课。即一节课的进程和高度是以学生实际为标准刻度的，不是教学设计的完成，也不是教师的讲解示范——一节课的成功与否，是看学生获得了多少。

课堂观。一节课的课程进度，大都是按照教案完成的，而且很多时候是可以完成的。但是，我们提出课堂是动态的观点还是必要的，这也是教师可以做主的。

在课前准备的前提下，课间，即教学活动中还是要用心调整，如发现某个学生情绪有波动，学情有困难，要在课堂上多关注、鼓励；还要有班级整体学情分析，如果一个班级有学习氛围低落的特殊情况出现，教师要及时进行调节，如可以讲个故事、猜个谜语、读一首诗等，甚至可以把一节课改作两节课讲，只要是值得的，都不是问题。

课堂上要多听学生的声音。学生的声音包括教师问学生答的声音、学生讨论问题的声音，还要有学生提出问题的声音，以及学生与教师讨论的声音。这是一种平等，也是一种尊重，要给学生的思维得以放开的环境！

一节课是不是一定要完美无缺？是不是一定要按部就班？其实，一节课除了知识的学习以外，还有很多，很丰富，要用生态意识、多元理念去审视一节课。

材料观。教学素材是组成课堂的元素之一，会直接影响到课堂活动，影响到学生学习效益。选题看学生，是指题目的选择，除了适合教学内容以外，还要适合学生，与学生匹配的素材才是最好的。一定会有"一套"素材，既能满足教学需求，又能让学生感到容易理解并轻松愉悦。我们不能以牺牲学生时间、学生情绪、学生学习兴趣为代价去追求课的完美和素材的新异。

活动观。活动已经是现代课堂不可或缺的元素，课堂要看到学生活动的身影，这是以学生发展为本的重要体现。知识学习、能力培养都可以通过设计出好的活动来分解，来实现。充分做到动手、动脑和动身。有了活动，学生才是真正地参与到学习中来，学习才变成学生自己的事情。而且参与可以提升学生兴趣，学习也就有了落脚点。此时教师就有了观察的时机，课堂就有了生成的可能，灌输式的课堂永远不会生成，也就不会有闪亮和火花。教师的活动或示范，在学生活动基础上才有意义，才有针对性，才有价值。所以说"学在教之前，讲在做之后"是应该提倡的教学主流方式。

总之，课堂是学生学习的课堂，也是学生成长的课堂，以学生终身发展为本开展教学活动，既是课堂的初衷，也是教育的目的。

4. 课后作业以巩固为本

提到作业，无论是学生、家长，还是教师，都有很多话要讲——作业多，作业难，作业挤占了学生自由活动的时间，作业抢占了学生独立思考的空间，等等。

但是，大家又都会想这样的问题：不做作业好像又不行，不做作业还是不放心。

最后都是在埋怨中接受，在吐槽里妥协。学还是要上，作业还是要做，路还是要走。

有没有一个平衡点？有没有更好的办法？

万事遇难，追溯本元，一切可解。

本元之问一：为什么要做作业？本元之问二：做什么样的作业？

基础年级教学"五本"主张的——"课后作业以巩固为本"是本人最为坚定的主张之一，也是目前情况最不容乐观的一个教学环节。处理好这个问题，是提升教学品质和质量的关键。

作为学科教学，讲完一节课，布置适量的作业，是学科学习的一个延伸。可以说作业是学科学习的重要组成部分。

但是，在目前情况下，如何布置作业，却变得很模糊。

目前是什么情况呢？是资料满天飞的情况，说得严重一点，是资料绑架教学的情况。尤其是一些中等水平的学校对作业没有校本的要求，致使书商推出的劣质作业资料干扰和影响了正常的教学进度和质量。

为什么说是资料绑架教学呢？先不说教学资料，就拿作业资料来说，每一节课的作业都是按照一个模式设计，多少道选择题、填空题和解答题，不管什么课，都要凑成这么多题数，再加上教师在选择的时候不去认真取舍，这样不仅给学生增加了负担，也给第二天的作业讲评带来了麻烦，讲也不是，不讲也不是，无形之中就影响了教学秩序。

（1）目前作业布置存在哪些问题？

脱离课本。使用资料作业一个特大的问题就是离开课本，与本节课的本元知识失去必然联系，去追求题目的新颖和经典。为此，有的会特别注明是哪一年的高考题、一测题等。

脱离课堂。所谓脱离课堂，就是脱离了本节课的课堂教学，因为同一节课的课堂教学会因师而异、因生而变,课堂的不同注定课后作业也会有变化、有侧重。大一统的作业资料肯定是不适合这种基本要求的。

难度加大。由于资料各个题目良莠不齐,教师又没有取舍意识,用了一些直奔高考的题目,在学生刚学习了新知识的情况下是难以完成的,耽误了时间。

题量过大。不用费力就有这么多题目,自然就会增加作业量,增加学生负担,抢占其他学科的学习时间。

针对性差。不是精心设置,就没有针对性可言。有些作业就是为了有作业而作业,抢时间而作业。

功能扩大。增加了课后作业的"补充"功能,把课堂上没有完成的任务放入作业里,让学生通过作业来解决问题;增加了课后作业的"训练"功能,其实作业是作业,训练是训练,各有侧重;增加了课后作业的标准化练习功能。

(2)教师如何提高作业质量?

首先,要解决新知学习的认识方面问题。

教师对学科新知识的掌握还是要有基本的认识:渐进、螺旋上升。也就是说,从知识掌握到能力提升都不是直线型的。比如,一个章节内容的学习,要按照新课学习、作业巩固、章节复习及习题课等环节分步设计,逐步提升。

作业类型也有很多种,本文只针对课后作业进行阐述。

其次,让课后作业布置上升到教学设计层面。

作业是教学设计的一部分。作业的有效性应该体现在作业的选择上,如何选择呢?在教学设计的时候,根据本节课的重点、难点等基本情况,配置作业来巩固这些重点内容,加强难点的理解和化解。这里面也有对需要记忆的知识的巩固,还有需要可操作性的内容要让学生动手。

作业布置也要有生成。根据课堂教学情况,及时调整作业的布置,也许课堂上有些问题不是想象中那样顺利解决,这时候布置作业也要讲究变化,侧重于未解决的问题,毕竟作业的目的就是解决问题。

(3)作业对于学生的学习意义是什么?

课后作业是学科学习的一部分,作业的基本功能至少有以下几个方面:

一是通过做作业让学生温习课堂学过的知识、方法等。

对于一个学习者来说,听过不一定记住,学过不一定学会。只有在最近时段内，让学生重温课堂内容，进行第二次学习，调动内驱力，这样才能加深印象，把课本上的知识变成自己的知识。

二是锻炼学生应用知识的能力。

课堂上学习的概念、命题、数学思想及解题方法等，对于学生来说很多是抽象的、书本的，到底有什么用还不甚理解。这时，通过适量的课后作业，拉近知识与应用的距离，对提高认识、提高兴趣都是必要的。

三是培养学生使用知识解决问题的能力。

学习的终极目的是用学到的知识来解决问题，如果能结合本节知识点，编辑一个以前没能力解决的问题或与生活相关联的问题，让学生来解决这些问题，这将会提升学生学习的成就感。

（4）课后布置什么样的作业最好？

以数学为例，课后作业就是用来巩固本节课知识的，也就是要以巩固为本。

其目的是加深对本节课概念的理解，对公式、定理等命题的记忆、理解和运用，对难点、重点问题的化解，对整体知识结构的一个构建与梳理。

来源。首选教材。教材的练习、习题及复习参考题具有最好的针对性、经典性，还有适当的互补性。因此，教材上的资料一定是课后作业的首选。

题型。课后作业以解答与思考题为主。作业目的之一是给教师批阅的，批阅目的之一是看学生的做题思路、思维变化，还有推理运算过程等，不是考试那种，只要结果。所以作业的目的就决定了作业的题型一定是解答题或思考题的形式。

当然不排除个别题目只能以选择题的形式来呈现。

题量。多少题量适量呢？绝对有预估，作为数学学科来说，一次作业不超过30分钟为最好。因为学习才用了40分钟，它的内容决定了课后作业时间不能太长，如果遵守了仅仅是巩固知识的理念，自然也就不会太多。

难度。什么是适中呢？作为新课的课后作业，应该是低于课堂学习难度的，而且还要有模仿性质在里面。如果课下能把课上的东西独立再演绎一遍，这已经是很大的收获了。

总之，课后作业的选择事关学生的学习质量，也关系到学生的学习情绪和总体发展，希望每一位教师都能在这方面重视起来，给学生一份有质量的课后作业。

5. 课外辅导以发现问题为本

这里说的辅导，有两种形式：一种形式是很多寄宿制学校会在晚间安排学生自习，会安排教师到班辅导学生；还有一种形式，其实很多时候是被忽略的，就是对学生进行单独辅导。无论是两种辅导形式的哪一种，目前都没有真正起到辅导的作用，失去了辅导的意义。

现在很多教师在班辅导，或是对个别学生进行单独辅导，都是在帮助学生解决问题，也就是说，学生在做题目的时候，遇到了难题不会做，来找教师给他解决，教师会告诉他解题思路。教师做这些事情有没有意义呢？有，但不是在做辅导，确切地说是在"答疑"，是的，教师在答疑，回答学生的疑问、困惑或难题。

那么，辅导是做什么呢？我认为，辅导，尤其是单独辅导，一定是以发现学生学习过程中的问题为根本，重在"发现"，而不是"解决"。因为解决问题可以在课堂完成，也可以集体完成，更可以随时随地来完成。但是，发现问题就不一样，平时或课堂上，教师没有更多的机会、没有更好的条件来深入了解学生，发现他的问题，只有在单独辅导的时候才可能有条件完成其他教学环节没办法完成的事情。

先说一下，为什么要有辅导这个环节？

按我的理解，辅导是现代教学形式下必需的一个环节。所谓现代教学形式，简单地说就是有"学校"，分"班级"集中学习的形式。这种形式相对于从前的"书院""学堂"等，不同之处在于学生多，教师接触学生的时间少，学生与教师的距离远等。

这时候，要想真正落实"因材施教"，就必须对学生个体有足够的了解，再根据学生的具体情况，改变他，帮助他。通过什么形式来实现呢？辅导。所以我认为辅导这一环节其实是很重要的一环，可惜的是，很多学校没有认识到，或者很多时候有形无实。

如果把给学生辅导当作教师的一项任务，如一个学期至少给每一个学生辅导一次，时间可长可短，形式因人而异，只要能坐下来，就有机会发现每个学生都会有自己的一些问题，就会知道学生原来是这样的，每一个学生是这么具体，不会再以为你教的是某某班级，而会认识到，自己教的是一个个完全不同的学生，你会感觉到这时候你才是在教学，这时候你才是一位教师。

这一点我是深有体会的，很多学科教学的"难点"都是从一个个学生中发现的，真有"教学相长"的体会与感觉，通过学生自己在你面前推理、运算，发现的问题才是真问题，不是我们凭借经验的那些"悬空不实"的假问题。

我认为一定要把辅导、真正意义上的辅导落实下去，就像备课、上课、批改作业一样落实下去。

那么，如何开展辅导呢？下面以一个案例来说明。

首先，提前备课。辅导前对于辅导对象要有基本的了解，比如，是运算错误多，还是推理有问题；是空间想象能力欠缺，还是思维逻辑不严谨；是课堂听课不专注，还是基础知识不牢固；等等。总有一方面是教师感觉到有问题的，只是不知道问题出在哪里而已。

其次，设计问题。我在给一位高三的同学辅导前，根据她的基础题出错率高的特点，设计了两道与运算相关的题目作为辅导的资料。

再次，现场观察。通过现场看该同学的推算过程，发现两个问题：一是 $2 \times 2^{10} = 4^{10}$，也就是对指数运算律没有掌握。二是 $-\dfrac{1-2^n}{1-2} = \dfrac{-1-2^n}{-1} = 1 + 2^n$，这是对常见的分式"去括号"没有掌握。发现问题以后，我详细地询问了她以前做这样的题目，是不是都是这样，她说是的。知道了问题，我就把初中的一些指数幂运算率相关法则和她共同地复习了一遍，又对这种分式去括号的正确做法加以说明，这样就帮助学生解决了真正的问题。

最后，要给出建议。该同学的实际问题，可以归结为"初中的一些运算基础知识没有掌握"（而这一点往往被教师忽略），所以我建议该同学利用一个周末的时间，把初中教材都找出来，把教材里面的黑体字——运算律、定理、性质及结论都复习一遍，并且抄写下来以备后用。

通过该案例，不只是把该同学的真正问题找了出来，也把我在教学中的问题找了出来。后来在讲到这方面知识的时候，我有意识地放慢速度，并且板书也更清楚，收到了很好的效果。

本元教学课堂的生态意义

作为一名教师，课堂是永远的话题，也是永远的主题，可以说是一生都走不出的空间。课堂给予我们的太多——成功的喜悦、沟通交流的快乐、创造的空间；课堂也让我们承载得太重——课堂教学的效率、课堂教学方式的研究。一次次的研究课堂，就是一次次地剖析自己，反思过去。

可以说，我们对"课堂"的研究从来就没有停止过。课堂教学效率、课堂教学方式也都是"古已有之"。毫无疑问，这些研究对提高课堂意识，尤其是提高课堂效率，起到了很大的作用。但我总有一种另类的感觉——对课堂如此无限地挖掘，生怕"课堂"有一天会"枯竭"了。反思与思考之余，我结合自己的教学，提出了一个关于本元教学意义下课堂的生态建设问题，希望能给课堂以新的生机，从而使课堂变得"枝繁叶茂"起来。

一、什么是课堂

我做了一个试验，当我在百度中输入"什么是课堂"时，百度搜索的结果是："什么是理想课堂""什么是高效课堂""什么是有效课堂""什么是课堂常规""什么是自主课堂""什么是模拟课堂""什么是第二课堂"等。居然没有找到我要的结果。所有的条目都是关注某一方面的，真正关注课堂整体的、本元的很少。或者说，纵向深挖的多，横向拓宽的少。

接着，又输入"课堂是什么"，百度搜索的结果很多，其中有这样一段文字："课堂是教师和学生的生活空间，课堂是教师和学生的精神家园，课堂是教师和学生的创造空间。"虽然没有得到想要的结果，却让我对"课堂"有了一个初步的、感性的描述性定义，即课堂是一段"时间"，在这段时间内，教师要实现自己的教育愿望；课堂是一个"空间"，在这个空间内，师生互相交流、沟通，学生会产生学习动机、兴趣，并能快乐地参与到活动中来。它的关键词有时间、空间、教师、学生、教育、交流、参与、快乐、愿望等，显然，课堂是内涵丰富的，课堂是一个多种元素的有机结合体。课堂不只是"教"，也不只是"学"，课堂是一种交流，是一种动态的生成。

二、反思当今的课堂之现实

综观现在对课堂的研究"态度"，可以看出这些研究一方面丰富了"课堂"的内涵，另一方面增加了"课堂"的负担，对"课堂"产生了伤害。原因是我们走得离原点越来越远，我们忘记了主干而在枝叶上过度地发展。我们对课堂的理解存在诸多偏差。

偏差一：靠近功利与实用。过度关注教学目标、课堂高效。主要研究如何"开发"和"利用"，是一种功利性的研究，更关注短期效益和学生的显性成绩。所以在课堂教学上存在一种普遍现象，即拔苗助长、急于求成。其结果导致部分学生回避课堂、惧怕课堂，对课堂"敬而远之"。

偏差二：偏离课堂的主体。我们知道，学生才是课堂的主体，学生的需求决定着课堂的方向。现在恰恰相反，关注教学目标完成的多，关注学生认知、情意、学习愿望的少。存在的普遍现象是：在课堂教学中缺乏情感交流与沟通，一切是那么枯燥和苍白。其结果是多数学生出现苦学、厌学和不学的现象。

偏差三：偏离课堂的生态。没有将课堂看成是有"生命"的，是气象万千、枝繁叶茂的。在课堂上除了传授知识、培养能力外，还应有情感交流、持续发展的可能及课堂的动态生成等。没有将教师、学生、课堂融为一个整体，其结果只能是一边倒的形式，失去了原本的"平衡"，即一种生态的"平衡"。普遍的现象是：孤立、静止地使用课堂，结果就是让课堂"枝枯叶黄、失去生机"。

总之，现实中的中学课堂，追求一种高投入、高付出、高收益的效果，致使学生学习成本过高。

导致这种现象的原因很多，但有两点是主要的，不解决，可能永远都无法走出这个怪圈。其一，在主观上，我们没有走近学生这个主体；客观上，学生作为主体没有走进"课堂"；其二，我们对课堂过多地索取，很少给予。

三、回顾课堂的发展轨迹

中华人民和国成立至今，教育在不断地发展，这种教育理念的发展，反映在课堂教学上有以下几个阶段：

中华人民共和国成立后至改革开放前。在这个阶段，教育理念是"传授双基"，教育目标是"用知识武装大脑"，在课堂教学上是以"传"和"授"为主，以掌握知识为重。

20世纪70年代末至80年代中期。在这个阶段，教育理念是"培养智力"，教育目标是"加强基础，发展智力、培养能力"。在课堂教学上，除了学习知识外，还加强了思维能力的培养。

20世纪80年代中期至90年代初期。在这个阶段，教育理念是"强调非智力因素"，教育目标是"加强基础，发展智力，培养非智力因素"。在课堂教学上，不只是关注知识、能力，还关注学生的兴趣、情感、意志等。

20世纪90年代后期至今。随着素质教育的提出，新课程的教育理念是"彰显主体品质"，培养目标是具有"创新精神和实践意识"。在课堂教学上，充分关注到课堂的主体——学生的经历、感受，使学生能够和谐发展，健康成长。

从这几个阶段教育的发展来看，要实现教育理念的转变，落脚点还是在课堂上。可以看出，随着教育理念的改变，课堂教学方式、教学目标也在逐渐转变，越来越多地关注学生这个主体。而且不只是关注他们的知识、能力，还有情感和健康。因此，我们研究课堂，要远离我们自己的"主观"意识，要走近学生。因为只有走近学生，才能真正地走进课堂。要用"再生"的思维来研究课堂，拥有课堂。正如"不能征服自然"一样，不要征服课堂，更不要伤害课堂，不要让课堂承载太多，要让课堂自然舒畅地发展。

四、追寻"课堂"的原生态

1. 学生眼中好课的标准

如果说我们要还原课堂的"原生态"的话，首先要了解的就是学生眼中的好课是什么样的。从一份调查问卷统计结果看，学生眼中的一堂好课主要包括以下几个方面：

（1）兴趣。学生认为学习兴趣是他们能持续学习的基础。

（2）轻松。课堂不需要严肃，也不需要沉重，甚至不需要太"规范"。学生能自由、平等地参与到学习中、走进学习中，是最为重要的。

（3）参与。动起来并且能表现自己，是人的天性。学生已经不喜欢坐听教师的"精彩"，想且需要参与到学习过程中来，享受收获与成功的快乐。

（4）学会。多数学生都希望有收获，能得到"自己的满分"。

2. 什么是课堂的生态性

"生态"是指自然环境中生物之间、生物与生存环境之间相互作用的动态平衡关系。"课堂"作为一个特殊的生态系统，确立各个元素之间的一种平衡关系，使之和谐、持续地发展，会更具生命力。我们要更多地关注学生这个"群体"，注重他们的心理认知、个体发展及综合素养的提高，建立和谐、可持续发展的课堂，从而达到使学生轻松学习、和谐发展的目的。

如果说现在的课堂是一棵"硕果累累"的果树的话，那么生态课堂就应该是一棵"枝繁叶茂"的大树。

首先，在生态课堂上要体现学生的主体地位，无论是内容的安排、方法的选择，还是活动的设计等，都要围绕学生的需要而定，而不是为了完成教材内容而设计。在一节课上要达到教师主导、学生主体的和谐统一。

其次，在生态课堂上要激发学生的主体意识，调动学生学习的主观能动性，唤起其学习动机、求知需求。让"以理服人"和"以情动人"互为条件、互相支持，相得益彰。教学一旦触及学生的情感、意志领域，触及精神需要，将发生高度有效的作用。这样就要求教师投入情感、放低自己、关注主体，建立和谐课堂、生态课堂。

最后，在生态课堂上要充分关注学生的学习能力。关注学生，不只是关注学生的优势，还要关注学生的"不足"和"弱势"，在学生的不知处、不会处下功夫。充分从学生的心理认知及心灵情感角度制定学习目标，安排学习内容，让多数学生达到"能学、愿学、乐学"。在课堂上，既要有学生的参与经历，又要有教师的点拨引导，还要有教师的预设和课堂的生成"交相辉映"。

3. 生态课堂的构件

构件1："精神家园"

构建生态课堂，首先要构建好师生共同的"精神家园"。"精神家园"至少包含以下几个要素：

（1）关爱

没有关爱的教育是粗枝大叶的，没有关爱的教育是苍白无力的。有了关爱，才能使我们默默地关心学生的每一个细节、每一处变化。学习成长阶段的学生，正处于情感的脆弱期，对很多事情都很敏感，当学生能感觉到我们的爱时，就可以在遇到困难时树立自信，在茫无头绪时得到启迪……这样的课堂就会充满生命活力，生机无限。

（2）交流

在新课标理念下，越来越多的教师开始注重课堂教学的交流。如何交流呢？我认为，交流不仅仅是互相了解和沟通。要真正体现交流的作用，必须做到交流的平等性、开放性和动态生成性。让课堂超出预设，碰撞出火花。课堂的交流不是奢侈品，只要我们放低重心，人人都可享有。在课堂上通过沟通交流，采取换位思考的方法，会给教学一个准确的定位。

（3）自信

通过鼓励、帮助，让学生逐步建立学习的自信、交流的自信。自信并不是实力的体现，自信是一种心理状态；自信不是对某一个目标的承诺，而是对于完成一件事情所持的一种健康的心态。自信的反义词可以说是"害怕"。当学生对某件事情、某一学科感到害怕时，其实就是产生了一种惧怕心理，在这种心理下学生就会潜意识地排斥、远离，这时哪怕用多少时间、精力，都无济于事。

课堂上有了关爱、交流，学生有了自信，就有了充分的条件激发学生的学习兴趣、情意，充分调动学生这个主体，建立教师、学生之间的一种和谐关系，构建一个共同的精神家园。这个精神家园是用来给课堂补给营养的，是让课堂充满生机、充满生命力的保障，是让课堂这个特殊的"生态园"能够自由呼吸的条件。

构件2：学习家园

（1）自主

虽然新课程实施很多年了，但教师还在"主动"地教，学生还在"被动"地学，是名副其实的"举三反一"的学习。学生学习处于被动听讲、消极模仿和简单重复的状态。正如有一句话说，"模仿别人的人永远也不知道下一步该干什么"。我们的学生可能永远只是停留在知识的表面，缺乏思考和发现。这种没有自己参与的学习，是不能持续的学习。

培养自主学习，就是要让学生主动参与、主动提问、独立思考、积极探索。自主学习不完全是自学，还有乐学、会学，突出的是一种自愿、情愿和主动。自主学习是一种学习方法，也是一种学习习惯。自主是一种习惯，被动也是一种习惯。一旦习惯，就会产生依赖。学生一旦养成了良好的自主学习的习惯，将永远走在前面，会自主地发现问题、思考问题并试着去解决问题，这种过程会激发思维、激活潜在能力，使学生始终处于一种积极思考的状态。这样，学生就永远不会失去学习兴趣，永远有一种积极探索的乐趣。

（2）引导

"脱缰"的自主，是不科学的、低效的。主动引导不会破坏学生的主体地位。这种引导可以是课前的，在学案上体现；也可以在课堂上，根据课堂现状或是课堂的生成状态，要求我们教师也要有"主动参与"意识，不能袖手旁观。引导不在于强化学生已有的知识能力，而在于激发促进学生还没有的心理机能，使之主动参与。主动引导是课堂开放的体现、知识生成的体现、教师智慧的体现。

（3）创造

创造，是指将两个以上的概念或事物按一定的方式联系起来，以达到某种目的的行为。课堂教学不能仅仅让学生掌握知识点，要及时地、适时地培养学生的创造性思维。要让学生在课堂上能主动发现、大胆质疑、敢于批判。学生提出的问题，哪怕是错误都是学习的资源，因为能提出问题就是思维的开启，就会有创造力的形成。

有了自主学习能力，再加上老师对学生的引导、启迪，学生就会形成创造思维。

　　总之，在生态课堂上要充分体现学生的主体地位，学生的需求和发展是主干，其他的是枝叶。强调课堂是一种特殊的生态系统，只有和谐才能有生命力。这种和谐是师与生之间、知识与认知之间、能力与发展之间的一种和谐，有了这种和谐，这个系统才可以健康发展。

"三阶"备考是备考教学的科学方式

以下是我在指导我校近几届毕业班高考备考中积累的一些做法：2016年是玉岩中学建校10周年，这届高考成绩对于玉岩中学很重要，因此我在暑假认真思考了本届高考备考的相关问题，形成了一个较为完整的整体框架，最后以数学学科为例，抛出了一个三维度的立体设计，提出了"三阶备考"理念及"四十五字"指导意见，经过全体同人的共同努力，2017届高考成绩超预期地达到了一个新高度，为玉岩中学的第二个十年发展奠定了基础。这45字的指导意见作为玉岩中学备考经验多年沿用。

一、名词解释

1. 备考

我把迎接高考的整个教学阶段称为"备考"，而没有沿用大家熟悉的"复习"概念，不是不尊重习惯，而是想更准确地凸显这一阶段的作用、意义及内涵。因为"复习"的含义是指再一次学习，重复学习学过的东西，以加深印象。大家都知道，这一阶段的学习，不仅仅是重复学习学过的知识那么简单。

一是新课结束后，其要达到的标准是参加学业水平考试的标准，这个标准与可以参加高考的标准是不一样的。要参加高考，除了必要的知识复习外，还要进一步加深与拓展。所以说，复习仅仅是备考的一部分。

二是备考高考不仅仅是知识的复习，还有能力提高、综合素养的提升及考试方法训练等。

三是高考备考不仅仅是考前的集训，还要对学生从"培""育"等多方面进行关怀和指导。

鉴于以上这些，"复习"是不能准确表达这一阶段的内涵的，所以在指导年级备考时，感觉用"备考"会更准确一些。同时，这也给了教师一个暗示或引导，备考内涵很丰富，任务层次也比较分明，不只是对知识"复习"那么简单。这样定位准确了，行动也就高效了。

综上所述，备考是集知识学习、技能提升及综合素养形成于一体的综合性教学或学习活动。

2. 阶段

本文在备考整体设计上，分为三个阶段，而不是传统的三"轮"或两"轮"。主要是考虑到，"轮"给人的暗示是"重复""反复""周期"等，事实上也不乏有教师就是这样操作的，按照"滚雪球"的方式，每一阶段的定位和功能不清晰，有混淆交叉之嫌，影响整体备考的通畅运行。

阶段简称阶，含义是台阶或阶梯，字面信息更丰富，除了有前后联系外，更突出区分与变化。

二、三阶备考

备考是一种综合性很强的教学、学习活动，它具有多维性，如何清晰、准确地定位设计，是备考运行顺畅并获得成功的基础。一个完备的备考方案一定要具备科学性、艺术性和人文性。换句话说，我们不能把备考仅仅看作一个迎考的集训活动，教师不能仅仅充当一个"教练"，我们应该还是"导师"和"园丁"。

鉴于篇幅原因，本文只就个人对备考的科学性的理解和探究进行表述。

所谓科学性，就是要按照规律办事。备考自然有备考的规律，违反了规律，就是蛮干、渎职。

如何科学地设计备考，首先要清晰地知道备考运行中的基本元素有哪些。答案是：学生、学习及学科是设计备考或实施备考时重点要考虑的三个元素。

学科，具体说就是内容，包含了基础性知识、综合性知识、应用性知识，要求我们进行备考设计时，要充分尊重知识形成的规律及相互的联系。

学习，是通过阅读、听讲、研究与实践来获取知识，备考计划实施中，还要尊重学习规律。

学生，是整个备考的主体，要特别尊重学生的认知规律、成长及发展规律。

备考就是基于学科、学生及学习的特征，尊重学习规律而进行的系列教学活动。

结合数学学科的备考特征，我把全程备考分为三个阶段：知识复习阶段、技能训练阶段和素养形成阶段。每一个阶段都有该阶段的侧重及功能，以及各自要解决的问题。

专心课纲，深究广积，储备万全以为用

这是给备考第一阶段的定位。以课本为本，了解知识的本元，在充分理解概念、原理的基础上，达到储备知识的目的。

专心课纲：

建楼万丈，根基最重。根基在哪儿？根基在课本。课本上的素材、知识及知识产生的背景、发生的过程，还有课本的逻辑体系、核心素养等，都要作为第一阶段备考的坚实背景和源泉。

织网千目，纲举目张。纲是什么？纲就是考纲，就是学业标准，就是课程标准。以考纲为总纲，以标准为准绳，把握方向，掌握轻重，做到深浅恰到好处。

深究广积：

深究，不是深挖，挖是用力，究是用脑。究，是推求、追查之意。深究，就是对学科知识和学科概念，以及知识产生过程、背景等进行研究、考究。要明其理，知其意。当学生完成这一环节的学习后，学科感就变得厚重了，会更有底气，更有信心。

这里面"深"度的把握，就是要达到课程标准的高度、新高考的深度。

广积，即对知识的广泛积累的过程。广到学科的全部显性知识及背景知识。这个积，必须在第一阶段备考中完成，不提倡"滚雪球"式地积，要"拉网"式地积。积，不仅要看见，还要认识、记住。

储备万全以为用：

在第一阶段，不是简单地对知识的收集。对于基础知识，要完成从积累、堆积再到储备的过程。

储备，是有意放置，有意记忆。是要把知识放到自己知道的，能随时找到的"储存器"里。知识在这里是有序排列的。

以为用。即学以致用，学是过程，用是目的，用是学的落脚点。理解是为用，记忆是为用，所以在设计课后作业的时候，要有针对性地设计问题，使学生运用所学，不虚储备。

针对第一阶段设计的活动主要包括以下几种：

（1）概念课型的研讨。基本要求是，既要不同于新课的概念课学习，又要区别于解题课等其他课型，通过概念课的学习，进一步建立学生的数学思维方式。

（2）备考资料的编写。最主要是抓课后作业的选题。这一阶段的作业强调反映知识的本元性、基础性，要做"根题"练习，严禁一步到位。少用选择题、填空题，尽量通过作业看学生解决问题的过程，了解出现错误的原因，同时也是让学生先走最基本的"路径"来得出答案。

（3）考试大纲、课程标准研讨。课程标准是根，考试说明是纲，两者都要研究。一是研究要求，二是研究变化，三是研究考纲与课程标准的区别。

（4）高考试题研究。研究高考试题题目设计难度与考试说明要求的契合度，帮助学科设计"模块过关"试题。

悉力题典，纵贯横联，运用千变算是会

这是给备考第二阶段的定位。基础就是打地基，就是夯实地基，结底是为建大楼提供服务。

建"大楼"，即构建知识框架体系。根基牢固以后，用什么材料来搭建"大楼"主体？用什么材料让"大楼"建起来？

悉力题典：

第二阶段资料的选题，就是确保资料、题目的来源正确，质量品质有保证。材料一定要选择经典。所谓"典"，是可以作为标准的书籍、条目。包括历年高考试题、好的模拟试题、课本上精心改编的题目等。

对于这些题目，教师要用心选题，学生要全力地练习、理解和体会。

纵贯横联：

贯，既有"串"的意思，又有"穿"的含义，串成一线一穿而过。纵贯，就是把一个主干知识，通过预设条件，层层设问，一贯到底，有深度，有难度，有逻辑。纵贯，还可以将模块知识的体系与逻辑彰显出来。

联，除了"连"之意以外，还有"结合"之意。横联，就是综合，不再是某一个概念、原理或知识点，要有相关、相邻的知识并联、融汇。锻炼学生在非单一题设背景下，阅读、提取、分析及解决问题的能力。

这里讲的贯、联，一方面是针对某一个题目，另一方面是针对一个模块知识、主题系列知识，还要针对全套试题等，都要体现贯和联。即由点到线、由线到面都能贯联起来，这个知识体系才是稳固的。

运用千变算是会：

所谓"运用"，即根据知识的特征加以运作利用，以达到解决问题的目的。运用不同于应用，应用是被动的，运用是主动的。

就是要求教师在编选资料的时候，已经注重到了以运用知识为前提，以解决问题为目的。

千变，不是千遍，是追求变化。通过变，达到举一反三、触类旁通的目的。

算是会。什么叫"会"？会，既是目标，也是目的，记住了不算会，懂得了不是会，能用才是会。

针对第二阶段设计的活动主要包括以下两种：

（1）专题训练。提倡以模块结构、知识体系结构、思想方法结构等，进行定时专题训练。

（2）经典收录。这一活动应由学生自己独立完成。按照自己确定的分类标准，收录期间做过的经典试题，并要求对每一个收录的题目注明日期，两周后重看或重做，达到做过的经典会做。

勤思多练，放眼全卷，游刃百般当算成

这是给备考第三阶段的定位。所有的基础与构建，都是为了最后的整体调试及运行。对于学生来说，就是获得定时、顺畅完成全卷的本领。

勤思多练：

思与练互为先后，又连为一体，不可缺一。有思不练，没实践没临场，终归难成。有练不思，不能归己，不能提升。

这时段我们要给学生练的机会和思的空间和环境。这个环境是既宽松又有节奏的。

放眼全卷：

不能再去练一些仅仅是点上的、线上的东西，要用全卷模拟来统筹安排。将模拟时长、答卷节奏、做题顺序、情绪管理、总分最大等放在重要的位置。教师的全卷思维是学生全卷模拟的前提，要求教师保证有全卷意识、全卷标准和全卷质量。

游刃百般当算成：

有了全卷练习后，学生对各个环节、方法及节奏把握到位，达到熟练、沉着，游刃有余。这其中包括答题顺序、知识提取、技能应用、应对调整等。

当算成。何谓"成"？成，指的是结果，是备考成了，成功了，有成果了。

针对第三阶段设计的主要活动包括以下两种：

（1）经验归纳。包括经典题型方法归纳和答卷节奏经验归纳，这都是由学生自主完成的，根据各自具体情况加以总结并用文字表达出来。

（2）全卷模拟。做到模拟标准化、临场化。模拟是为了发现问题，包括运算、推理及综合分析等，及时反馈给学生改进完善，再模拟，达到无限趋于最佳状态。

专心课纲，深究广积，储备万全以为用。

悉力题典，纵贯横联，运用千变算是会。

勤思多练，放眼全卷，游刃百般当算成。

用是起点要求，会是过程目标，成是终极所向！成是学生的成功，教师的成就。

教师的三节必修课

前面说过，教师既要做良师，还要具匠心。也就是说，教师想让学生有彻有悟，就要对其精雕细琢。在教学实践中，除了教学理念、思想外，每一位教师都要有自己的"绝活"，在此，我提出来三节必修课——"创设情境""学习档案"及"备题"，是分别从教师的设计艺术、帮学方法及资源储备三个环节中抽出来加以强调的。事实上，教师的必修课有很多，都需要认真学习、领会。

一、创设情境是教师的基本功

最近，有时间静下来，我算是比较仔细地阅读了2017版《普通高中课程方案》、九个学科的课程标准及《课程标准解读》。

读后我感触良多，如果只用一句话来概括，那就是：每一位走进课堂的教师，都应该读一读本学科的课程标准及其解读，并把它当作一项必修课。否则，就不能算是"科班出身"，形象一点说，就像是没有经过驾考的人，在一路开车狂奔。

确实如此，一次新的课程改革，一套新的课程体系，里面充满着智慧，蕴含着思想，还有内在的逻辑与主张，内容非常丰富。当这些"宝典"放在面前，我们却视而不见，还是只看那本静态的教材，只顺着自己熟悉的那条道固执地行进，这显然是断层的隔裂的，难免会有这样或那样的不认同、不协调，最后也就不能与新的课程改革融为一体。

一线教师在进行教学设计与教学组织时，有一个逻辑顺序是不能变的，可在现实中都有改变。这个逻辑顺序就是：研究课标，学习"解读"，钻研教材，精心"设计",一脉相承,一贯而通,这样呈现出来的一节课,才会是一节好课。

各学科标准编写使用统一结构,概括起来,其主要内容就是:阐述学科核心素养及为了达成核心素养而给出的教学建议。

读完以后,把这万字信息凝练成这样一段话:一份优秀的课堂教学活动设计,一定是这样的——内容是以任务为驱动的,任务是以问题来呈现的,问题是要放进情境之中的。即情境是由问题构成的,问题是要在情境中呈现的。

可以这么说,设计有意义的"问题"是教学活动的基本要求,而能否把"问题"放进合适的情境之中,就要看教师的基本功了。

1. 教学情境创设被放在重要的位置

各个学科在学科课程标准中,都提到并论述了教学情境创设的重要性。

其中,语文学科在《课程标准解读》中,有一句话说得特别直白到位:"高中课标修订,不只是语文,各学科都高度重视情境的作用,包括最为抽象的数学学科,也提倡创设合适的教学情境,启发学生思考,引导学生把握数学内容的本质。"

确实如此,是所有学科!以下给出几个学科课程标准中关于教学情境的表述(摘录):

语文:创设综合性学习情境,开展自主、合作、探究学习。

数学:情境创设和问题设计要有利于发展数学学科核心素养。

英语:语篇是英语教学的基础资源。语篇赋予语言学习以主题、情境和内容。

物理:在教学设计和教学实施中重视情境的创设。

化学:创设生动活泼的教学情境,帮助学生理解掌握化学知识技能,启迪学生科学思维。

生物:需要为探究性学习创设情境。

政治:教学设计关键是确定开展活动的议题,以及围绕议题开展活动设计,包括能提示学生思考问题的情境。

历史:教师在设计教学过程时,要重视创设历史情境。在历史情境中开展学习活动。还要以问题为引领,要设计解决的问题。

地理:问题式教学,设计问题是基础。问题的确定应考虑与实际情境相关联。"问题"的设计需要依托情境。

九个学科应该是"有约而同"地提出了对创设教学情境的要求，充分说明了新课标对情境创设的重视。

因此，不管大家如何认识，保持什么样的态度，毋庸置疑，今后的教学方式、教学评价都将向这个方向靠近。如果你不改变，你就是背向而行。

为什么每一个学科都会提出来这样的要求呢？这当然与课程方案理念有关。

按照课程方案设计，各个学科都凝练了学科核心素养。学科学习不只是学习知识、能力，更要达成正确的价值观念、必备品格和关键能力。而这些学科素养的达成具有其复杂性和综合性。

这就要求教学设计不再是以学习知识为起点，而是要以培养并达成学科核心素养为逻辑起点，要培养学生在复杂问题的情境中去发现问题、提出问题、分析问题和解决问题的能力。

起点所指，结果所至。如果起点是知识，结果就是记忆；如果起点是技能，结果就是刷题；如果起点是素养，结果将收获关键能力和必备品格。新课程标准及新教材都明确要求我们的教学起点定位要准确，设计要讲科学，实施要重艺术。

2. 教学情境到底是什么？

简单地说，教学情境就是教师对教学活动创设的一个"带着具体问题和情感氛围的学习环境"。

其一，情境与问题是密不可分的。即情境就是由问题构成的，把一串串问题按照一定的逻辑联结起来，就构成了预设情境。这些问题可能是预设的，也可能是生成的，问题是情境的主要元素。

其二，这个环境一定会与激发学生学习情感有关。会让学生对问题更感兴趣，对结果与过程更加期待，能启发学生思维，让学习具有探索探究的可能等。

可以总结为，情境中一定有问题，问题要放进情境之中，情境和问题是一对共生的要素，好的教学情境会为教学活动开好第一关。

问题为什么要放进情境之中呢？

其实，可以这么说，教师经过认真准备，让教学内容任务化，让任务问题化，让问题联结得有逻辑、有艺术、有生活，这本身就是一种教学情境。

为什么情境一定是含有问题的呢？

创设情境一定是为教学服务的，是有利于本节课任务完成的，不提倡太单一的情境及与内容联系不大的情境，如仅仅起到活跃气氛作用的情境。情境是为解决问题服务的。情境更多的是"外在的""形式的"，问题才是内核的、实质的，解决问题才是根本。所以说，没有问题的情境只是"花式"引入。

3. 如何创设教学情境？

之所以提到创设情境是教师的基本功，含有两层意思：其一是说创设情境在教学活动中的重要性；其二是说创设情境对于很多一线教师还是一个"难题"。

是的，如何创设情境呢？

首先，举一个非教学活动的例子（这个案例经常会被提到，所以记忆深刻）。

珠江夜游是广州的一个传统游乐观光项目。

2006年年初来广州的时候，我有一次难忘的经历。

大家晚上好！今晚这个项目叫珠江夜游，夜游与白天游有什么不同呢？

（导游如是说。这就很厉害了，开场即提出了关键问题，让大家有思考、有兴趣、有期待、有目标……）

我们今晚整个行程可以用"一江两岸五座桥"来概括。哪五座桥呢？它们有哪些故事呢？相信看完后一定会对广州更加崇拜与热爱。

（更了不得。所有的期待行程像一幅图画一样呈现在游客前面，把实质性问题放进了情境之中——有故事的桥，有文化的广州，有情的珠江……）

……

最后，回到出发点，又进行了完美的"小结"：今晚大家都穿过了哪些桥？下次还会来广州吗？

（说实话，好久以后我还记得海珠桥、海印桥、江湾桥、解放桥和人民桥，解决了知识层面的记忆与储备。结束的"小结"还让游客夜游的兴奋点再一次提升：广州很美，很有内涵，一定会带着朋友再来。这就让这次珠江夜游的主题任务完美收官。）

这位导游很了不起，创设的情境合适、真实、有意义，充分达到了这次的活动目的，既有帮助记忆的知识层面，又有启发思考的能力层面，还有培养情感价值观的素养层面。

再看一个专业（数学）方面的案例：

学习"等差数列前n项和"这一节内容，教材上给出了数学家高斯10岁的时候速算"1+2+3+…+100"的故事。

然后就引出等差数列求前n项和问题。

说实话，如果仅仅是这样，不能叫作创设了"教学情境"，只能是一个课前"引入"，这里面没有能启发思维的问题设计，也没有培养核心素养的数学本质探究。

如何设计才算是创设了教学情境呢？

这节课的任务，让数学家高斯带着我们一起来完成。（一句话开场，却不仅是开场。有悬念，有想法，有触动……）

问题1：

你会用什么方法计算"1+2+3+…+100"的结果？

高斯是如何计算"1+2+3+…+100"结果的？

问题2：

"2+4+6+…+100"也可以用高斯的这种方法计算吗？

问题3：

这两组数的本质的共同特征是什么？

问题4：

一般等差数列前n项和计算也能用高斯的方法完成吗？

这样设计就构成了一个比较完整而有意义的"教学情境"。

问题1不仅仅是一个简单的引入，还是一个与本节课重要相关的问题设计。无论学生是否知道计算方法，这样问都会起到激发他们积极思维的作用，对求和的方法进行重新认识与思考，甚至是总结、提炼。

问题2是一个带有引导性的问题设计，一是为问题3铺垫，二是把学生从静态思考带到动态思维，学生自然就会想，还有哪些数可以？整个课堂就动起来了。

问题3是一个从特殊到一般的升华，是把学生带进数学的本质中来。培养学生提炼总结及抽象概括能力。

问题4具有探究的意义，学生可以大胆猜想，动手实践，完全交给学生自己完成。这样可以让学生感受到探究与收获的乐趣。

以上就是一个教学情境，通过情境的学习，学生不只是知道了有"倒序相加"这种求和方法，重要的是思维一直在动，处于主动思考与探究状态，对抽象概括能力、逻辑推理能力提升等都有帮助。

其实，作为教师个人来说，开始的时候不一定每节课都能设计出优质的教学情境，但是几年实践下来，应该就可以积累属于自己的"教学情境"资源库了。

二、建立学科学习档案是教师的又一个基本功

教师教学都有一个共同的目的——使学生在学业上取得进步，虽然这不是唯一的目的，却是最具有共性的一个目的。

如何最大限度地让自己的学生在学业上取得进步呢？关于这一点，看似简单，其实不然。不是说教师如何严格要求就可以的，也不是如何敬业工作就能达到的，这里要对问题进行分析，分析清楚了，解决问题就不是难事了。

学生在学业上取得进步，无非以下三种情况：

其一，学生一直紧跟教师走，完全按照教师的要求和节奏，不折不扣地完成任务。这是大部分学生进步的路径，也是大部分学生学习的特征。

其二，有部分学生有非常强的学习自主性。他们在学习过程中，能主动思考，主动完成任务，自控力较强，并且有理想、有目标。这些学生很容易取得成功，这些学生具备了自主的特质。

其三，这也是教师容易忽略的一部分，或者说没有引起足够重视的一个群体——这部分学生，需要教师不断地提供帮助，经常提醒敲打，但他们既走不稳也走不快。这部分学生具有一些共同的品质，他们不调皮，学习算是踏实，自律也还可以，就是进步慢，一直处于班级的边缘。

教师很容易给这些学生贴上标签，至少在自己心里会有这种想法——他们缺乏悟性，学得很累，不能太逼他们，甚至有时候会给他们减压。

这些都没错，只是我们做的还不够——他们是需要教师帮助的一批学生，而且这种帮助不是一节课、一次谈话或鼓励就可以解决的。他们可能一直需要帮助，而恰恰就是这一点，很多教师不能理解，或不能接受。一般教师对教育的理解是，我可以点拨一下，或拉你一把，剩下的只能靠你自己了，多数教师会有这种想法，也是这种做法。

这不是因为教师没有耐心，也不是教师不尽职尽责，我认为是教师对这一群体学生"研究"得不够的问题。

这些学生有什么好研究的呢?

事实上,这些学生,真的不是一两次"点拨"就能感悟的,也不是一两天的帮助就能改变的,他们对一些问题的理解能力或思维能力就是不如别人,他们在这方面可能永远都只能在后面。但是,在后面可以,谁也不想在后面掉队太远,他们还是需要教师一直提供帮助的,他们会想到教师第一堂课的时候说的"同学们遇到困难不怕,有老师在,老师会一直陪你走过这一段时光"。现实情况却往往不是这样,可能会是一周,也许会是一个学期,只要学生"不主动",我们教师就"理所当然"地不那么上心了,好像有点让其自然生长的想法,保证不批评、不伤害,还经常给一些鼓励。

这些学生需要的是帮助,是真实的学科学习方面的帮助,是最现实的学习知识的帮助。

这部分学生的学习特征与前两部分都不同,他们对某一个学科或者学科的某些方面缺乏悟性,他们会经常性地出点差错,不善于总结,今天会了,可能明天就忘记了。

作为教师,无论是从显性业绩还是隐性业绩方面考虑,这一部分学生都是不能放过的。

所谓显性业绩,也就是平常考试的班级成绩。如果一个班有十个八个这样的学生,教师放弃了学生,学生放弃了学科,也许一直会是教师考试的痛。

所谓隐性业绩,其实这是教师的共识——这一群体的学生正是体现教师价值之所在,我是说相对于自主的那一部分和自觉的那一部分。如果我们能够真正做到不放弃、不泄气、不生气,能改变过来几个,哪怕一个,那就是教育的作用,也是教师的作用。当然,对于那些被改变过来的学生来说,是一生之幸。

我们如何帮助他们呢?除了有明确的责任意识外,确实还要有方法,也就是我提出的教师的第三个基本功——建立学生学科学习档案。

每个新学年的到来,都是对教师一次新的考验,考验教师的教育综合能力,其中之一就是对学生的全面了解。作为学科教师,通过一两周,最多一个月的学习和作业情况,就应该对学生的学科学习有了基本的印象,可以开始为每一个学生建立一个个人学习档案,最好是数字化档案。除了常规的基本信息外,我的基本经验是,要有一个学科学习情况分析及记录。这一点很重要,它是让这个档案

"活起来"的铺垫，我说这个"活起来"就是想区别于很多"沉下去"的档案。

我记得有一年，我的班级有一位这样的同学，她是一个女生，有些腼腆，总是自己坐在一边学习，参与互动或讨论也很少。她数学学习不是很顺利。她的电子档案里记录了五六张这样的作业"照片"，基本上是运算错误、公式用错、题目看错等，按说这些并不是什么大问题，可是一个学期下来也没有什么改变。通过一段时间的发现、记录、提醒、帮助和思考，我最终给她的"要求"是——作业本上，凡是用到的公式，先在本子边沿处把公式写出来，然后在题目解答过程中还要完整出现公式，然后再运算，所用结论、定理也是一样的要求。在这种特殊手段干预下，她逐渐减少了一些不必要的失误，情况有所好转。但是这种情况不能彻底解决问题，毕竟到了高中，这些不好的习惯已经好多年了，只有不断地提醒，尽量多想出一些办法来。

还有一个学生，是班长，他各方面表现都还可以。他的数学学习档案是这样的：主要是一些几何图形知识比较差，包括平面图形和立体图形，也就是图形感、立体感很差，说得专业一点，就是缺乏直观想象能力。这是数学思维的一大部分，可想而知对数学的学习影响会有多大。

这一点恐怕要比第一位同学麻烦得多，直观想象有可能是"先天"的存在，几乎很难改变。针对他的情况，我也想了很多办法，最终还是"土办法"，只要遇到有关几何图形的题目，要求他做到：第一，图形尽量画大一些，要用不同颜色的笔区分、凸显重要线段；第二，做题前一定先把文字信息与图形信息联系起来，达到不看文字就能知道图形中的数据；第三，对于立体几何题目，能从中分离出平面图形；第四，也是最"笨"的办法，要求他学会做与题目相关图形的"模型"。这些显然会增加一些负担，只能在作业的数量上允许减少一些题目，重要的是对这些特殊的要求必须有耐心和狠心去坚持。

第三位同学是位女生，她的档案记录还真是体现在考试成绩上。有单元检测成绩、定时训练成绩、月考成绩、期中考试成绩等。总体结论有两个：测试情况不如作业情况好；大考成绩不如小测成绩好。

这说明她对考试太在意，大考时容易紧张，就要在心态上加以调整。

建立档案的好处——信息魅力，详尽有信。

三、备题是教师的一门必修课

在毕业班备考会议上，我提出过"备考，从备题开始"。这是对高三备考的要求。其实，基础年级教学，如果想"得心应手"地开展教学活动，也应该"备题"。下面是对"备题"在备考中的作用的具体论述。

备考，具体说就是高考备考，确实是一项立体工程，可以进行多维度、多层次的设计。

如果我们把这个立体的框架给压平，然后再拉直，把影响备考的主要元素给排一个序，那么"备题"（教师层面）一定是排在最前面的，而且所占的比重还很大。

为什么备题如此重要呢？其实，备题就是备"粮草"，正所谓"兵马未动，粮草先行"，备题对于整个高考备考来说，具有基础性与保障性的功能。

一所学校在组建高三团队时，如果选择由谁上"前线"时举棋不定，这时需要而且只需要看谁备的"粮草"数量多、质量优就可以了。

或者至少可以反过来说，如果发现谁的"口袋"空空如也，那就要敲打一下了。

谁想都是这个理，而且是定理——备题是备考的基础。

如果还没意识到，不是说这个问题不重要，而可能是忽略了这个问题，或者说，以为这不成问题。

备考是一个特征明显区别于基础年级教学的特殊阶段，它与基础年级教学不一样，基础年级的"粮草"以课本为主，并且非常充足。而备考阶段的"粮草"要自备，如果你不是自备，而是去用别人家的"粮草"，那一定会更惨。

那么，备多少题为好呢？个人看法，一个学科一届备考至少要准备8000道属于自己的题才够用。

为什么是这个数？我们可以这样估算一下，一届高三备考时长差不多是300天，每天学科用题量应该在15道左右，那么全程下来就是4500道题。8000道题，选用比例也不过2∶1。

当然，有人会说，现在网上资料库特别多，要多少都有。这可不一样，那些题是"堆在"那儿的，无层无序，无类无别。一是选用困难，二是选优困难。题不是储备在自己的资料库里面，哪些用过，哪些没用过，哪些效果好，哪些效果不好，都没有记录。这样不利于用题的"整体性"考虑，也不利于形成个性化题库。

以下是对"备题"问题的几点不成熟的看法：

1. 题在备考中的意义

有一次我到一所学校去听课，课间要了一份高三年级的数学月考2试卷，看了卷面后，基本上就能判断出学校的水平及层次。因为明显可以看出，整套试卷的梯度不够平稳，题目题境不够平和，题目组合凌乱，感觉很一般。

我有一个关于"边"的论说：任何事情都有"边"，"边"一定是整个事情的最高境界。

小时候，衣服大都是手工做的，不管衣服的料子是什么（当然，在农村料子都差不多），只要看到一件衣服的"边"做得好，用线、走针讲究，就感觉这家做衣服的人手巧，就会说这件衣服好。可谓"功夫在边上"。

教学也是"一件事情"，道理是一样的，不管学校如何顶层设计，如何过程管理，一份试题就能"出卖"所有。试题就是学校教学水平的"边"。

那么，命制试题有什么讲究呢？

说起来有很多，除了难度、方向以外，其中选择的题很重要。

其实，难度和方向也是通过题来体现的，因此说，选什么样的题，这些题如何搭配，至关重要。

当然，作为全程备考，一份好的试题，是由合适的题目，即"好"的题目构成，试题很重要。其实平常的作业、练习、训练等，也需要"好"的题目。

备考第一阶段用题与第二阶段及模拟阶段用题都不一样，如果手头没有题，这时候就会"饥不择食"地乱选一通。

2. 个人层面如何备题

备题，确实存在以学科组、备课组为主体来建设题库、资源库等的必要，我认为这与个人层面的备题是两回事。

我们可以把备题看成个人工作的一部分，或者说是个人教学能力的组成部分。我认为，一位一线教师如果有自己的题库，非常有意义，即使从专业发展方面来说，积累个性化的题库也远比一篇不痛不痒、不学不术的所谓论文要有意义得多。

其实，每个人的教学风格、对问题的理解、对备考的意义及个人的"喜好"都不一样，所"中意"的题也会不一样。也就是说，每一道题都是有"个性"、有"温度"的，真正是"谁用谁知道"。

参加广州市高三教研活动，其间，执信中学施永红老师主讲2019年高考全国Ⅰ卷中函数与导数解答题分析，我特别留心地听，她在举例中，多次（有四五次）提到这道题是她在高一使用过的，这道题是她上一届高三使用过的，等等。这就充分说明施永红老师是有自己的"题库"的，而且使用过后有记录、有评价、有标注。这就是一个最好的范例，应该推广。

前面说的是备题要自觉行动。

如何做？

首先要知道有哪些题，或者说如何把题进行分类。

如何分类、分多少类取决于按什么标准来分，标准很重要，标准也反映了教师对教学的理解和理念。

第一类——单题

单题，就是一道一道的题，（以数学为例）最简单直接的第一层分类就是选择题、填空题和解答题三大类，再按知识点来分。

其实，如果想用起来方便的话，还是这样分比较好——元题、基础题、综合题、模拟题。

第二类——套题

我在平常使用的时候发现，单题题库固然好，但是形成自己喜欢的套题库更为重要，这样用起来方便，如章节练习、模块练习、模拟练习等。

为什么要分这么细呢？因为在不同的教学阶段，我们给学生的练习是不同的，这个不同是指目的不同、难度不同、题境不同、题型不同等。哪怕题目所用的知识点相同，形式和机构也要有所变化。

比如说，目的性。新课作业，我们给学生题目的目的是巩固所学知识，加强记忆与理解，这时候选用"元题"最好。

说到元题，这是我在"本元教学坊"里面提出的一个概念，对于一个学科来说，题目万千，元题有限。对于数学学科来说，所谓元题，就是按照某一概念的本质设计的一个题目，它是一切的"元"，其他题目都是由此出发，再联系其他知识点复合出来的。

一个学科也许就有数百个元题，它是基础，是本质，是"元始"，练习好这些题目就等于有了做其他题目的资本。

如果是章节复习课的课后练习，再给出题目，可能就要在较为复杂一点的题境中，让学生能够发现问题、解决问题，所以在设计题境的时候就要换一种更新颖、有背景的形式。

举一个真实的例子，月考3刚刚考完，晚自习就有同学找我聊，其中两位同学都谈到，不知道是紧张还是什么原因，一道数列题，化简后出现的一个式子是：$q^2=q+2q$，却不知怎么求解。估计其原因是，看到的是个"等式"，而没有想到是"方程"，就没能联想到解方程。如果化成了这样：$q^2-q-2=0$，估计就会了。这就是题境。

如果是模拟用题，在题目设计上要更接近高考试题，让学生熟悉看题、解题、答题的"套路"，练习"顺手"。

这些题，靠临时改编、设计不现实，只有自己的"口袋"有，才会这样选用，否则也就"得用且用"了。

有了分类标准，剩下的就是"填空"了。通过平常的收集、编制等，一年下来就应该形成自己的题库了，再不断进行更新、删除，就会有一个动态的、永久的个性化资源。有了这些资源，一切将会变得更加轻松、快捷。

如何使用题库题目呢？

如果前面的功课都做好了，用题选题就会很方便，这一点我深有体会。这些年，无论教哪一个年级，选材都不是问题。可以说，从未使用过那些书商"现成"的设计、学案、作业等。

我有一个最大的感受就是，讲什么内容，需要什么题，大脑不需要太多扫描、搜寻，立刻就能想到这个题在哪儿、使用的效果如何等。

所以，我有一点经验感觉比较有用，每用过一道题，尤其是那些特别有意义的题目，都要有注解、留标记，这样就会增加对这道题的印象和理解，为后面的继续使用打好基础。

说到标注，有人可能会想，标注什么？这就要在用的过程中找答案。我常标注题的难易程度、使用效果，还有是否需要修改、学生做题情况实录等。尤其是自己编制的一些题，第一次给学生做，就等于是一次"试验"，情况记录是非常必要的，决定今后是不是可以继续使用。

　　题，是学习过程的重要元素；题，是教学资源的最小单元；题，是同学们知识宝库的重要组成部分，如繁星点点，必熠熠生辉。

03

教师篇
——教为学好

"教为学好"，有两层意思，也是"教师"这个篇章的主题。其一是"教，为学好"，即教的最终目的是让学生学好，落脚点是学生；其二是"教为学，好"，是指在教学过程中，教可以退而让学，以学为主体，让学生动起来。

教师的影响力及在学生面前的权威性，注定了教师与学生的健康成长关联很大，甚至可以说，教师的格局会决定学生将来的格局。

理想的教师，要有时间读万卷书，有实力行万里路，有情趣阅尽自然万物，有梦想花开世界。要用教师的见识打开学生的眼界，用教师的高雅引领学生的高贵，用教师的睿智开启学生的智慧。

所以，教师的形象应该是立体的，教师的发展应该是多维度的。

简论教师成长的三个维度

职业幸福，有人说虚，有人说实；有人信，有人不信；所以有人在培育幸福，有人在等待幸福。

虚实无定论，有一点却是事实，有的人在享受职业幸福，有的人的职业幸福只能一直在路上。

为什么说职业幸福一直在路上呢？因为职业幸福是会生长的，会慢慢地生长。每一种职业都会有幸福感，无非有的人来得早一点，有的人来得多一点，有的人正在路上，也许只剩一公里，或更短的距离。什么时候到来完全取决于自己。

职业幸福生长的轨迹是什么呢？职业幸福的组成要素有哪些呢？单就硬核指标来看，职业幸福有三个阶梯，或者说幸福会分三个阶段向我们走来。

以下以教师职业为例谈一谈职业多层面发展问题。

第一层，专业认真

专业，可以理解为专门的学问。

作为一名教师，我深深地感到，幸福感的第一层面来自个人的专业娴熟。我们的工作是我们的职业，我们工作的内容就是我们的专业。我们的工作内容是什么呢？教育教学，陪伴成长，铺得满园阳光。从走上讲台的第一天起，我就给自己定了一个准则，每一节课都是自己的一个作品，要尽情享受这个过程。完成这个作品，应该说，比一位电影导演的自由度还要大，除了受到职业道德的约束外，几乎没有人会干扰你。设计得如何，组织得怎样，全掌握在自己手里。因此，每当备一节课的时候，我都会有一种莫名的兴奋，总是用心设计教案，设想课堂，反复修改、完善，精雕细琢，就是想让它与众不同、完美无缺，每当出现一些"精品"，我总是感到很得意，很幸福。

1. 做一名专业精湛的教师

学高致智，博览达慧，教培育训为良师

这应成为教师一生的追求。

学高致智：

正所谓"学高为师"，就是要求师者对专业知识学得深、站得高，真正做到术业有专攻。这其中包括学科知识、教育学理论、心理学理论及课程理论等。

师者，智者。古今中外，能为人师是很高的荣誉，原因大概与为师的学问高有很大的关系，是大智，非圣即贤。现代意义上的教师，在要求和标准上已经没有这么严格，主要以学科专业来划分，没有太在意学之高、学之深。但是作为专业的发展，作为个人的修为，对学问方面的要求应更高一些。

博览达慧：

作为一名教师，在学问上一定不能仅局限于学科知识、专业知识的深入研究，要在政治、文化、经济，还有天文、地理、历史，甚至哲学、文学、艺术等多方面都有所涉及。

对于这些知识的获得，要靠自觉性，要有良好的阅读习惯，要涉猎更多的领域，了解更多的文化。所谓"功夫在诗外"，这些丰富的知识会让自己从"智"到"慧"，对于从事教育事业大有益处。

学高体现在深度，深生智，智与知识相关。博览与广同义，广成慧，慧与心相连。教师有智有慧，才称得上大师。

一名教师的智慧，在实施教育的全程中应该都是能"用得上"的，包括对教育、教材的理解，包括树立教师的"威信"，包括与同学的交流沟通等。

实际上，这样的教师还不多，主要是整体上教师的社会地位还不高，不能吸引更高学历、更强能力的人才走入这个行业，这是现实。我有一个美好的愿望——有朝一日，那些优秀的学生能首选报考师范专业，选择教育行业作为自己的终身事业，那将是教育之幸、国家之幸。

教培育训为良师：

教、培、育、训是我给中学教师分解的四重任务。目前来看，大多数教师把精力放在"教"上面最多，也最为重视，事实上，"培"与"育"也非常重要，可以说是教育的更高层次，如果真正想做一名"人师"，还得在"培"与"育"上多用力。这里特别说一下"训"，在这里我用它代表备考阶段的"集训"。如果说教、培、育是基础年级教育的三重任务的话，训就是毕业年级的主要工作，此时我们的身份就与"教练"比较接近。有关教、培、育的意义在第一篇中已有所论述，在此不再多讲。

教师千万，良师难求。事实情况是，有的教师在某一个方面，比如教、训方面，做到了良师，但是在四个方面都做到良师的少之又少。

针对这种情况，玉岩中学还是高瞻远瞩的，也是对教师负责任的。在教育培训中，专门设计了高端课程——《教学理论》《学习理论》《课程理论》的理论培训，用时三年，邀请了国内著名专家、教授到学校进行全员培训，取得了良好的效果，使我们教师对这三个方面有了更深的认识，站得更高，也看得更远了。

除了理论培训以外，玉岩中学还为教师定制了开阔视野的文化、时政及经济方面的培训。这些培训对于教师的作用不仅是丰富知识，更重要的是让教师了解更宽、更广、更高的文化层面，能站在更高的位置，带领学生看向远方，走向未来。

愿所有的教师都能在多方面与学生交流、沟通，做一名真正意义上的教师、良师。

2. 做一名业务用心的教师

业精源雕，心细于琢，备讲批辅具匠心

教师的业务之一就是教学，那么教师的教学有哪些方面？如何做？

具体表现在，教师教授学科知识的能力、培育学生发展的智慧。在教育教学实践中要有耐心，具匠心，定标准，把理论落实到具体的工作细节中。

业精源雕：

雕，为雕刻之意，也代表力量。一名教师业务是不是精，是要尽力去做才能达到的。新教师如何上好一节课，有一个达成共识的方法，就是常说的"磨

课"，其实就是对一节课反复打磨，从教学设计到课堂组织各个环节、细节，邀请同行试讲、试听，集体研讨、改进完善，经过几次这样的打磨以后，最后再结合自己的风格与实际，基本上会成为一节满意的课。对于一名年轻教师，"磨课"的形式，是很好的提高业务能力的方法。如果把课看成一件作品的话，磨课就是对作品的精雕细琢。当然，雕还蕴含在教学的各个环节之中。

心细于琢：

古人曰"玉不琢，不成器"。琢，意为治玉，须精雕细刻方成。如果说集体研讨，大家参与帮助打磨一节课是"雕"的话，那么在细节上用心体会，渗透自己的思想，融入个人的风格就算是"琢"了。要想成长，前者是外因，后者是内因，只有自己融进去了，才能体会真谛，领悟道理。

这就要求教师上完一节课以后，一定要有教学反思。很多年轻教师根本不把这当一回事，一节课上完了，就成了"过去时"了，其实这样永远也不会成长。

我们数学科组有一位教师成长得特别快，原因之一就是特别重视课后反思。她对每一个细节都不放过，她到第二个班上课，在细节上，比如在一些"问题"的表述上就会有所改变，变得更简单明了，还有某一道题的数据可能会改变，这就是精雕细琢，可以保证自己的每一节课都是精品课。

备教批辅导具匠心：

教师的具体工作体现在备、教、批、辅四个环节，每一个环节都是教学的一部分，需要的不仅是学高与博学，更需要匠心。

为什么是匠心呢？因为具体到四个环节中的每一项，都需要有巧妙的设计和精细的雕琢，是沉下去的工作。

比如，在批改作业这一个环节，按照传统的做法，我还是比较细致地批阅每一份作业的。记得好多年前的一次收获——有一道不算难的作业题，班里出现了很多错误的结果，我就"多看了它一眼"，发现错的运算都是一样的原因：就是形如$-\frac{1}{2}+\frac{1}{3}$的式子会出现错误，原因找到了，就有方法了。我就跟同学们统一了运算方法：凡是出现$-\frac{1}{2}+\frac{1}{3}$这样的式子，先进行交换：$-\frac{1}{2}+\frac{1}{3}=\frac{1}{3}-\frac{1}{2}$，再通分运算。后来再也没有出现过这类运算错误。

看着很简单的一个提醒，但是如果没有发现，就永远也不知道怎么回事，而且会不断地埋怨学生。所以说"发现问题比解决问题更重要"，而发现问题靠细心、匠心。

方向与格局上，要有智慧;具体和细节上，需具匠心。

3. 做一名研究型的教师

研本究元，探规寻律，勤思多问为创新

教育需要优秀人才，优秀人才由两种途径获取：一是吸引优秀人才进来；二是对现有教师进行培养，成长为优秀人才。

如何成长为优秀人才呢？答案是教育研究。如果教师只是看书教书，或看人育人，这些都只能在表层工作，走不远，入不深，不能达到一名优秀人才的目标。

其实，教师从事教育研究最为方便了，比教育专家、教研员都更有条件和优势，因为我们每天都有研究主题和研究对象，并且可以持续观察、收集数据等。

现实情况是，极少教师会用心开展教育研究，有一些也多是为了职称等需要而去研究的。

这里面，一方面因为教师工作繁重，时间和精力不足；另一方面是不进行研究，好像也不会影响到什么——不会影响到工作，甚至也不会影响到教育效果。影响不影响，不好比较，不过我们可以想象，如果你进入教育研究层面了，至少对教育现象更加关注了，注意力也就会集中于此，一个学者的气质与形象有了，对教育的理解也就不同了，这样一位教师较之前一定是进步的。

个人体会，让一名教师进入教育研究或教育思考之中的最好方式是"任务驱动"。

什么意思？主动性还不够的话，就设置任务，通过任务驱动研究。因为教师都有一定的岗位意识、责任意识，为了完成既定任务，必然会专心致志，担纲引领。

从学校层面来说，可以申报一个课题，分解、分设课题组，为了课题任务，那么课题组长就会投入研究之中。这种研究开始可能是被拉进来的，可一旦开始，就会发现是个平台、是个机会，还有可能舍不得出来，其实很多人都是这样的。

另一个问题，就是研究什么的问题，中学教师要研究什么呢？

研本究元：

我提出研本究元，这一点很重要，不能陷入为了研究而研究的境地，要选对主题与方向，要有价值，对个人发展及教育教学本身有价值。

就教育而言，就学科教学而言，我们都要知道教育之本是什么，知识之元是什么。这也是我提出"本元教学"的初衷。

本，就是本来的、根本的。考试分数不是根本，学习知识也不是根本，让学生获得生存本领，开发学生智力，激发他们的求知欲和探索精神，从而引领世界发展才是教育之本。

元，就是开始的、初衷的。结论不是元，结果也不是元，知识发生的背景、过程才是元。

也就是说，不主张研究那些假问题，也不主张过多研究"怎么做""做什么"，要研究"为什么"。只有这样，才能真正提升自己，升华对教育的理解。

探规寻律：

找到了本元，就等于找对了问题，找准了方向。那么要做什么呢？答案是"探寻规律"。

知识的发生、发展是有规律的，认知的发展是有规律的，学生的成长也是有规律的，我们所经历的教育教学现象都是有规律可循的。探寻规律是我们研究的主要内容。

比如，一节概念课的学习，如何更有效地完成学习任务呢？

首先，教学设计要符合知识发生、发展的规律。也就是说，不能只是展示内容的表述，要在课堂上再现知识的发生过程，更重要的是能创设符合背景的情境，让学生同步这个情境，体验经历过程，参与到学习情境中来，这样就会印象深刻。当学生对这些数学概念理解了，由此衍生出的其他问题就不成问题了，只要加强训练就可以了。

其次，教学组织要符合学生对知识的认知规律。任何一节课都不是孤立的，必须考虑与其他知识的联系，因此进行教学设计时，一方面，要考虑学生的已有认知，要让学生的已有认知与新知发生联系，已有认知起到一个阶梯的作用，新认知唤醒已有认知，逐渐形成一个新的知识框架。另一方面，学生的学习成效取决于这样几点：一是对新知识学习要有兴趣与动机；二是学习要具备自觉与主动；三是学习从简单问题开始，逐步增加难度；四是动脑与动手相结合。只有这样，学生才能长时间地坚持学习，并且效果明显。

比如，在布置作业的时候，如果只是给学生几道难题去做，那么很大的概率是学生会放弃，或者是先做其他容易的学科作业，最后再回过头来做难题，其实多数情况下，没有时间了，也就完成不了作业。如果我们设计题目的时候，难易结合，让学生先进来，容易题完成了，思维说不定就打开了，难题也就不难了。这是学生的心理，也是所有人的心理，总是想有一种成就感，有事在做就感觉自己没有虚度光阴，当然容易的事更易出成效。

勤思多问为创新：

教育上，现在最怕的是——作为一名教师按部就班地完成那些好像是"一成不变"的事情，也就是一样的经验用了几十年，自己的老师原来怎样教自己的，现在就如何去教学生，这确实是教育的一大悲剧。并不是说"经验"不好，有一些经验是可以借鉴的，但不能照搬照用。也许一个人有骑自行车的经验，几十年后照用不误。教育不一样，我们的对象在变，为什么对象在变呢？不还是中学生吗？其实在变，而且一直在变。出生的时代不一样了，家庭环境不一样了，社会环境也不一样了，他们的学习基础也变了，学习方式也变了，学习的知识也变了，一切都在变，如果我们用一种静态的思维去做一件动态的事情，肯定不会顺利，问题自然就会出现。

所以，作为一名教师，要不停地思考与反问自己，我们不能仅凭经验做事，我们要创造经验，创新经验，一切面向未来。

以上这些，要求我们教师必须认真对待自己的专业，尊重自己的专业，更要看重自己的专业。只有这样，我们才能在专业领域有所建树，取得成绩，获得成果。所谓成果，就是有一批喜欢自己的学生，有满意的教学成绩，有专业能力的不断提升，这时候的自己一定是自信的、幸福的。

这种幸福来自专业自信。

第二层，职业认同

职业幸福度如何，与是否有职业认同感有很大的关系。世上职业有千百种，选定了，就只有一种。其他职业千般好，自己的职业才是自己最值得努力的。

玉岩中学首任校长孟纯初提出过职业幸福的理念，我从数学角度把它表述为一个幸福计算公式：职业幸福$=A \cap B$，其中，集合A表示身份职业，集合B表示愿景职业。两个集合交集面越大，幸福感越强。

事实确实如此，工作不仅需要知识、能力，还与情怀、情绪、信仰等相关联。认同了职业，才会心甘情愿地付出并享受这份工作。

如果一直到最后还没能力把"两个集合"拉到一起来，那只能说我们在和自己较劲，很累，也不值。

记得几年前我写过一封《致我的职业公开信》，信中写了从与教师职业机缘巧合的相遇，到一往情深的相恋，到最后牵手不离不弃，有感激感谢，有尊重敬畏，当然也有誓言誓愿。现在看来，几十年过去了，我没有实质上的背叛，也没有形式上的背离，所以心里是踏实的，感觉也是幸福的。如何做到的呢？

悦己怡人，忘我为学，言行举止正能量

我把这15个字看成我的职业座右铭。

这种幸福是信仰上的。信仰上的幸福是与成长相伴的，很慢很慢的，但它会到来。

悦己怡人：

我们常说"赠人玫瑰，手留余香"，说的是一种回报或回馈。我想反过来说，"手有玫瑰方可赠人以香"。

作为一名教师，无论我们所处区域、所属学校在哪里，无论我们生活、工作环境如何，都不能影响到自己的生活状态和职业信念，那些都是表层的东西。本质上，我们是教师，我们是影响人的人。每天要保证自己是阳光的，是充满正能量的，只有这样，我们才可以让学生面向阳光，充满生机。

悦,此处有两层意思,一是高兴,二是使高兴。悦己,就是要让自己高兴,我们有能力克服困难、管理情绪,把最好的一面给学生。从某种意义上讲,这应该是教师精神吧。

我们有了阳光,自然可以照耀学生;我们有了雨露,一定可以滋润幼苗。悦己方可怡人,悦己定会怡人。

忘我为学:

一是忘我为学生,二是忘我为学术。怎样做到忘我呢——专注。是的,只有专注了,而且专注的不仅是自己,更是学生,是学术,如此一切就不一样了。什么可以让我们专注呢——爱,对学生的爱。试想,一个班里有那么多孩子,比自己家里多多了,而且每一个孩子都不一样,有的你会不自觉地给予爱,有的你会发现他需要爱,还有的你会觉得他很可爱……总之,如果我们走进去了,便会感觉"分身乏术"。有时候找到这名同学鼓励几句,拉出那名同学关心一下,给甲同学分析一道题,帮乙同学展望一下未来……

我们很多时候真的忘记了自己,忘记了自己的生活,忘记了自己的爱好,忘记了自己是自己,只想给予。

言行举止正能量:

教师职业区别于其他职业的最大特征,就是教师是"教人的人",或者说"你是一个会自觉不自觉影响他人的人"。举一个例子,如果一名教师有行为失范之处,对学生的影响就会大得多,尤其是学生的价值观还没有完全形成的时候,他们可能就会走偏路。

正能量,这里一方面特指正向的世界观、价值观与人生观,当然还有给学生带来情绪上的愉悦、精神上的依托、生活上的关爱。这些都体现在教师的言行举止之间。

教师,一定要成为世界上最为阳光的群体,我们要自带阳光与热量,融化、温暖一颗颗心、一个个生命。

第三层，行业认可

如果是一个低调的人，有了前两个层面建立起来的职业幸福足够享用了。

这话也对，也不全对。

前两个层面的幸福，更多的是"自己家园"式的幸福，有自我封闭的嫌疑。

向外看一看，阻隔我们的仅仅是一层纸而已，捅破它，就可以与世界交往，享受到无限阳光。

说到底，人是社会的人，我们有必要展示自己的长处，同时也要向更优秀的同行学习。

行业认可，就是要获得同行的认可，在学科研究领域、在地理位置区域、在志同道合的朋友圈等，获得参与、沟通交流的机会，并能对同行提供必要的帮助。

行业认可，就是要走出去，要不断地与比自己更高、更强的人交往、交流，建立纯学术上的信任与协作。

一心向学，终身研修，引领示范树楷模

一心向学：

既要专心，还要恒心，学无止境同样适用于教师。一个群体中一定要有一大批人是向上的、向前的，来引领大家。只有这样，这个群体才能整体进步、持续发展。要实现有"一大批人"引领者，那就需要我们每一个个体都要这样做，最终才有可能形成"一大批人"引领的结果与状态。

终身研修：

都说教师发展会有天花板现象，如果深入分析为什么会出现这种现象，就会发现一个道理——人的发展空间是成比例的，具体地说，很难向纵深无限发展。要想纵向发展，必须横向拓宽。因此，要想终身学习，而且自带动力，就必须拓宽教师的影响区域，并且形成同行交流、认可的认识。反过来，要想在更大的区域发挥影响力、有话语权，就必须不断学习，终身研修，永不停步。当然，终身

研修还要更多地考虑到教学的变化、学生的变化和时代的变化，只有如此，我们才称得上是学生成长的引领者。

引领示范树楷模：

教师是"影响人的人"，我们学习也好，研修也罢，不只是为了自己的发展，更重要的是去影响其他人。第一，我们自己的不断学习会让学生感觉到教师的进取，自觉或不自觉地对学生起到教育的作用，达到育人的目的；第二，对年轻教师是一种带动和激励，从而在学校内部形成一个学习共同体，进而在学校形成一个重视学习、学术的良好生态。

行业认可，就是要享受这种专业自尊、职业自信以外的同行共处的"自赏"，这也是教师终生学习的原动力。

这时候的幸福来自一种存在感。

三个阶梯也好，三个维度也罢，少一个就有缺憾，缺一维就不完整。

如果说我们的职业是一棵大树，最终目标不仅是成材被选用，我们要长成参天大树，永远屹立于森林之中，在更高层面上遥相呼应，看雨看云看风景。

教师专业发展的学校作为

以下是以我校——玉岩中学为例，谈谈有关教师发展的话题。

引言：2010年6月24—26日三天，广东省国家级示范性普通高中初期督导验收专家组对我校进行了为期三天的督导验收，在反馈意见中，给我校提出了一条发展性建议——优化教师文化建设，形成良好的学校文化氛围，为学校争取更优质的发展。专家组提出的发展性建议，非常具有前瞻性，我认为这对我校的发展是一个方向、是一个定位，于是就做了一些思考。

教师文化是学校文化的重要组成部分，是一所学校的灵魂。教师的思维模式、行为方式和价值取向，反映的是学校的品位和追求，也决定着学校所能达到的高度。那么，如何形成教师文化，形成与学校发展和追求相适应的教师文化，显然是学校管理层要认真思考的问题。

文化的形成无非有两种方式，一种是推动，另一种是引领。很显然，如果我们推动教师文化建设，那么教师处于一种完全的被动状态，用现在流行的话来说，是一种"被文化"或者"被发展"。这种文化的形成过程本身就有问题，其结果可想而知，肯定是一种松散的、零乱的文化，不具有凝聚力和向心力，这不是真正意义上的教师文化。最好的方式是引领，用引领的理念引导教师的思维方式，改变教师的行为方式，使其达到一种理念的认同和价值取向的一致，成为一种自觉的行为，从而形成一个群体的教师文化。

教师专业发展之顶层设计

教师专业发展是教师自己的事情，也是学校的事情。如果完全依赖教师自主发展、自我成长，这是一种不负责任的做法。学校有责任，营造一种氛围，搭建一个平台，提供一个空间给教师，使其很自然地、方便地往上走、向前进，积极向上，主动进取。

玉岩中学首任校长孟纯初是一位非常有教育智慧与教育情怀的好校长，在玉岩中学建校初期，就提出了玉岩中学的发展理念——学校工作学生第一，学校发展教师第一。

其意思是，对于一所学校，学生是教育之本。所谓本，乃树之根也。学校教育这棵"大树"，学生是主干、是根本。因此，在学校的教育工作中，务"本"求实是学校工作的重心。

教师乃教育之根。何谓根？树之底也。学校教育这棵"大树"，教师是底、是根。所以，在学校的教育运行中，培"根"沃土是发展之策。

教师，树之根须。只有不断地让根须强壮起来，积蓄更多的营养，才能保证树干的成长。只要营养输送不枯竭，这棵树就会枝繁叶茂，长成参天大树。整个校园也会绿树成荫、生机盎然，呈现一个完美的生态校园。

有了孟纯初校长的方向指引，我就在这个大的学校发展思路下，思考并制定了玉岩中学教师发展体系。

教师发展体系

（一）教师发展理念

玉岩中学教师发展理念是"幸福成长"。

第一个关键词是"成长"，这是对教师发展的一个基本定位。

教师同医师、律师一样都是具有专业资格的专业人才。入职之前，经过了教育学、心理学及相关专业知识的系统学习，具备了担当一名教师的基本资格。但是，这不等于说这些知识便足够了，其实远远不够。因为教师面对的是人，是来向教师学习的人，他们是动态的、多元的，每天所遇到的问题可能都不是同一个问题，我们要在过程中学习，与学生共同成长，这大概就是"教学相长"的道理。当然，我们还要面对时代的发展、知识的更新、学科的变化、教学方式的改进等，都需要教师的成长。

第二个关键词是"幸福"，是用来修饰"成长"的，这是对教师发展的一个愿景，也是一个方向。这个幸福的含义有三个维度，前面已有论述。

当教师收获了满满的幸福感，我们的教育就会更阳光，我们的孩子就会更快乐。

我们可以想象，在一个校园里，如果几百位教师满面春风、自带阳光，充满自信和自豪，校园会是一个怎样的校园？他们会把这种幸福带进课堂，传递给学生，传到校园的每一个角落，整个校园会变成一个正气、和谐，积极向上，充满乐趣的幸福空间。

（二）教师发展目标

玉岩中学教师发展目标——使每一位教师成长为具有"高水准的专业素养、高标准的职业涵养"的教育工作者。

1. 专业素养

专业素养应该包括专业知识、专业能力及专业素质。

专业知识。教师的专业知识不只是学科知识，不是说数学教师的专业知识就是数学知识，专业知识除了学科知识以外，还应该包含文化常识、教育学、心理学知识等。

其实，我们是存在专业知识不全面的情况的，并且很严重，因为确实有一部分教师就是把学科知识等同于专业知识了，教育过程中如果涉及其他方面的问题，就束手无策，向外推，不负责。

比如，学生出现一定的情绪问题、心理问题等，由于不专业而不能很好地帮助解决，对学生来说可能会造成一定的伤害。

专业能力。比如，教学设计与组织能力、课程开发与实施能力、研究与解决问题能力、领导与建设团队能力等。

能力较之知识来说，是更高阶的层面。能力是教师专业持续发展的保障，使教师形成属于自身的、内在的素质，有了能力就有了完成任务、解决问题的可能。

专业素质。专业素质属于更高阶的专业综合表现，包括专业思维、专业表述、专业智慧等。它形成于教育过程的经验、思考、提升、凝练等，是自觉或不自觉的升华，是一名优秀教师应该具有的特征。

2. 职业涵养

如果说专业素养反映的是智商情况，那么职业涵养更多的是指情商方面。有了智商，就具备了解决问题的能力；有了情商，就可以更高质量地生活、工作。它会让人气象万千、举止优雅，热爱生活、爱心润泽，内敛稳重、德高行范。

这显然是作为一名教师应该具备的，因为教师的状态是会影响学生的，教师是什么样子，学生也会是什么样子，所以我们有责任让自己更热烈与优雅，带领学生走向美好与未来。

一方面，教师要成为一名理论功底深，专业知识强，实践效果好，会思考、有见解的研究型、创新型教师；另一方面，教师要有高度的职业认同感、正确的职业幸福观、强烈的事业成就感。

希望教师做到术有专攻，道有所尚。

（三）教师发展策略

玉岩中学教师发展策略是研究、创新、效益。

1. 研究

引导教师参与理论研究、落实行动研究，通过研究发现问题，通过研究解决问题，使教师成长为有问题意识、质疑精神的学术型教师。

一所学校教师的研究意识、研究能力及研究氛围是学校学术氛围的体现，是学校教育教学向纵深处发展的基础。在实际教育教学中，有两点是不可取的：一是没有问题，二是有问题不能解决。

其中，"没有问题"，其实是没有发现问题，更准确地说是没有发现问题的能力。因为一切都是发展、变化的，我们的教育、教学也不例外，一定会有一些东西阻碍了教育、教学的发展，让我们停滞不前。这时候就要求全体教师都要有研究意识，也就是说，除了教育、教学，上课、辅导以外，我们还有一项任务——教育研究，只要这样，我们就会发现很多教育、教学中的问题，才会感觉到我们做得还不够，还有很多事可以做得更好。而"有问题不能解决"，这就是能力问题了，说明我们的教育研究能力不够，也可以说是解决实际问题的能力不够。

对于教育研究，从意识到能力，需要学校层面顶层设计，营造氛围，提供平台，鼓励研究，这样我们的教育教学就会是一泓清泉，活水自来。

2. 创新

创新，是一个时代的关键词，更是教师发展、学校发展的关键词。学校要激发教师的创新意识，创新教学模式，创新学习方法，创新评价标准等，让教师成长为有思想、敢改革的创新型教师。

创新，一方面是因为教育是随着时代发展而发展的，时代呼唤创新型人才，国家需要创新型人才，那么学校就要为创新型人才成长奠基，作为教师当然要有创新意识、创新思维，才可以把创新的基因播种下去。

创新，另一方面是指教育发展、学校发展，这些都需要创新，呼唤创新。教学管理需要创新，教学实施需要创新，教学评价也需要创新。这些都是关乎所有教师的，需要全体参与。比如说，教学实施这一点，我们的时代变了，学生变了，教育技术变了，教学理念也变了，那么我们的课堂教学就需要变化，这种变化如果是实质性的，就是创新，就是改革。

3. 效益

效益，即效果、利益。教师发展是一项工程，并且是一项长期工程，因此必须既要看效果，也要考虑收益，让效益最大化。这个观点要让专业发展的主体——教师都知道，我们要追求教师发展的可持续性，要创造具有生态效益的发展模式。

要达到效益最大化，就需要我们的教师在专业发展、教育研究、创新成果等方面出成果、增效益，惠及课堂、惠及学生，积极应用与推广成果。

（四）教师发展路径

玉岩中学教师发展路径为学习、研究、实践。

路径区别于策略，更具体地指出了教师发展的具体办法和方式，学习、研究、实践是一条通道的三个部分，共同构成了一个整体。顶层设计为此要提供平台、创造条件，让教师沿着这条通道走下去，进而发展自己。

学习是成长的基础。提倡教师坚持学习，向书本学习，向同伴学习，向环境学习，通过学习提高理论水平。必须建设学习共同体，营造学习氛围，创造学习环境。

研究是提升的途径。倡导教师参与研究，研究学生，研究课标，研究教法，通过研究提高研究能力。学校要有大的研究项目引领，给教师以申请研究项目的机会，教师的研究项目可以是很小的项目，可以在较短的时间内完成。

实践是检验效果的标准。要求教师勇于实践，在工作中实践，在课堂中实践，通过实践提升专业水平。教师所有的教育研究可以采取行动研究，在个人的教育教学实践中得到充分的检验，从而获得一手的研究资料，提升研究的可信度。

（五）教师发展措施思考

1. 专业研修

专业研修是教师发展中重要的内容和方式，专业是教师职业的基石。教师的专业能力至少包含解题能力、备考能力和教学能力。解题能力、备考能力是教学能力的基础和保证，我们要把这两项能力与教学能力并列起来，以凸显其重要，也是力争提高解题能力和备考能力的决心。只有这样，教师才能重视起来，改变一些不实的认识。

（1）解题能力

事实上，教师对解题能力的认识是不到位的，因此解题能力普遍不高。这一点也许有的教师不承认，认为自己每一道题都会解，为什么说解题能力不高呢？其实，大多数教师的解题不能真实地检测到实际能力如何。一是不定时解题——时间没有限制；二是非"闭卷"解题——有参考答案，有提示；三是非"状态"解题——教师是在没有压力，心理和情绪都正常的情况下解题。

学校能让教师或教师让自己在一个真实的情境中进行解题体验，是非常必要的。我说的是体验，不是说解题训练，这是很关键的，因为教师确实不需要和学生一样进行"考试"型解题，但是我们要体会一下，在规定时间内，又有一定压力的情境中，面对一份试卷、一道题目，我们如何阅读题目、分析题目，找到最优解题策略，并且在紧张的情绪下如何书写规范、运算准确、表达清晰等。只有这样，我们在给学生布置作业、命制试题、评讲试卷时，才更有准星，更有发言权，才能指导学生答题、参考，才能发现学生出错的原因，找到改正方法等。

比如，我们对学生的要求是，在遇到一道题时，要有一个方法评估，选择最优的方法进行解答，这一点是千真万确的。可是当我们自己同学生一起定时做题的时候，就会发现，往往是"先入为主"，也就是说，第一种想到的方法就会成为我们对这道题的最终答题方法，因为想到了这个做法已经很高兴了，马上就想快一点做题，以完成为目的。学生也是这样的，他们没有更多的想法去评估、优选。

这就给我们平常的教学提出了问题，对于一道题目，如何"先入"呢？显然，这一点很重要。我们要做的是，对于"一题多解"的教学把控。在这一点上，容易出现的"误讲"是什么呢？就是把关注点放在了"多"上面，这是教师的最爱，作为理科，一道题讲一节课都愿意。那么多有什么"用"呢？（注意，我用了个引号，这时候偏多一点实用主义——为了考试用，如果单从讲题、发散学生思维、开阔视野来说，并没有什么不好。）过多的方法，反而会让学生抓不住重点，像"听书"一样。正确的做法是，教师首先对题目的做法有第一次的"优选"，选择几种适合学生的做法，讲完做法以后，要用足够的时间进行比较，哪种解法更合适，哪种思维更适合学生，要把最优的解法突出出来，每一次都要突出出来，只有这样，在做题的时候，它才会"先入"。这样，方法的选择做在了平时，正所谓"功夫在考前"。

（2）备考能力

备考可以理解为学段的相应课程学习完成以后，专门应对高考、中考的特殊学习阶段，教师指导学生备考的方法就体现了备考能力。

说到备考能力，其实我更希望把备考阶段彻底从学校教育中分离出去，这样学校教育就安静多了，学生也会受益更多。现实是不可能的，基础课程学习与备考紧紧地绑在一起，教师是回避不了备考这一阶段的，因此备考能力提升也显得非常必要。

备考当然是教学的一部分，之所以把它分离出来，是因为备考教学与课程教学相差甚远，教学方法、教学目标都会有差异。所以说，作为一线教师，还是要把备考当成一件相对独立的事情来对待。

作为教师，我在前面提出了教师工作的四个方面"教、培、育、训"，其中的训就是指备考，备考阶段就是"集训"，此时教师的身份是"教练"，要特别突出这个"训"。

学生方面也不同了，他们的状态、情绪、目标等都有所变化，此时教师需要准备得更多，因为面对的情况会更复杂，需要有丰富的经验和较强的业务能力来应对。

作为教练，此时除了科学训练以外，还需要爆发力、冲刺力、鼓动力及领导团队的能力。备考能力在第二篇里面，作为一个独立的章节，已进行了详细的论述。

（3）教学能力

教学能力可以理解为教师的专业综合能力，是教师专业素养的综合体现。影响教学能力的因素很多，作为教师个体来说，有的在这方面强一些，有的在那方面好一些，所以教学能力也是很个性化的，很多时候要靠教师本人去总结、改进、提升。如果教师没有这种反思意识，可能就会永远停留在刚入职的初级阶段，没有进步。

但是，作为学校层面不能不管不问，还是要有措施、方法来引导和促进教师教学能力的提升。

备课组集体研讨是教学能力提升的最佳途径。现在学校的运作形式大都是以年级为单元开展活动，原因是学校都在"做大"，大到一个年级就相当于一所学校，所以学校实行以年级为管理单元的扁平式管理就显得很有必要。不过这样一来，学校的学术发展这一条纵线就削弱了很多，没有了学科组的学术研讨，这对于学校的可持续发展是不利的。因此，这时候备课组的集体研讨就不能再放松了，要加强、压实。

一周一次的集体研讨是很好的形式，研讨可以实行"1+1+1"模式，即听课+研讨+课例。时间必须有保证，要由学校统一在课表中设计确定，一般需要一个下午的时间。

听课：

按照学期计划，每一周由一位教师主讲一节研究课，大家共同参与听课。所谓研究课，既不是示范课，也不是汇报课，突出"研究"一词。主讲教师可以按照自己的风格来设计和组织教学，更好地针对本节课的特点，按照学习规律，大胆创新尝试，融入自己的思想和理念，不求完美，只要研讨、验证。

听课，是大家习惯的说法，准确地说应该是课堂观察，与一般意义上的听课不一样，课堂观察至少要有这样几个步骤：

（1）提前知道研究课的基本信息。了解课题、课型、班级等基本情况等。

（2）设计好自己要重点观察的项目。观察项目可以是多维度、多层面的，可以是教师活动、学生活动，可以是学科内容、设计艺术，可以是课堂生成、教学方式等。

（3）课堂上要有详细的观察、记录。

（4）课后充分地交流，写出本次课堂观察的反思或随笔。

研讨：

这一点很多时候做得不到位，其实这才是发挥研究课作用的最重要的环节。有两点必须做到：

（1）有主持人。主持人不一定都是备课组长，主持人可以轮换，因为每个人都有自己的方式、想法，从主持人开始，把多元的理念融入研讨中来。

（2）各抒己见。每一位教师基于研究课的定位，按照"如果我来上这一节课"的模式，根据自己的目标观察记录，结合现场听课感受，谈一谈创新亮点和改进建议。其间可以辩论、争论。

课例：

每一位成员以主讲教师的教学设计为蓝本，综合备课组的研讨意见，结合自己的教学风格、理念，最后形成一份属于个人的教学设计，这是活动的重要成果。

2. 理论提升

教育理论的学习，无疑对教师的发展至关重要，可以让教师看问题的视野变得更宽，思考与研究问题变得更加理性。不过教师理论学习目前是一个短板，原因很多，最为主要的原因应该是没有重视理论学习的意义，因为它好像对教学没有直接的影响，这样教师对理论学习就没有主动性。

确实，缺乏理论学习照样可以顺利地进行教育教学活动，但是，如果想要在教育教学方面继续发展、创新，一定离不开教育理论的支持。从这个意义上讲，教育理论是教师继续发展的一个基础。

那么，有哪些内容需要教师学习呢？作为一线教师，可以阅读或学习心理学理论、教育学理论、学习理论、课程理论、社会学理论，还有人文、艺术、科学等相关内容。这些内容的学习可以让教师更有深度，更有理想，更有情怀；会使教师自觉不自觉地对教育更加热爱，更希望弄明白教育是什么，这些都能够间接地提升教师的专业素养和职业精神。

学习采取哪些方式呢？这些理论方面的学习，是一个长期的过程，可以是浏览或阅读，可以是自主研修，也可以是专家辅导等方式。部分教师重在熏陶与了解，部分教师会利用学习的知识指导自己的教育研究。无论哪一种，对自己的教育教学实践都是能够起到积极作用的。

我说的浏览式学习，是有别于研究型学习的，但不等于敷衍式的学习。在浏览这些理论书籍时，有一些可能很快翻过，而有一些可能会让我们停下来，细细品读，还可能会做些标记，记录下来，这就说明和自己平常的思考、疑惑等有碰撞了，有火花出现了，这就是浏览的好处、阅读的优势。如果不阅读，我们永远也不会有这种感觉——找到了知音的感觉。这些书籍不妨放在随手可以拿到的地方，有时间就翻一翻、读一读，一本书可能读一遍，也可能读几遍，总会有收获的。

当读到有感触的表述时，要尽快与自己的想法联系起来，趁热打铁，可以以记事的形式形成随笔或片段，有时间再加以整理可能就是一篇文章。即使不能成文，也会对改进自己的教学方法、提升自己的教育能力有帮助。

会产生哪些具体效果呢？

可以改变和建立更合适的教学方式。个人沿用的教学方式的形成有时候很具偶然性，说不定就是原来自己的老师的教学方式，也可能是自己实习指导老师的教学方式，还有可能根本就没有形成适合自己的教学方式，随堂而教，变来变去。而且这种形式可能会一直下去，没能改变。如果对一些理论知识有了较系统的了解或接触，就会有启迪、有火花，这时候的自己就会变得更加智慧，变得更有思想，有活力，当然也就更加上进，自然会思考和改变自己的教学方式，进而形成符合自己的教学方式，最后就有了自己的教学风格。可以这么说，如果一位教师的教学风格形成了，或者有先进的教学方式，那么，他一定是对相关理论有所接触和了解的。

会更好地与学生进行沟通交流。在教师所有的工作时间中，与学生"打交道"的时间是最多的，所以如何与学生进行沟通交流，建立一种默契又和谐的师生关系就显得尤其重要。这会直接影响教师工作的成就感。通过适当的理论学习，对学生成长发育的阶段心理特征有所了解，对这一阶段孩子的关注重点和偏好有所知晓，就容易开展工作，建立关系。即使遇到难题，也会有更科学的方法、更冷静的思维去对待，提高处理问题成功的概率。

会有强烈的课程意识。关于课程开发与建设，我们目前还是处于比较薄弱的状态，当然，这与我们的教育大环境有关，也与教师对课程的认识有关。如果我们把课程看得宽一些，不只是局限于国家课程；把有利于学生成长的活动看重一些，提升到课程层面来考虑，一定会开发出一些特色课程并加以实施。其实，每一位教师除了所担任的学科课程教学以外，还可以有一门属于自己擅长的特色课程，用这个课程来发挥自己的特长，服务于学生成长，这应该是一件很有意义的事情。试想，经过较长时间的使用、修改、完善，必定会是一门非常好的特色课程。一所学校如果能够开发很多这样的课程，这所学校必将是充满活力的，也是充满希望的。这就是学校存在的意义。

3. 教育研究

教育研究是教师发展的重要途径，可以这么说，几乎所有的名师都是通过教育研究来提升自己并成长起来的。

研究，可以理解为对事物寻根问底，探求规律。因此我们不要把研究看得太大、太难，望而却步。其实，对一个问题，哪怕是一道题目的钻研就是一种研究，只要问题解决了，就是研究成果。我们可以把整个过程描述为发现问题，表达并提出问题，然后分析和解决问题，如果最后能够对问题进行从特殊到一般的引申，那就是一个完美的研究过程了。

从对一个问题开始钻研，到对一类问题的研究，会逐渐使我们对研究产生兴趣，形成自己独到的教育研究方法，自然也会出越来越多的研究成果，为教育事业做出有益的贡献。

那么，什么时候开始教育研究呢？

首先，教育教学实践中遇到了困惑。教育教学是一个动态的过程，永远都在变化，中间难免有困惑、疑虑，没有困惑的教育经历不是完美的经历，那种经历会给人以肤浅、表层的感觉。如果遇到了困惑，其一，把它当成一个课题或问题来研究，如果没有思路，可以先记下来；其二，读书，读与之相关的书籍，通过读书一定会受到启发，这时候的想法最为丰富、发散，此时开始对困惑进行研究最为有效。

比如，数学教师都有一个关于数学作业的困惑——学生总是最后才开始做数学作业，不能全部完成任务是常态。这是一个比较严重的问题。那么，对于这个问题，我们不能只是埋怨、批评，是不是可以当成一个课题来研究呢？通过设计问卷调查，对结果进行统计分析，一定会得出这样的结论：学生会在一定时间内追求成就的最大化，会先完成简单一些科目的作业，如语文、英语、历史等，再在不得已的情况下，匆匆做一些数学（关于做事先易后难应该是普遍的，我也试过，如果一个周日有三件事情必做——命制一套试题、撰写一篇论文中的一部分、备一节课，我就算安排先写论文，也是没过多大一会到，就会去备课，而后命制试题，这两项都完成了再坐下来写论文。因为前两个任务对我来说会更简单）；还可以发现，教师给学生假设的作业时间都是最大值，事实上，每一天学生自主作业时间达不到最大值，而且少很多，所以学生不可能完成全部作业，留下的自然是难度大的。鉴于此，我们在设计作业的时候，要考虑学生独立完成的难度，绝对要比课堂讲授的难度低，才能"留住"学生做数学作业。这是完成作业的基础，如果人都"走"了，再好的作业也无用。我们没有必要加大作业的功能，让作业"不堪重负"。

其次，出现了职业倦怠。教师职业很容易出现倦怠的情况，分析其原因，教师职业生涯变化很小，不会起起伏伏，太平稳，这种状态本身就是产生职业倦怠的原因之一。好像一切尽在掌握之中，自己已经达到了顶点，剩下的时间只需要按部就班进行就可以了，感觉不到压力，自然就没有动力。

这个时候最好的方法，就是开始教育研究，可以申报一个课题，或承接一项学习任务，逼一逼自己，把自己放上一艘船，也许会遇到风浪，也许有颠簸，但是会看到从没见到过的风景。

其好处是，会发现自己原来位置的局限性，不是没有遇到难题，只是自己在回避。先否定自己，再改变自己。

在改变中会重新认识自己，重新认识教育，会产生新的冲动与活力，哪还有什么倦怠，一切都在重新开始。

最后，追求更高层次的学术高度。其实，除了一部分教师会有职业倦怠情况发生以外，还有不少骨干教师在取得一定的教学业绩、积累了一定的教学经验之后，还是想继续发展的。我认为这时候选择教育研究是最好的途径之一。其一，通过教育研究，可以出一些显性的成果，方便自己职称晋升等所需，职称晋升也是教师专业发展的一个方面。其二，开展教育研究，可以让自己读很多专业的书籍，更可以结交很多志同道合的朋友，让自己的交流层面提升，享受不一样的资源。其三，进行教育研究，可以提升自己对教育、教学的理解，也许是因为站得更高，也许是因为理解得更深。总之，会有眼前一亮的感觉，会看到很大、很亮的空间。

教育研究要从积累素材开始，素材是一切创作或研究的原始资料。这里的关键词是"原始"，它具有真实性和时间性特点。素材来自平常的点点滴滴，要习惯把遇到的、感触到的、质疑的都记下来。这些素材单个看可能没什么，多了以后，它们就会有交集、有叠加，突然间就会使人萌发灵感、产生想法，略加整理可能就是一篇文章、一项成果。

教育研究还可以通过读书获得启发。读书，可以在空闲时随时读，也可以有问题时有选择地读；可以泛泛地读，也可以深入地读。总之，书在身边，信手拈来。

我有一个感觉，有时候刚刚开始翻开一本书，还没读几行字，就会停下来，因为其中的某一句话或一个观点与自己平时的思考会联系起来，甚至我的问题根本与书上的语句没有什么相同之处，但是好像想到了什么。所以读书必须要与平时的积累结合起来才有效果。

4. 学术引领

学校相对于其他单位来说，更简单、安静，学校教师的专业发展，除了管理及制度促进发展以外，还要有学术、文化的引领。

什么是学术引领？

可以这么说，通过学术研究的成果及专注于学术的教师的示范，影响并带动更多的同人对学术研究产生兴趣，并由此发展、提高自己的专业能力。

如果一所学校的校长对学术引领是认同的，那么校长可以分阶段设计学校发展的校级课题或发展项目，带领全校教师参与研究，以此来推动本校的教育教学改革、创新。这样一来，大部分教师就会乐于参与其中，在这样一个近在眼前的大平台上，都会有事做。少部分教师也会把此当成任务来完成。在这种全体参与的氛围中，大家不会感到增加了负担，反而认为教育本该如此，最后都会积极投入其中，自然也就会有收获、有成果。

如果一所学校能有三分之一的教师专注于学术研究，一心倾注于教育教学，做一位真正的"学者型教师"，在学校形成一道学术风景线，那么对全体教师的影响将是积极正向的。这样的学校，教师之间的交流活动、谈论话题一定都是围绕教育教学主题进行的，一定会有很多年轻教师学习于其中，改变于其中，成长于其中。这样，肯定比校长用制度或管理措施等来促进教师发展效果更好。

因为众人皆有趋同心，教师趋向于何处，学校校长的表现很重要，学校氛围很重要。

为什么要学术引领？

学术引领教师发展方式更容易接受。

第一，相比其他形式，学术引领是让教师专心于本职工作，师从于身边的名师，与日常工作不分离。教师不会产生抵触情绪，也不会增加负担。其实，学术引领更多的是提出一个理念或一种方式，让大家关注于教育教学本身，把心思用在学科、学术上，是对学科学习的一种尊重和重视。应该没有哪一位教师会真的反感自己的工作，只是有时候没有把它放在应该放的位置上。

第二，在任何一所学校，教师还是最尊重学术、尊重学术研究者的，这也是教育者的一种品性，会认为这才是正事，也是体现学校层次的一个重要维度，相比管理、培训，教师会更愿意在学科、学术上投入时间与精力。

第三，学术研究是自己的事情，不但有助于本人的教育教学，也能出成果，这些成果会是个人发展、职称评审等必需的条件。学校搭建平台，引领教师学术发展，从某种意义上讲是对教师发展的关心与帮助，是赢得人心的作为。

学术引领教师发展方式有利于学校发展。这里说的学校发展是指学校的长远发展。几十年，甚至上百年，在这么漫长的历史中，支撑学校发展的不是管理文化，一定是学科文化、学术文化，只有学术才可以沉淀下来、留存下来。可惜的是，目前很多学校因为无限制扩大的原因，学科建设已荡然无存，存在的只是追求一时之利的年级管理模式，或者说叫作扁平式管理。有远见的校长、负责任的校长，会把学科、学术这一条纵线牢牢地抓住，使其发挥作用，将是学校之大幸。

有实力的学校标准是什么？我认为，只有当一所学校在一个区域内有两个到三个以上学科可以引领区域的时候，这所学校才可以称得上是有实力的学校、有影响力的学校，是区域名校。这时候，区域教育教学研究活动才可以放心地交给这些学科教师来组织，到学校来开展，这就是一把标尺，它可以告诉人们学校的学术高度、学校的影响力强度。

当一所学校成为区域教研中心、学术中心的时候，对本校教师又是一种极大的鼓舞和熏陶，也给本校教师提供了一个更大的舞台，以及更多的机会，通过这样的舞台和机会来展示自己的学术研究心得、成果，建立更强的学术自信，这无疑是一个良性循环，会有一批一批的年轻教师成长起来，那么学校也就有了最坚实的发展基础和最长远的发展可能。

学术引领教师发展方式成本低。所有的项目开展也都是讲求效益和成本的，这里说的成本，当然更多的是时间成本、实验成本。比较起来，以学术引领教师发展更容易实现。因为所有的活动都是结合本职岗位进行的行动研究和成长观察，真正可以做到在实践中学习、成长，可以长期地、全员地开展，无须太多的方案与指导；相反，却可以为教育、教学及管理带来极大的效益。

5. 文化引导

要培养出什么样的学生，一定要有什么样的教师；要培养什么样的教师，就要有什么样的学校文化。

这个问题其实很重要，但是从整体的教育现状来看，远远没有达到。我们依然是"这样"的教师在培养"那样"的学生。为什么存在这样的状况呢？因为我们很多时候还是认为教师培养学生，或者学校培养人才，还停留在"教"的层面，就是说，教师虽然是"这样"的人，但是教师可以按照模板一样，"教"学生成为"那样"的人。可想而知，这样的效果是不好的，"教"得也会很吃力。

其实，教育的意义在于"影响"，因此要求教师先具备一些品质，通过教育活动来影响我们的学生，让越来越多的学生走向正确的方向。

我们很难想象，一位墨守成规的教师如何培养学生的创新思维？一位做事"虚假"的教师，该怎样培养出一群求真的学生？

所以，培养学生必须先培养教师。如何培养？建设具有品质化的学校文化，让教师参与其中、沐浴其中，受到熏陶和影响，是一种很好的方式。通过这样的方式，让学校、教师、学生三方形成一种默契与同向，久而久之，三者就融为一体，既培养了学生，也锻炼了教师，学校也得到了发展。

那么，学校应该注入哪些文化基因呢?

（1）求真

求真当算第一。"千教万教教人求真，千学万学学做真人"，我们对学生的培养首先就是求真，因为不管学生今后做什么，无论是自然科学，还是人文科学、社会科学，求真是最基本的思维品质。因此，在学校的文化里面，必须彰显求真，在教育教学规律上要求真，在学生成长发展中要求真，在管理方面要求真，在教师评价上要求真，等等。要让求真文化沉淀到学校文化的最底层，成为一切的基石和支撑。

学科教学要求真。教师在学科教学中，要体现对"真"的追求，无论是权威，还是教材，要敢于质疑，敢于用实践检验。对于理科教师来说，实验是最好的求真教学，要"敬重"每一次实验，包括数据、结果，不管是成功或是失败，这些都是重要的。对于文科教师，一方面要尊重史实、尊重规律；另一方面要有求真的思维和品质，对有疑问的材料能主动查证、考证，能与学生共同讨论、辩论，最终得出结论。教师始终要有一种求真的思维和品质。只有这样，我们给学生的才会是最自然的"求真"，把这种思维和品质传递给学生，传递给一代一代的学生，创造一个求真的时代。

求真，还要反映在学校对教学方式的态度上。当前处于一个教育改革时代，所以在教学方式上进行求变与创新的很多，这是趋势，也是好事。不过，无论如何变化，教学方式都要真实，如果教学方式不实在、不真实，这就不是教学改革，是摆花架子，教师就会很反感，实际效果也就没有了。

（2）创新

创新，是一个时代的符号，教育就是要培养出一批具有创新思维的人才，改变世界，创造未来。作为教师，首先自己要具有创新意识、创新思维，才能去探索培养创新型人才的模式与方法。

创新是一种思维品质，也是一种实践能力，从学校层面来讲，要给教师创新实践的平台和空间，提供一种允许失败重来的机制，让教师在教学实践中理解、领会创新的含义，形成创新的思维。

其实，教师最有可能在实践中领悟创新了，因为教学工作是最好的创新活动，教室是最大的创意空间。一节课，如何设计，怎样组织，要把课上成什么样，这些都由教师"说了算"，没有人干预，教师在对教学方式进行创新的时候，也就是培养学生创新思维的实践指导。

确实是这样，如果教师一切墨守成规，上课多年一面，活动毫无创意，很难培养学生的创新思维。但是，要改变也是一件难事，因为每个人都是传统思维占主动的，不会轻而易举地求变化。这时候学校层面的顶层设计和方向引领就要起作用了。因此，学校需要通过活动、项目，让教师都动起来，逼着其改变，在实践中求创新，在活动中求创意。使得整个学校在创新中充满活力，彰显变化，传递能量，这样的校园才是现代教育的智慧校园。

（3）尚美

对美的追求是生活永远的主旋律，每个人都愿意崇尚美好，心向阳光。

在生活中，是不是都是美的呢？会不会每天都是阳光灿烂呢？当然不是，所以崇尚美、发现美、展示美、培育美就显得尤为重要。

一年有春、夏、秋、冬，一天有早、中、晚、夜。春有百花冬有雪，晨有朝霞夜有月。生活中到处有美好，生命中随时有感动，重要的是要有发现美的眼睛和欣赏美的心情，还要有创造美的智慧和传递美的能力。

学校运行起来，就是一台机器，不知道哪个部件会出一些问题，教育教学是一个系统，哪一个环节都有可能出现瑕疵，凡此种种，要有一个正确的引导，哪些是主，哪些为次，把主要的、重要的宣扬出去，这就是尚美。

教师的最大影响力其实是言行举止，不是课堂，不是作业，也不是学术。展示美、传递美可当成一种责任。

辨识美，当是尚美的第一步。虽然说爱美之心人皆有之，对于什么才是"美"，这不是每一个人都能分辨与识别的。比如，校园的早晨，还未苏醒的大树下，有一位同学读书的身影，这个画面是美的；校园的早晨，被路灯照亮的校道上，一位清洁阿姨弯腰捡起一片片落叶，这个场景也是美的；教室里，教师激昂地演讲，学生专注地倾听，这是美的；教室里，对于教师的观点有质疑，产生激烈的辩论，也是美的；数学是美的，美在它的对称、简洁与抽象；音乐是美的，美在它的旋律与节奏。生活中不缺少美，能把美的东西辨识出来，或者说给挑出来，这是态度，也是能力。我说的态度，就是指我们要发现美的东西，欣赏它的美，并且传达分享出来。说到这种能力，也是千人千面，不是统一的。审美能力是需要培养的，这个培养也是"内外兼修"的事情，外，就是多读书；内，就是多走进自然，多领悟，多修炼，从而拥有柔软而敏感的心灵。

欣赏美，当是尚美的第二步。现代世界是五彩缤纷的，也是多元并存的，都会有生活压力和工作繁忙，从眼睛看到的，到心里想到的，总是太多太多。要有一种方式来缓解压力，转移注意力，让生活充满美的元素。

教师学会欣赏美更为重要，因为与众多学生生活在一起，每天都要有交流、沟通、影响，当我们发现了学生的点滴闪光之处，那就是美。此时教师就要以欣赏的眼光和心态给予学生赞誉，把学生之美说出来、显示出来，一方面是对学生的鼓励与欣赏；另一方面也会让自己眼前充满光亮，心情愉悦。这对于工作、生活都无比重要。

创造美，是尚美的最高境界。其实，我们每一个人都有职责为身处的环境、为社会、为世界创造美、宣扬美、传递美。

有一点是肯定的，所有人都希望看到美、遇见美，希望生活在一个美的环境之中。只是作为个人来说，大都停留在发现美与欣赏美的阶段，有的人是无意识，有的人是无能力创造美。

作为教师，我们如何创造美呢？

学会欣赏是一种美。大家都说"看风景的人成了别人的风景"，是的，当一个人懂得欣赏美的时候，其实就是创造了美。作为教师，我们每天都能发现学生的闪光点，发现教室里每一件美的事情，此时你的表现无疑就是美的，这种美是善良，这种美是高尚，这种美是智慧。

打造精品课也是一种美。如果能把一节课完成到精致，其实这也是很美的事情，学生不只是从中学到了知识，增强了能力，还会感觉到赏心悦目、心情舒畅。这是美的片段，是美的画面。创造美，还包括传递正能量，在自己的交往群体中，能让大家感觉到力量、善良、希望、温暖等，这都是美的贡献。

美，是这个世界馈赠给人类的珍品；美，也是每一个人的需求，大家在发现美、欣赏美和创造美的过程中，完善自己，完美自己，是一种修身的途径，是让世界美好的一种个人之责。

教师专业发展的个人责任

教师成长，一方面是学校作为，另一方面是个人责任。我提出的教师成长理念为"共培沃土，自育优秀"。学校的顶层设计无论是"推"也好，"引"也罢，都是外力；唯有教师个人有职业生涯规划、有愿景，才是内动力，是真正的动力系统。

职业生涯规划是一个具有普遍意义的话题，百行千业都会谈职业生涯规划。但是教师职业生涯规划有所不同，准确地说，应该是规划的目的、规划的内容等都会有别于其他行业。

引　言

1. 两个现象

第一个现象，很多人在工作以前，具体说就是在学习阶段，对自己的发展还算有一张"规划图"，沿着这张"规划图"可谓披星戴月不怕苦，寒窗苦读不说累，斩获了一本本入门证，从小学到大学一路向前，构建了自己以后生活的起点，从这点来讲，他们对自己是有规划的。

第二个现象，参加了工作以后——个人发展真正需要自主规划的时候，却变得无目标、无理想、无规划了。

我为什么说参加了工作以后"个人发展是真正需要自主规划的时候"呢？因为工作以前的阶段是不定的、不可预知的，可以用"混沌初开、瞬间而过"来描述。而工作以后，尤其是从事教育工作就不同了，基本上不会有太大的改变了，所以这时候就具备了规划的基础。所以说，没有规划是不正常的事情。

2.三个观点

（1）职业规划就是对自己"好一点"。在现实中，有一些教师从工作第一天开始，一心只想着工作和学生，在两者之间忙忙碌碌，却把自己忘在了一边。

（2）做规划是一种成本最低却受益最大的事情。一份好的发展规划，抵得上千万次盲目拼杀、乱打。

（3）有规划和没有规划其结果是大不相同的。不说是全部，绝大多数优秀的名师，他们在发展过程中都是有规划的，至少是近十年会有规划。

3.四句话

（1）教师职业生涯规划是一个定位——这种定位虽然是动态的，但它指明了一个方向。

（2）教师职业生涯规划是一个选择——既是选择也是一种舍弃，明确了自己将要用一生走过的路。

（3）教师职业生涯规划是一种态度——对自己的生活方式不等不靠，把握主动。

（4）规划是一种准备——机会总是留给有准备的人的。

一、什么是教师职业生涯规划

教师的职业生涯，是指一个人从事教师职业的整个过程。因此，教师的职业生涯规划，是对有关教师职业发展的各个方面进行的设想和规划，是一种超前的、积极向上的对自己负责的态度。职业生涯规划就是自己给自己的一个定位，一个人生定位。但这个定位并不是一次性的，它是一个动态性的定位。说它是一种定位，就是帮你找到最优路径，帮你确定一个坚定的目标。

几个名词界定。

规划就是全面、长远的理性计划。它的构成应该是"目标"加"行动方案"。

教师职业生涯，是指一个人作为教师从事教师职业的整个过程。不仅有专业，还包括情感、态度、价值观等。可以这么说，教师职业生涯包含了"专业家园"和"精神家园"。

教师职业生涯规划，是对教师职业发展的各个阶段进行的理性的设想和具体的规划。

作为一名新教师，从入职的第一天起，就意味着选择了教师职业，其教师职业生涯便已经开始。

二、为什么要做职业生涯规划

职业生活是人生的重要组成部分，可以说生活是否幸福很大程度上取决于职业幸福。一个人的职业生涯是否失败、停滞，是否获得成功、幸福，尽管有时取决于机遇、命运或他人的影响，但最根本还是取决于自己是否具有规划和管理自己职业生涯的能力。

教师作为一种特殊的职业，要获得职业生涯的成功，就必须在专业化成长的道路上，通过有效的职业生涯规划和管理，使自己的能力、技术、价值观等向着设定的目标，不断追求，不断实现。

1. 有助于缩短成功的路径

我们每个人在自己的工作岗位上都想取得成功，但成功的道路是曲折的。一旦有了规划，也就有了目标、有了方向，至少这两点是很明确的——一是直指目标，不走弯路。换句话讲，是否走直线完全取决于是否有目标；二是自己所长，运行高效。告诉大家一个"定理"——适合自己的路走起来才是最顺的。

2. 对自己的发展具有积极作用

教师职业规划其实就是一种对理想的选择，有了理想，所做的任何事情都会变得有意义，自己的主观能动性就调动起来了。如果没有规划，一切好像都是被动的，一切发展都是上级部门强加给自己的，一切以完成任务为目标，没有多少自己的追求，态度比较被动；当工作不满意时，往往归因于外部的环境制约，认为自己尽了力，没有办法克服困难，工作起来也不是那么痛快，在某些方面就影响了自己的发展。

3. 有助于最大限度挖掘自己的潜力

首先，每个人的基本能力、潜在能力都是差不多的，不同的是诱发能力的"诱因"。那么这个"诱因"有时候就是规划、就是目标，因为有了目标就会向前。

其次，人从本性上来讲，都是向上的，都会有愿景，所以，只要你做了规划，这个规划就一定具有超越性，一定是对自己的挑战。在规划的制定与实现的过程中，就会发现不一样的自己。

4. 有助于解决教师的职业倦怠

对于教师而言，职业倦怠指的是教师个人较长时间在同一种状况下工作所产生的一种消极的感觉，产生的一种身心消耗状态。

如果没有职业生涯规划，就缺少有意识的训练，因而教学水平和能力往往处于高原状态，没有成就感和发展感，这样很快就会出现职业的倦怠和退缩。

为了克服职业倦怠，教师很有必要自己树立生涯设计意识，掌握生涯设计方法，真正把自己的职业生涯置于理性的思考之上。

5. 有助于增强危机应对能力

教师生涯发展并非一帆风顺，也有其危机与困惑。这种危机来自时代的发展对教师的要求，也来自学生的变化对教师的要求，还可能是由于社会的发展对个人的冲击等。

在今后的教育变革大潮中，可以用"不进则退，不专则废"来形容。

总之，通过制定教师职业生涯规划，将使教师个人的生涯获得极致的发展。通过思考、学习、训练，使知识、情感与技能都得到全面的发展，获得真正的人生幸福。反过来，如果一名教师没有更高、更远的目标实现，就不会有巅峰体验，就永远体会不到成功的喜悦。

三、教师职业生涯规划的特殊性是什么

与很多职业规划比起来，教师职业生涯规划有其特殊性，这个特殊性主要体现在哪方面呢？是服务对象。

有一句话说得很好——我们采取怎样的方式来从事教育，取决于我们对教育对象的基本看法！

这一点有别于很多职业，它要求我们把自己从事的工作看得很重要，一丝不苟，精益求精；面对的是"来学习的人"：这些"人"不是一般的和我们打交道的人，是来跟我们学习的"人"。这就要求我们要把自己从事的工作看得很神圣！因为我们是"师"——"传道、授业、解惑"；面对的是"相信我们的人"：不但来学习，而且是绝对相信我们的，我们是有绝对"权威"的。这就要

求我们对自己的一言一行都要绝对准确和审慎。

我把对自己的职业生涯规划叫作建设自己的"职业家园"，在这个"家园"里面有两部分特别重要，一是"精神家园"，二是"专业家园"。也许很多人只重视了后者，这是不完整的，缺少了前者，也就失去了动力系统，降低了职业生涯的品质。因此，一份对自己负责、对教育负责的职业生涯规划，就应该把两方面都放进去。

（一）精神家园

精神家园包括哪些呢？

1. 责任

责任是什么？

责任不是任务，责任是一种主动的承担、担当。承担自己的职业责任。

我们可以用自己的方式回答责任是什么。譬如，父亲就要尽到做父亲的责任，班主任就要尽到做班主任的责任，数学老师就要尽到做数学老师的责任……给我的感觉，这些责任好像更多的是"负责"，即把这些都看成自己要完成的"任务"，是被动的。

理解责任一词，从"天下兴亡，匹夫有责"这句话中可以找到真谛——责任其实是一种承担、担当，是主动的、自愿的、带着激情的。

2. 坚守

坚守不是坚持，坚守是一种情愿地、坚决地守护。坚守自己的生命方式。

为什么要提坚守呢？因为现实的情况是，从事教育事业，如果没有一个美好的初心，是不会走进来的，或者进来之后，也会感到太单调和平常，久而久之，就会失去激情，甚至想离开，这样就会处于一种无状态的工作模式之中，无论对自己，还是对工作都是不利的。

所以，我们要坚守，要守护初心，守护学生，守护教育。我们坚守的是一种责任，其间是快乐的、是充实的。

3. 热爱

热爱不是喜欢，热爱是一种由衷的倾情、奉献。热爱自己的终身事业。

没有爱的教育不是真正的教育！没有爱的教育是痛苦的！没有爱的教育是苍白无力的！我们教师要让爱为自己的专业化发展导航。我们的爱体现在爱学生、爱事业、爱自己方面。其中，爱自己在很大程度上体现在自己的专业成长方面。

对任何一份职业，都倾注自己所有的爱，这样的人是值得尊重的，也是幸福指数最高。还有一部分人，只是喜欢自己的职业，当然也有不喜欢的。但是我们要有一个底线，当你知道自己注定要从事这份职业的时候，我们就要努力去喜欢它、爱它，没有跟自己过不去的理由。这种热爱，事实上很多时候爱已经不知不觉地成了一种习惯，无形中也成了一种促进自己成长的正能量。热爱教师职业是教师专业化发展的基础。

教师专业化发展一方面是教师自己的专业成长，另一方面也是最重要的一点，那就是为了学生，为了学生而成长。当我们站在这个高度想的时候，一切都有了必要，也有了动力。热爱学生是教师专业化发展的动力。

4. 快乐

快乐不是快活，快乐是一种自然的认同、满足。乐在自己的职业家园。

为什么是快乐？

首先，作为教师，与我们打交道的是学生，学生与教师是面对面的、是互动的，教师的状态会传给学生，教师的情绪也会感染学生。

其次，我们都希望在校园里的孩子，或者将来走出校园的孩子是健康的、阳光的，这就要求教师必须是快乐的，至少工作中的教师是阳光的、快乐的。

最后，只有我们自己保持快乐的心情，我们才可以享受到职业幸福。

（二）专业家园

1. 专业技能娴熟

专业技能是最浅层次的能力，但在我们的职业生涯中有着重要的作用。

比如，一位教师如果有"一手好字"，每一节课都能给学生一份精美的板书，我想，在学生心目中，这一节课就成功了一半。可以说板书是教师的基本功，也是教师的面子，能给学生一份赏心悦目的板书本身就是教学的重要组成部分。

课堂语言也是教师的一项基本功，虽然课堂语言都是有设计的，但是在实际中，有的教师语言简洁、幽默；有的教师却逻辑不清，不言重点。当然，教师的基本技能有很多，包括教学设计、教学组织、对课堂节奏的掌控、对学生的课堂观察，以及与学生的沟通交流等。

2. 专业知识丰富

首先应该是学科知识方面，包括对教材系统的熟悉程度，本学科的"解题能力"、学科学习的常规方法、思想与理念等。其次是教育学、心理学的进一步学习与应用。最后还有更高层次的要求，包括教育教学理念、课程理念、育人理念等的理解与升华。

3. 教育技术更新

教育技术可以看作基本技能里面的一方面，但是它又有着变化、更新的特征，所以单作为一项更为合适，以突出教育技术在教育教学活动中的重要意义。因为教育技术可以直接影响教师对教育教学资源的收集、储备及运用。

4. 教育风格凸显

其实每一位教师都会有自己的"风格"，只不过我们会把一些"好"的风格称为风格，而忽略了那些不好的。风格是一位教师的综合体现，包括渊博的知识、充沛的精力、负责的态度，还有价值观、爱心、奉献精神等。

四、制定教师职业生涯规划前期准备

1. 要了解自己

通过自我反思了解自己的过去。

自我反思是教师对自己的各方面情况特别是教学情况所进行的一种回顾、分析和总结。自我反思是生涯设计的基础，是主动成长发展的基础。如果没有反思，十年的教学经验可能是一年教学经验的十次重复。除非我们善于从经验中吸取教训，否则我们就不可能有什么改进。

（1）对自身素质特点的反思

反思自身素质，是为了搞清楚自己的长处和短处，在生涯设计中，扬长避短，或扬长补短。具体内容包括：

知识状况。比如，知识面宽不宽？哪些方面的知识多？哪些方面的知识少？教育教学活动中常常因为缺乏哪些知识而感到困难？读过多少书？对最新的知识和动态是否了解？

能力状况。哪些能力强？哪些能力弱？教育教学活动中常常因为缺乏哪些能力而感到困难？

个性特点。是内向的还是外向的？独立性强还是从众性强？是理智型还是情感型？和学生容易相处吗？因为缺少哪些素质而影响和学生的关系？

总的特点。自己是属于何种类型和层次的教师。

（2）对教学活动过程的反思

对教学活动的反思，可以分为两种类型，一种是较长一段时间的反思，比如一个学期或者一周；另一种是对一节课的反思。

教学活动的反思是自身素质反思的具体化，通过教学活动，能够更准确地反映自身素质如何；同时，教学活动的反思，对于及时地进行教学的调控，以及矫正教学中存在的问题，是很有价值的。

反思的内容包括教学的经验、优点、成功之处；教学的教训、问题；教学的类型和风格特点等。

（3）对成长历程的反思

对成长历程的反思，有助于增强自己的生涯意识、成长意识、发展意识，有助于了解自己已取得的成绩和存在的不足，了解自己所处的成长阶段。

反思的内容可以包括：

我现在在哪里？我现在在成长阶梯的哪一级？我的成长历程经过了几个阶段？这几个阶段各自解决了什么问题？有哪些成长的经验？还有哪些成长的问题和障碍？有哪些关键性因素影响了自己的成长？自己未来成长的可能性有哪几种，各自的可能性有多大？我的终极愿望和需要是什么？我要到哪里去？什么道路能够达到这样的目的？等等。

通过对时代的分析，展望自己的未来。分析成长的环境，是为了了解环境的特点，对自己成长有哪些有利的方面或者不利的方面，以便确定自己的职业目标和成长的方法。

分析环境应该包括两个方面：

社会环境。我们处在一个什么样的时代？当代的政治、经济、社会、科技、文化有什么样的特点？这些特点对我们的职业和工作提出了哪些要求？提供了什么样的有利条件？提出了哪些挑战？这给我的工作和发展带来了什么机遇？本地区的社会环境有什么特点？对自己的工作和发展有什么样的影响？

学校环境。我现在所在的学校是一个什么类型和水平的学校？它有哪些有利条件和不利条件？它给我的工作和发展带来了什么样的影响？对有利的条件，我是否充分地利用了？对不利条件，我能否克服和避免？

学校的物质环境、人际关系环境、信息环境如何？

2. 要了解教师

可以从两个维度了解教师成长的阶段特征。

维度一：以入职年限为轴，以教师成长为线可以分为五个阶段：

（1）学习阶段（第1—3年）：基本是一轮教学的时间。抱着一种向实践学习、向前辈学习的心态，热情高涨地投入工作，逐渐积累经验。

（2）成长阶段（第4—6年）：形式上已经出师。经过几年的教学实践锻炼，逐步形成了自己对教育教学的理解，此阶段的进步是飞跃式的。

（3）创新阶段（第7—15年）：独自挑大梁。成长为学校的教学骨干，在一定的教育、教学实践基础上，会大胆进行教学创新、教改实验。此阶段是个人成果突出的阶段。

（4）稳定阶段（第16—25年）：此阶段的突出特征之一，就是职业倦怠，失去发展热情，业务停滞不前。

（5）成就阶段（第26—）：会有一部分教师在自己职业生涯的最后一段，继续冲刺。会整理、反思自己对教育、教学的理解，积极申报成果，扩大区域影响，成为一个学科的教育专家。

维度二：从教师追求及发展结果来分，可分为三类：

（1）合格的教师

热爱本职工作岗位。

掌握教学规律方法。

尊重爱护学生。

积极关注个人发展。

（2）优秀的教师

能体会到职业幸福。

受到了学生的喜爱。

形成了自己的教学风格。

获得了同行的认可。

（3）专家型教师

有终身学习意识。

有教育反思能力。

有创新思维品质。

有丰硕的研究成果。

有了以上的了解，如何根据自己的特点及愿景制定规划因人而异，但有一点是相同的——对自己是一个正向引领。

总之，理性的教师生涯规划，主要目的在于促进教师的持续发展和成长，做自己生命的设计师，真正为自己负责。

学习可以丰富思想，实践可以练就技能，反思可以提升理念。让我们在工作中多一些对职业的期盼和追求，追求人生的价值和生活的幸福。或许我们尽一生努力，也不能成长为名家名师，但只要我们投入地学习过，倾情地实践过，深入地思考过，这付出的过程其实就是我们最大的收获，我们实际上已经获得了最大的成功。

建设好我们的精神家园，守护好我们的精神家园，做一个霍顿式的校园守望者！

高级教师高端发展策略

把高级教师发展单独拿出来，是因为高级教师是一个特殊的群体，还因为高级教师发展对一所学校的发展至关重要。一方面，高级教师是学校教学的中坚力量、个人专业发展的成功典范；另一方面，高级教师又容易成为个人发展的天花板，也会成为学校发展的天花板。

高级教师发展是个难题，要突破这个难题，既要有大的环境与氛围，又需要学校管理的智慧。一旦高级教师发展问题解决了，整个学校就会充满活力，这种活力不只体现在教师发展方面，也会影响到教育教学的创新与发展。

一、高级教师发展难在哪儿

首先是"站稳求稳"观念。一般来说，高级教师不只是有丰富的教学经历，而且大都在本校的时间较长，无论教学经验还是人际关系方面都有比较好的评价，可称为个人的无形资本，这些都是很值得珍惜的。换句话说，已经在学校和同事中站稳了脚跟，也可以说是稳稳地站到了一定的高度。此时的心态是保持现状，不愿意在教育教学方式上进行创新、改革。

其次是"位高怕难"心理。在高级教师中，那些更老资格的教师都有很高的权威，是学科教学的领头人，尤其是对教材的理解把握、对课堂教学的组织设计，包括对教学评价的掌控都很到位。但是不愿意再往前走一步，原因主要是畏难。可以说高级教师往前走的一小步将是教学研究的一大步，需要一定的追求和勇气。

最后是"心低气低"的修为。与心高气傲相反，教师是一个特殊的职业，从走进来的第一天，基本上也就看到了最后的出口。所以说，教师大都会特别静，愿望也特别低。这种情况在高级教师阶段表现得最为明显，坐等退休的情况也有。

二、高级教师需要什么

求得认可。求得认可是每一个人的需要，为什么在这里特别提出来呢？因为对老教师的认可往往会被遗忘，学校会把更多的目光投向年轻教师的发展。作为学校要反过来思考，老教师是学校的财富，他们在责任心、主人翁意识和教学经历等方面，都有闪光点。如果一位教师在一处发光，那么整个学校就会明亮。管理的智慧就是要找到并且让这些光点永远闪亮下去，肯定他们对学校的付出。

获得尊重。对一个人的尊重除了礼节方面之外，更重要的是对其存在价值方面的尊重。其实每个人都有独特的价值，当一个人的价值被忽视后，就会看轻自己。一旦某些价值被尊重，人们就会勇于承重，敢于担当。

寻得安静。一路走来，也可以说是经历了风风雨雨，闯过了关关卡卡，获得高级教师职称以后，就萌生了静下来的想法。这种静，不是不做事的那种静，是只想单纯教学的静，不再被一些"杂事"所拖累。

三、为什么是高端发展计划

所谓高端发展，就是为高级教师发展而定制的，区别于一般或统一的教师发展。其一，如果是一个放在一起的计划或方案，高级教师会不屑一顾，至少不愿意和所有教师混在一起，那样会没有身份。其二，一个大方案会失去很多个性化的东西，缺乏针对性，也就没有了吸引力和可操作性。

所以必须是专门定制的、量身打造的高端发展计划才更有意义。

四、高端发展计划具体内容

（1）要组建高级教师研讨共同体

通过组建共同体，一是有了身份意识，二是形成研讨氛围。这时候要采取的方式是"敞开大门"的策略，不能设门槛，否则，大家都进不来。

组建这个学习型共同体的目的，就是要给大家一个共同学习、终身学习的平台。终身学习已成为当今世界的潮流，教育工作者通过不断学习充实自己，已成为提升整体素质的重要途径。

个人学习，对于高级教师来说确实有一定的难度，只有把个人放到一个群体当中，放到一个具有学习氛围的群体当中，学习才会成为生活、工作的一部分。一个人的学习可以带动一群人，一群人的学习可以让每一个人的学习更持久、更有意义。

（2）打破天花板

"天花板"有时候是自己设的，有时候是环境设的，比如是学校设的，也许不是有意而为，可传统就是这样，到了这个高度以后，就不再给空间了，不再寄予希望了。

因此，要通过"目标引领"的思路，让大家动起来。根据高级教师的年龄、学历和现有的专业化能力及发展趋势，充分分析高级教师的业务能力、年龄结构等实际情况，根据高级专业化达标工程的各项指标，制定高级教师个人高端发展规划。要给出一个信号，不但没有天花板，还有"窗口"，让高级教师从中呼吸到清新的空气。

（3）任务驱动，激发潜能

做事的最好方法是任务驱动，要给出一个愿意接受又不难完成的任务，这样动起来就容易得多。如果说青年教师还有内动力的话，那么对于高级教师就要用好外动力。

（4）名师带徒，任务发展

师带徒是教师发展最好的方式之一。对师父而言，是一个教学相长的过程，因为这时候师父是有任务的，会对自己的教育教学理念、方法进行一次梳理，是一次提升或升华的过程。同时还会更加认真地做好每一件事情，包括教学的细节问题，总是想把最后的一面展示给徒弟。三年下来，不知不觉中就会成长许多。对徒弟而言，学习、体会、领悟教育教学的真正意义，必须要全程、长久地跟岗学习，平常的一些教研片段是不能完成最初的成长历程的。

（5）校外联盟，自主发展

人都有一种外显效应，也就是说，平常在本学校内部可能不想显山露水，但是与外界接触，就会有一种前所未有的表现力，表现出一个真正的自己。

五、高端发展的意义

（1）高端发展是满足时代变化的一个方向引导

选择了教育事业，就等于选择了不断变化和不断发展。教师职业与大多数职业不太一样，最大的不同点在于教育是动态的，而不是一成不变的。其原因是，我们所服务的对象——学生是动态的，而学生的动态是因为社会在发展和前进，我们不能以静制动，不能以不变应万变。

时代的变化与发展，给我们带来的是什么？旧知识的老化、新知识的欠缺、思维的滞后及观念的固化。

时代的变化与发展，给学生带来的是什么？知识的超前、思维的活跃、认识问题的多元化、解决问题的创新化。这样一来，我们与学生之间无形之中就拉大了距离，增添了鸿沟。此时如果还想成为一名"合格"的教师，那么我们就有义务和责任继续在专业上寻求发展以跟上时代发展的需要，满足学生成长的需要。

近期出台的《国家中长期教育改革和发展规划纲要》，对教师的专业发展要求非常高，国家正是基于新时代教育的特点提出新要求，将很大的希望寄托在教师的身上或者说拜托给教育工作者。所以说教师的专业发展、高级教师的高端发展是新时代教育的需要，是我们教育工作者的一种责任和态度。

当今世界正处于大发展大变革大调整时期，要想跟上时代变化和发展的步伐，科学发展教育已成为大家的共识。作为教育的实施者——教师，一定要"创造有利条件，在实践中大胆探索，创新教育思想、教育模式和教育方法，形成教学特色和办学风格"，逐步成长为教学专家、教育大家，为时代教育服务。

（2）高端发展是成就个人职业追求的一个平台

追求卓越、追寻梦想是每一个人的本能或者说是潜意识。而现实呈现给我们的是两种情况——一部分人在自己的工作岗位上一直在寻求发展，体验不断的成功和喜悦，这些人无疑是幸福的。还有一部分人在自己的工作岗位上已经达到了一定的高度，受职业性质或工作环境的限制，认为没有必要或没有动力继续发展自己，故而形成一种"天花板"现象，自己突破不了，也使别人无法突破。出现这种情况的原因有内在的因素，也有外在的因素——缺乏一种机制或者说是平台。通过平台、空间和机会，让我们的高级教师行动起来、活跃起来、职业生活更充实起来。

（3）高端发展是增强职业幸福感的不竭源泉

职业幸福是人生幸福的重要组成部分。职业幸福主要体现在两个方面：

一方面是通过自己的岗位工作，对社会所做的贡献——体现一种付出和成就感；另一方面是在自己的专业领域或职业方向上以极大的兴趣、强大的动力在向前发展。前者应该说是较容易实现的，大多数从业者都能做到这一点，往往后者对大家来说是一个坎，也是一个挑战。

为什么说职业发展是幸福的不竭源泉？原因有二：其一，我有一个逻辑，职业是相伴我们一生的（至少对我们来说），对我们不舍不弃，对我们可谓忠诚。我们也应该在职业生涯中，不断地体现职业价值，让职业或者说专业有较高的发展，让我们所从事的职业闪光、灿烂，这是对我们自己的职业的一种敬重和忠诚。当我们有了这种敬重和忠诚之后，我们就和职业融为一体，我们的幸福感便会油然而生。这种敬重和忠诚是相互的，它必将给我们带来新的体验和幸福，我们就会尽情地享受我们的职业，与职业相陪相伴，其乐无穷。其二，发展带来的幸福还体现在"职业潜力"上。其实我们每个人的"职业潜力"都是非常大的，可以说很多人都没有最大限度地把潜力发挥出来，直到最后我们离开了职业岗位，单单从职业上来讲，这是不道德的，是一种浪费。出现这种情况的原因无非就是在我们的职业工作中，到一定阶段就会感觉到自己的付出和回报达到了一种"饱和"，这种现象会阻止我们有更高的追求，久而久之，便认为这是理所当然的，也就心安理得了。就是这种理所当然或心安理得会让我们停止前进，而停止前进给我们带来的只能是失去，不会有收获；带来的是无奈，不会有喜悦……

相反，如果我们充分认识到了这一点，重新站在一个本来很高的起点上，哪怕继续往前走一小步，也是我们人生体验的一大步——会有新的收获和发展，会有新的鲜花和掌声。到这时，职业幸福感就不再是一个概念，而会真真切切地体验到。

学术的层面决定了我们接触的层面、交往的层面。如果在学术上达到更高的高度，我们就会交往比自己更优秀的同行，就会学习到更多，成长得更快，这是另一种幸福。

（4）高端发展是医治职业倦怠的一剂良药

大家都知道，职业倦怠指的是"一个人较长时间在同一种状态下工作，所产生的一种工作消极的感觉"。显然，这里面的关键词是"同一种工作状态"，产生这种现象的原因就是，当我们在工作上达到一定的阶段后，便会停止不前，不再变化了。到目前为止，各行各业对职业倦怠现象都有研究，但还不够深入。

其实，职业倦怠可以看作职业的一种"病"（当然区别于职业病），是一种不正常的现象，其危害有二：一是停止职业追求，就等于无目的、无动力工作，此时一切都会变得乏味；二是缺乏情感体验，就等于不情愿、不投入地工作，一切都会变得苍白。产生这种病的原因不在于从事本职业的人，而是取决于职业本身或对职业的管理，得病的不是从事职业的人，而是职业本身。设计自己的职业和管理自己的职业是可以预防和医治这种病的。这种预防和医治必将为我们带来一个健康的职业生涯和职业生活——职业生涯的每一个阶段都是快乐的、充实的。

（5）高端发展是教育工作者的一种职业责任

我们从事的事业是教育，我们的职业是教师，我们服务的对象是学生——把我们当成引路人的人。这注定了我们工作的重要性。这种重要性体现在从事教育工作的所有人都要有高尚的职业精神和职业情操，以一种高度负责的精神、饱满的工作热情投入工作中。要形成这种风气或者达到这种状态，需要大批的引领者。

作为高级教师，大家在自己的专业方面继续寻求发展，除了对自己的成长具有意义以外，还可以给所有的青年教师一个榜样、一个引领。因为青年教师往往将高级教师看成一个标杆，干什么，怎么干，干得怎么样，都会对他们产生较大的影响，可以这么说，高级教师的高度就决定了一个群体的高度。事实上，一个群体氛围的形成、一种群体文化的形成，有时就只取决于百分之二十的引领者，无论是有意所为还是无意所成。每一位高级教师就是这"百分之二十"中的一员。

发展自己就是发展教育，成长自己就是成长学生。

学生篇
——学得人慧

智慧，是做人必不可少的灵识。相对于智来说，人的成长与发展，我更倾向于慧，而非智。虽然二者都有聪明之意，但总感觉"慧"字是从心而来，富有情义。育人，更多的应该是关心人心灵的成长，如此慧中，方可"秀"外。

之所以提出智与慧的差异，就是想说，我们看学生要更多地用"心"去看，还要看学生的全面发展、健康发展。教育有这样的定位很重要，是一个方向指引。

学生来到学校学习、生活、成长，三者同样重要，我们不能只关心学生的学习而忽略其他。

所以说，研究学生只是第一步，研究学生的多重发展、多元发展是第二步，只可惜，现在很多学校连第一步还没有开始。

目前的状况很不理想，一般的学校还是在落实如何"教"的层面，对于"学"或者"学生"，研究得很少。

学生的样子

一、学生应该是什么样子

我有个最朴素的想法，学生在校园里应该是这样的——喜欢学校，热爱学习，信任同伴，有理想，奋进，开心快乐，对知识充满渴望，对成长充满期待。

学生到学校之前，他是非常开心的、无限向往的。如果学习了一段时间以后，学生感觉不是那么开心了，就想着快一点到周末，赶快回家，这就说明我们学校的教育没有契合学生原来的想法，没有让学生成为其想成为的样子。

出现这种情况，可能是我们让学生感觉到学校学习太苦了、太累了。

大家可能会说，古今中外的集大成者都是很刻苦的，或者说世事竞争也都是很"残酷"的。不错，所有都是这样，而且可能一直都是这样，但是"刻苦""残酷"不等于"苦"，也就是说，那些"刻苦"的人并不觉得学习苦；相反，可能感觉很有意思，充满乐趣，很兴奋。

我们现在是让学生"苦"，或传导学习的"苦"，这就不是正确的做法。

其实，我们会发现，没有哪一个学生只是"听说"学习如何如何苦而害怕学习、逃离学习的。这也可以从侧面说明学生不是真的怕苦的。为什么到了学校以后，感觉到了"苦"便会萌生逃离的想法呢？是不是我们的做法真的让其苦不堪言？

也可以反过来说，学生来到学校不应该是这个样子的——愁眉苦脸，眼睛无光，不见灵气，没有活力，喊天叫苦。

我心中学生的模样

9月1日（2020年）遇到一名初一的新生，看到他很可爱的样子，我就示意他走过来。

我问他："你想过玉岩中学的教师会是什么样子的吗？"他说："应该是很厉害吧，也很严厉，有很多知识。"

我说："不只是这些，还有很多，你慢慢感受吧。"

他反问我："你知道学生是什么样子的吗？"

我跟他开玩笑说："在我眼里，就跟小松果一样。"他不明白什么意思。

我又说："应该就跟你一样，可爱、聪明，敢问问题，又有点调皮。"

听完，他开心地去教室了。

我在想，新学期，新同学，新学校，新教师，对于每一位同学来说，也许他真的很想知道教师眼里学生的模样。

那么学生在教师眼里到底是什么模样呢？应该是什么样子的呢？

可能一千个教师有一千个模样，也可能一千个教师同一个模样。

不过，同学在玉岩中学教师眼里的模样应该是这样的：

记得有一天我照常早晨6点出家门，6：50到学校，到六楼我的办公室，从高处看到清晨的校园，发了一条朋友圈：

每天

七点

站在校园最高处

看太阳一天天长高

一群

孩子

向着太阳奔跑

这样的风景正好

这里所表达的，应该就是我眼里学生的模样。

那么，可能有人会问，这是什么模样呢？

我告诉你，这里面有三个关键词——孩子、阳光、奔跑。

调整一下顺序，就是——在阳光里奔跑的孩子。

这就是学生本该有的模样，也是校园应该有的风景。

第一，孩子。

学生在教师眼里一定是两个身份的叠加——孩子和学生。不是"孩子或学生"，是"孩子和学生"。而且，顺序中的首位是"孩子"。

只有承认学生"孩子"的身份，一切教育行动才有了基础。

首先，承认了他们是孩子，就会接纳孩子的顽皮；承认了是孩子，才能容忍他们的犯错；也只有承认了孩子，在他们遇到困难求助时，才能把他们拥入怀中——莫怕，有我呢。

最近两年上课，在我眼里，满教室都是小松果，其结果是满室芬芳，处处飘香。至此，也达到了教育生涯的最高境界——与学生一切交流皆善、一切皆真，也收获了一切皆顺。

我这里说的"孩子"，其实不能只理解为"亲情"，更多的是在充分了解、理解的基础上的一种自然尊重。

一次招聘教师时有一个细节——在试讲"第一个五年计划"这节课的时候，一位考生表现非常优秀。差不多讲完课了，这位考生抛出一个问题："为什么第一个五年计划（1953—1957）四年就能完成呢，大家讲讲是什么原因？"

我很清楚，她的意思是1953年到1957年只有四年。

当时，我就真的把她看成了"孩子"。我脑子里有两点，一是这种错误很多人会犯，估计小松果也会犯；二是她好认真，连这样的事情都去追问，一定是太想讲好课了。

不管怎样，她还是优秀的。

当然，说学生是孩子，从另一方面讲，就是把自己放到了"家长"的位置——如果说前面是爱的维度，那么这里更多的是承担责任的维度。

我们要时不时地从家长的角度去思考问题，孩子要成长，只有爱是不够的，还要有"育"，就是教导——现在很少提教导了，就连从前的教导处也被分解、淡化了。

其实，我们对孩子的"育"很是重要——按照一定的目标，严格要求，适时引导，让每一个孩子一方面能"自由生长"，另一方面能得到"自己的满分"。

这两方面都做好是不容易的，但这是"家长式教师"必须承担的职责。

写到这里，我就会想到玉岩中学的印贤文校长。

他对教育有很多理念或思想，但有一点可以肯定，他的想法都有同一个源头——想给自己小孩什么样的教育，就给学生什么样的教育。

这一点特别朴素，也特别直白，是不是真理不去讨论。

就是这样，玉岩中学女生宿舍才被允许吹头发；只有这样，宿舍改造工程中，才会把睡觉的地方缩小，让出空间给洗漱台、给卫生间等。

当然，也只有这样，"形体课"要成为玉岩中学的必修课——玉岩学子，不只要"善"，而且要变得更优秀，变得比教师更优秀、比家长更优秀，就算行走、站立都要比别人优秀。

同时，也因为他们是孩子，还缺乏对事物的判断力，还不知道前方的路有多长，是平坦还是坎坷。所以，我们要有足够的智慧，得天下英才而教之。对孩子我们要有足够的爱与耐心，要保护孩子的自信心，使其健康成长，阳光向上。

做教师的，要既能把孩子与学生连起来又能分得开，达到这样的高度和境界，是教师职业的永远追求。

第二，阳光。

阳光少年是对此阶段学生的一个称呼。阳光，是少年的特征，也是大人的一种期盼。

我们也要问一问，他们是不是都称得上阳光少年？有没有不是阳光少年的？与我们有关吗？我们该怎么办？

这个问题也许不好回答，因为好像没有标准。

我可以这样给一个标准，阳光少年——健康的、快乐的、向上的、尚美的等等。

健康，是孩子成长的根本，离开了健康一切都无从谈起，也没有意义。这里的健康包括孩子的身体健康、心理健康，还有情绪健康等。

快乐，是这个阶段最基本的特征。无论遇到什么困难，无论成长的环境、背景如何，都不能剥夺孩子的这个权利。

向上，是生命的基本特征，是所有生命的基本特征，向上就是一切向好，奋斗进取。

尚美，是孩子的本性，也是天性，对美好的追求是应该被鼓励和肯定的。

第三，奔跑。

奔跑，是少年成长的基本姿势。表现特征，一是要奋进，要有一股力量，推着孩子奋进。这股力量可能是教师给的，可能是同学给的，也可能是自己给的。二是奔跑的姿势要优美。如何做到优美？首先，我们教师不能束缚住其手脚，使其摆动不起来，或者摆动不自由；其次，教师要凭借自己的专业，对其加以指点、纠正。

一个校园，有这样一群"阳光奔跑的孩子"，校园才算是一道美丽的风景。

一群奔跑的孩子是风景，有了这群奔跑的孩子的校园也是一道风景。

那么，你的校园有风景吗？你的校园是风景吗？

这是一个很扎心的问题。

校园早晨，每一间教室里响起的琅琅读书声是不是风景？

宣传橱窗，贴满高考成绩单是不是风景？

开学典礼，念出一串串数字是不是风景？

早晨，一个个孩子，手捧书本，在树下、在湖边、在校道，这算不算风景？

课外，一群群孩子在球场、在操场，在辩论、在演讲，这算不算风景？

作为教育工作者，就是要把学生、校园变成美丽的风景，而后带着一种欣赏与崇敬去看风景。这时候我们是快乐的，也是幸福的。

确实如此。想一想，有哪个行业可以这样——能整天与活泼可爱的孩子一起？穿梭于万千生命之间，陪其成长，分享快乐。

我们可以。

学生在左，教师在右，让我们共同形成一道校园最美风景线。

二、学生要成为什么样子

2016年，我们家松果出生后，我就制定了一个《SG成长经纬（姥爷）计划总纲》：

1. 安全

安全生之根，万全为安。

2. 健康

健康生之本，欣悦成康。

3. 认知

认知生之干，致知至智。

4. 情绪

情绪生之枝，聪颖达慧。

5. 素养

素养生之叶，矜持近雅。

对待自己家的孩子要用心，对待别人家的孩子一样要用心，如果说有什么不同的话，我只能说"有过之"而不能不及。为什么？因为相对于自己家的孩子，我们算是家长，相对于别人家的孩子，我们是教师，关心孩子的成长是职务行为，只能更加用心。

家长把孩子送到学校来，那肯定是有期待和预期的，他们心里会想到，孩子走出学校以后要是什么样子。一定有这种想法的，只是我们大都没太在意。

虽然上面这个是我给我家松果准备的，倒也是我一直心心念念的学生成长理念。

安全第一，估计都不会提出异议，但是认识到不到位、落实彻不彻底，就可能人各有异了。

安　全

安全，生之根，万全为安。

根，易理解，没有根，一切皆无。万全为安，特别强调方方面面都要考虑周全，目的就是一个"安"字。

作为一名教师，对待自己家的孩子，把安全放在第一位，将心比心，对于学生——别人家的孩子，自然也要把安全放在第一位。

在近几年的课堂教学中，我总是带两样东西，一个是自制的"数学课堂学生出勤考勤表"，还有一个是手机。

基本流程是这样，走进教室后，第一件事是（数学）考勤员把当日当堂的考勤表填写结果交给我，如果有"未到，原因不明"的学生，我会马上把具体信息发给班主任，并要求"查明原因，及时反馈"，然后再开始上课。这样做的目的，一是能第一时间知道学生未到的原因，找到学生；二是让学生知道，不要随便离开数学课堂。当然，终究是为了学生的安全。

我的一个学生安全理念是，任何时刻，都应该知道一个班级、一个年级、一个校园里面的学生人数，离开的学生在哪儿。这是一个最基本的底线。而实际情况是，有很多教师、年级层面、学校层面远远达不到。曾经做过一次即时调查，我查了一个年级晚修缺勤人数是9人，立即询问这个年级的考勤情况，结果三次回复都对不上。试想，如果此时不在我们掌控的范围内出了问题怎么办？如果我们掌握了实时情况，就可以避免问题的出现、事故的发生。

安全问题是什么呢？是最要命的问题——我的理解就是我们用最"笨"的或者说最"原始"的方法可以解决的问题，就像最近的特殊时期出现的问题一样，最有效的解决办法也是最原始的——隔离。

这是安全教育与保障的一个方面，安全教育还有很多方面，都非常重要。

之所以如此重视，是有原因的。我是这么认为的，在孩子成长的过程中，安全问题对家长与孩子的伤害是致命的，影响也是深远的。只是因为它是小概率事件，致使太多的人在"赌博"，赌它不会发生，这是认识上的弱点，不能提倡。

小概率安全事件，还有一个特点，一旦孩子离开身边，家长更是不会把安全问题放在心上，因为大家都会想到（可能都没想到）反正在学校，会有人管的。那么此时作为安全的责任人——教师，就应该以安全为第一，保护好孩子。

健　康

健康是一种状态，这种状态，狭义上讲是指身体的良好运转状态，那是把人看作一个孤立的人、单个的人。其实，人应该是社会意义上的人，如果我们这样想，就可以把"人及其周边环境"作为一个整体来看，这时候的健康是指这个"整体"健康，因此广义的健康就可以理解为包括身体、心理、情绪、兴趣等各方面的健康，这个"整体"的运转环境良好才算健康。

举一个例子，情绪是个体的心情表现，但它影响的不仅仅是个体，还会影响沟通、做事、决策等。因此，情绪出问题了，这个"整体"也就出问题了，就不健康了。其他皆如是。

如何才能让学生在学校受到良好的健康教育，并能健康成长呢？

健康，生之本，欣悦成康。

关键词一个是"本"，一个是"欣悦"。本，乃根的上部，露出地面的那一部分，应该是与根相连的，其重要意义不言自明。

欣悦，就是喜爱、高兴，有一个愉快的心情，这是健康的前提，其实也是达成健康的做法。

学生在学校学习、生活、成长，有很长很长的时间，比在家的时间要多很多，因此使学生健康成长是学校教育的一大主题，是家长不容易注意的大主题，我们要比家长知道得多，也要做得多，做得好。

影响学生健康状况的因素很多，其中在学校里面的学习能力、同学交往、师生沟通等是很重要的方面。

我们就以一个学科教师的身份来看看如何做好这方面的事情。

一个学科教师与学生产生关系的因素有课堂、作业、测试，还有言谈举止、人品、学术等，这些因素构成一个"场"，在这个"场"里面所发生的一切都是有"效用"的，有能做的，有不能做的。我们的标准是要让这个"场"充满友爱、关怀、信任、自信、鼓励、激励等。

一是让所有学生都有事可做。

所谓"无事生非"，这个"非"不光是事端，我给加一个"不正常"。据我几十年的教学观察，发现如果一个同学不"爱"学习，就很容易离开班级团队，形成一种无形的隔离，久而久之，就会孤单、孤僻，进而性格就会越来越内向，处于一种不健康的状态。

其实，学生原本都是爱学习的，之所以不爱，是因为遇到了阻碍、障碍，一时间自己克服不了，最后给人显性的印象就是不爱学习。

所以，教师在设计学习任务的时候，一定要有分层、分类的意识，因人而异，多元要求，保证所有学生都不离"队"，这个队更多的是指团队、集体。只要在队，就有可能，这是首要的。如果学生都走了，离开你这个学科了，再想找回来就难了，更无从谈教学成绩了。

另外，学生在学校不只有学习任务，还有其他方面的事情可以做。对那些学习确实有困难的学生，我们还可以在班级管理、特色活动、特长发展方面多给机会，多进行指导，让他们在这里找到自己的一片天地。

任何一个学生，只要还在"队"里面，我就认为都是健康的、阳光的。

二是让每一位在"队"的同学都开心。

能让学生开心的密码就一个字——放。放，就是不要太紧，让其舒展、舒心。

放低。对某些个体，在某些方面可以放低要求。有两个词大家要分清，就是"标准"与"要求"，有联系也有区别，我提出放低要求，并不是降低标准。比如，数学课程标准，它是用来引领数学学科教学的，是整个学科教学的深度与高度，但是到某一节课，会有具体的内容与要求，也许是低于标准的，那是为了最终要达到标准。

对于个体而言，在学习期间，会有很多的"标准"来引导学生的发展，我们可以把这理解为总体的方向、长远的愿景。教育教学中总是会遇到一些特例，如果合适，我们可以放低暂时的要求，比如某一次测试，认为某个学生是合格的、是进步的，我们的努力是有效果的，我们就会有好心情，传递给学生的就是好消息，学生会感觉到温情、善意。善的力量往往很大，会让学生发生质的变化。

就群体而言，更不能千人一标，对一些落在后面的学生，更要倍加关爱，予以必要的鼓励和帮助，让他们感觉到，自己是这个队伍中的一员，没有被分类，没有被贴标签，说不定下次他就冲到前面了。当然，也许会有一部分学生较长时间在后面，我们也要想尽办法不让他们离队，即使变换我们的"队形"——无非更长一些。

阶段性的放低要求，从某些方面讲，就是减轻过重的压力。我的理解是压力应该在一瞬间起正向的作用，如果一个人、一个群体长时间地在压力下生活、学习、成长，应该是负面作用大于正向作用的。因为压力过大、过长，会影响情绪，还会分散精力，让人一直处于紧张的状态，如果再遇到一些事情没成功，自然会产生挫败感，感觉自己无用，对心理健康的影响也是负面的。

世上可能不存在所谓的"快乐学习"，但我们可以使学生"放开成长"——有足够的舒展空间，有充足的生命之氧，可以让学生自由成长。我们的任务是做必要的修剪。

放宽。我们培养学生是为了学生的终身发展、多元发展，所以作为教师要放宽眼界，这里的放宽既有横向的宽又有纵向的远的意思。

从横向看，所谓"因材施教"，前提就是我们承认学生的多样性，学生需要多元发展，不能只是盯着自己的学科那么一缕光，学生还有一片天。不管他在哪儿闪亮都会照耀他自己，照亮家庭，照亮天空。

高考是一条路，但是除了这条路还有很多条路，有时候学生比我们想的还实际，他们更知道自己往哪儿走会有前途，会走得更远，我们却紧盯着一条，好像把学生送到大学是我们唯一的任务。我们是专业人才，要把思维放宽一些，眼界放宽一些，积极帮助各类学生实现自己的梦想，用力均一，不分彼此。让每一位同学都能体会到永远在"队"。

从纵向来说，变化与发展是学生的最大特征，一个学生今天是这样的，也许明天就是那样的，在这样与那样之间，需要时间，也需要帮助。大家可以发现，我们的学生一旦长大了，走出去了，变化往往出乎意料，更多的是让我们惊喜。这是因为人的成长是有明显的阶段特征的，阶段就是时间，有的短有的长，你不得不相信时间的力量。

时间力量的基础是教师对他们的信任与鼓励。对于一个学生来说，今天不够好，今天要鼓励、帮助；明天不够好，明天还要鼓励、引导；今年进步不大，我就寄希望于明年。其实，我们教师就是这样，不要因为一个学生多次不改变，我们就"耿耿于怀"，我们要平稳、平和，温情对待，永久坚持。如果你这样做了，你一定会看到一个又一个万紫千红的春天！

放开。我们教师经常讲的一句话——要走进学生的心，了解学生的内心世界。这是与学生沟通取得其信任的比较好的做法。因此我们可以想一想，学生是不是更想深入地了解教师呢？教师容不容易被学生了解呢？这还真是一个问题，因为教师往往也是"双面"的，真实的那一面更多的时候还是隐藏起来的。

放开自己，敞开胸怀，坦诚面对学生，教师不设防，学生不设防，一切就会变得轻松、自然，互相都能感觉到对方的信任，感受到对方的开心，这就是一个和谐的空间，在这里可以自由生长。这个自由是相对设防而言的，是建立在相互信任基础之上的，这种状态下的生长一定是健康的。

我认为，一位教师与班级同学的融洽程度取决于有多少学生真正地了解教师，了解教师真实的一面。为什么说真实的一面特别重要呢？因为所有人真实的一面是最接近的，也是最相似的，它是人最本真的反映。

三是让每一位做事的同学都自信。

记住，每一个学生都想学好，只是有时候没能学好，就没有了自信，他需要自信，需要建立自信的力量，而这时候唯有教师是最有力量的，要鼓励、帮助学生建立自信。如果相反，此时一句话，甚至一个眼神、一个动作就可能打击到学生，浇灭那一点点希望的火焰，从此永不复燃。

在我的班级就有一位这样的同学，数学考试成绩基本垫底，学习也很消极。经过多次细心观察考试试卷，我发现他的"立体几何"试题做得还可以，就找到他，了解一些情况，并告诉他，他的空间思维能力很棒，并提出以后遇到代数试题，可以帮助他训练逻辑思维能力，共同提高数学学习兴趣，建立学好数学的信心。谈话以后，凡是课堂上有立体几何问题的时候，他就特别自信地回答问题，还到黑板上"演板"，变得越来越大方了。毕业时，我给他的寄语是"一个空间感好的同学一定有一个聪明的大脑，用好它"。这位同学看后非常高兴和感激，感谢"友哥"，连"友哥"都冒出来了。

一棵大树，有"根"有"本"，还要有"干""枝""叶"，还要达到"智""慧""雅"。这些在"教育"篇中有涉及，在此不赘述。

三、怎样做才能让学生成为其自己想要的样子

1. 上升到学校层面

学校所有的教育教学活动受两个因素的影响最大，一个是学校文化，另一个是学校校长。校长的教育智慧就是要在学校文化与个人理念之间寻求平衡与衔接，在继承的基础上寻求发展。

是不是把学生的发展放到第一位，这确实要看校长的格局与智慧。格局不够大、智慧达不到的校长，一是看不远，二是放不开，可能就不敢走大步，怕收不住，怕离谱，永远在低层面行走。

校长给学生提供的成长空间的架构应该是这样的——包括课程设置、活动开展、教学方式、作息时间及评价方式等共同构成的多维度的立体空间。如果说给这个空间一个表述的话，这样来说比较合适——幸福成长屋。屋，有家的含义，有温暖、有情义，使人感到温馨和自由；屋，既是一个完整的空间，还是一个不但有门还有窗的空间，窗的作用很重要，它与门虽然都有一个共性的功能——与外界连通，但是窗好像有更多的诗情画意，给人很多浪漫与遐想……

这是学生学习与生活的大的环境，有了这样的顶层设计，教师才可以去落实、执行。

在后面附有一篇我写的短文《毅行，是玉岩的一扇窗》，充分说明了玉岩文化的开放与真诚。

其实，玉岩中学在很多方面都开了"窗"，这些"窗"给了学生透气的机会、看风景的机会，所以玉岩中学的学子们都是幸福的，特别是上大学以后，会很怀念玉岩中学的学习与生活。

开了这么多的"窗"，源自玉岩中学的办学理念"为社会引领者成长奠基"。引领者不只是有知识、有学历，他们的基因里面一定要有创新思维，有开放意识，还要有担当、有情怀，这些我认为仅靠书本是不能获取的，还要通过更多的活动和方式来完备，都是学生成长的一部分。

2. 落实到学生身上

学生的学习、发展一定是以学生为主体，这一点很多教育工作者已经"知道"了，如何落实却是一个漫长的过程。不过只要开始，总能走远。

我认为，最为紧要的是学生这个群体自己能动起来，这个自主性在整个系统中尤为重要。

如何动起来？

（1）自主性的中学生生涯规划

从2019年级开始，高一新生要参加"新高考"，此时各个学校开始重视学生的选科，进而衍生出"中学生生涯规划"等课题。

我这里说的有两处是反常态的，一是"学校"重视起来了，这是不是有喧宾夺主的感觉，本来应该是学生自己的事情，却是从学校重视开始的；二是"衍生"，按说应该是先有生涯规划的，但从前我们根本没有，只是因为新高考了，要选科了，才来做生涯规划。这基本上可以算是学生自主规划意识的现状。

当然，如果我们借助新高考来重视自身发展，开始发挥成长过程中的主动性，也是一件好事。

人生发展规划，我们要了解其有双重意义。

第一，"规划"基于对个人的一种评估、认识。毫无疑问，人与人是有差异的，不只是爱好、兴趣的不同，还有思维、认知的差异。

我作为一个数学教师，有非常明显的"偏科"现象。估计学生没看出来，但我自己非常清楚，我在逻辑思维方面还算可以，在空间想象方面是低于常人的。平常对于推理方面的题目会得心应手，遇到几何方面的问题，总是小心地提前做好准备，以防突然间出现卡壳现象。所以听说从2021届开始高考数学删除"三视图"的考题，我还真有点拍手称快的感觉。

在家长的帮助下，每一位同学可以更早地发现自己的特长在哪儿、兴趣在哪儿，这应该是一件非常有意义的事情。我们不能认为这是把自己的路变窄了，其实是变宽了。我们要正确认识这里的宽与窄，孩子可以从原来俗称的"独木桥"更早地切换到风景独好的阳关道，在这条道上，他们会走得开心、顺畅，也会走得更远。

最近几年，我担任了2014届、2017届和2020届高三艺术班数学教学任务，这些孩子给我的印象是性格更开朗，生活更开心。因为他们有专业课、文化课，学习还不连续，有时候会间断半年以上，虽然回来还要继续，但他们都能克服。

不得不说的是，这些学习艺体的同学，有一部分并不是真正喜欢，而是因为高考在规避，却也有一部分同学是特长，有兴趣，他们的学习进步很快，成就感更大。从前两届毕业的学生目前的发展来看，不能说是多么令人羡慕，但都有自己喜欢的事业，所以个个开心、快乐。更加可喜的是有一些同学对自己从事的工作很陶醉、很自豪。其实这就是成功，这就是成就。

第二，"规划"也具有引领作用，甚至是改变性的引领。因为做规划除了分析自己以外，还有一项重要的内容，就是确立方向与目标。无论是方向还是目标，对于个人的发展都具有引领的作用。

目标的作用之一，是牵引。目标一旦确定，在个体与目标之间就形成了一种连接，两者被紧紧地绑在一起，形成了一个整体。这时候可以说是"身不由己"，不能想怎样来就怎样来，我们得看目标的位置和目标的方向，不能背道而驰，要与之同向。每一天都要有一个评估，向目标靠近了多少，离目标还有多远。就在这一看一评之间，改变了自己，改变了原来的状态，找到了一个新的自己。

目标的作用之二，是激励。确立了目标，就相当于有一个美好的结果在等待着我们去实现，让我们愿意为之努力奋斗。这样一来，无论在前进的过程中遇到什么样的困难和挫折，目标永远都是向前的动力，为我们加油助力。

（2）学习互助小组建设

大家公认的一点是"学习共同体"在学习中会起到重要作用。对于学生学习而言，就是"学习小组"或"学习互助小组"。其实，无论哪一种小组，目前的学校教育形态下，都是形同虚设。可以看一下自己身边的学校或者孩子学习的学校，了解一下就会发现，学习小组仅仅是一种"行政划分"，最多就是收发作业、活动通知。也就是说，没有深入"学术层面"。真正的学习小组应该是落实到"学习共同体"的层面和意义，要发挥学生之间的作用动力。

学习小组之间的学习活动最大的特点是他们所有的对话、讨论是建立在一种"平视"的状态下进行的，这样一来，更容易接近对方的思维，更容易出现生成性资源，也更有利于对问题本元的探究。其区别于教师与学生之间的讲授式学习，因为教师会把太多结论性的东西抛给学生。

（3）了解最新前沿发展

在学生有了自主规划、自主学习的前提下，让学生与现代科技、人文等最前沿对接，是动力之外的引力，是驱动学生内力的很好方式。

一方面，学校与企业可以建立一种校企关系。让学生有机会到企业交流，了解科技的最新发展动态，给学生打开一扇窗，在学生心里埋下一粒种子，也许就会成为学生今后选择的方向。

另一方面，中学也可以与大学建立一种交流关系，让学生了解相关专业的设置、学习及学科专业的成果等。学生了解多了，就会有比较、有筛选，最终找到自己的兴趣点和学习方向。这样，对于中学的学习就会有帮助。

心语对话

以下内容是本人通过文稿、讲话等形式与学生进行心语对话的部分内容。有的是只言片语，有的是长篇大论，无论哪一种，都是十几年、几十年以来，一位教师与学生的心灵交流。

四幅标语，两个"北大"

回想2003年的全国高考，至今难忘，总感到有想说的话。那时我还在河南省固始县高级中学工作。我带的班级在那一年的高考中进入本科线83人，其中进入重点线28人（班级共有117人参加高考）。特别值得一提的是，刘勇、胡涛两位同学分别以653和643的高分被北京大学录取。

看到广州市教育工会征集教育成功案例，我想把那年带班的情况写出来，不一定是成功的"案例"，但我认为是一个用心的"作品"。

古人云："师者，传道、授业、解惑也。"而作为一个班主任，我更注重的是鼓励、引导和关爱。

就是这"六字方针"，指导了我这一年的班主任工作。同时在"六字方针"的指导下，一一上墙的四幅标语激励着我们班全体同学，使他们始终处于一种学习的兴奋状态，让他们自信、"自负"，他们就认为自己是大学生，是北大人了。

第一幅标语　心动决定行动

设计目的：增强信心，点燃激情。

（1）激发斗志

开学初我在班里做了一个问卷调查，其中有一个题目是"鸡为什么要过马路"。收集答卷后，我惊喜万分。虽然答案百余种，但都体现了两个字"求变"。

例如，刘勇同学回答：风景那边更好。

胡涛同学：因为路那边有鸡的追求，理想，过去了便成为现实。

××同学：鸡想挑战自己，它不甘心被嘲笑"不能过马路"。

××同学：不想过马路的鸡，不是好鸡。

××同学：食物在那边，为了生存，它能不过吗？

我将答案打印成册，发给了同学们留作纪念，也作共勉。

（2）放飞梦想

有了前面的成功，我更有信心，在班里搞了一次关于"梦"的征文，惊喜更是意外。

看到每位同学上交的"作品"，真可谓"好梦"连连，如"我的梦在未名湖""我的梦在明天""我是我爸的梦"等。更有甚者，一位同学做了一个折字游戏，他说"梦"字从字面上看，就是一个人躺在树林中，在夕阳西下时，浮想联翩，对明日朝阳东升的一种向往。我们有梦，我们有权利做梦。说得多么好啊！我看到了同学们心有所动，时机成熟，就在黑板上方贴出了第一幅标语——心动决定行动。

第二幅标语　态度决定高度

设计目的：端正态度，树立理想。

（1）确立目标

我知道一个人不能永远活在梦中，要回到现实，实实在在做点事。我确定了下一阶段的重点，让同学们确定适合自己的目标。

这一次我是先发了两份材料给同学们。（从《读者》上剪下的两篇文章）

材料一：20世纪有一位父亲，对他的女儿实行了近乎"残酷"的教育——事事要做第一，即使坐公交车也永远要坐在第一排，这个女儿从不适应到接受，再到适应，直到最后她把争第一当成了一种习惯。她就是20世纪政治铁腕人物，中国人尊称其为"铁娘子"的英国首相撒切尔夫人。她的态度决定了她的高度。

材料二：著名足球教练米卢，对中国球员说过一句话："态度决定一切。"

在同学们阅读材料的基础上，请同学们自觉发言，大家非常踊跃。

××同学："我的态度是一丝不苟。"

××同学："我的态度就是永远进取。"

刘勇说：态度就是对某一件事的看法，并为之采取的行动，所以我们有目标、有理想，更要为之付出一切，这就是我的学习、生活态度。

最后每位同学确立了这一年的目标。其中三位同学的目标是"北大"，40位同学的目标是考入"重点大学"，60位同学给自己定下了"大学本科"的目标。

（2）制定措施

根据同学们的目标，分别分组找到他们，分析实力，找到不足，制定主攻策略。

目标定位北大的三位同学，由学校孙云安书记负责找他们谈话。我也给了大家三点意见：①身体是本钱；②状态是难关；③学习两条线。

对目标为名牌大学和重点大学的学生，要求他们：①平衡各学科；②注重综合性题目练习；③坚持不懈，咬定青山不放松，保持在第二方阵。

对目标为本科的同学，要求他们：①力保基础知识115分；②注重规范训练；③时间是绝对保障。

这样在同学们的梦想与现实的交织中，给出了第二幅标语——态度决定高度。

第三幅标语　高度决定风度

设计目的：正视压力，勇于竞争。

经过近三个月的理想教育，同学们从心动、行动，到目标、理想的确定，应该说已是热血沸腾。但我总觉得还少了点什么，少的是一些更实实在在的东西，比如对现实的了解、对前途的分析等。我觉得是时候让同学们回到现实中来是时候了。

我通过认真准备，在班内做了《知识、信息时代的到来》及《竞争充满着当今世界》《你必须做顶尖的人》《白领生活是你的向往》等讲座。

通过上面的讲座，想让同学们了解他们所处的时代既充满阳光，也是潜伏危机的，可以成就英雄，使你笑傲生活，但它又从不同情弱者，能令你一无所有。

你的能力、水平决定着你生活的质量、层次，正所谓高度决定风度。

第四幅标语　心态决定状态

设计目的：调整心态，轻松应考。

到了五、六月，可以说已从备考状态进入临考状态，同学们心情紧张，思绪混乱，情绪烦躁，此时，应该给同学们"定心丸""镇定剂"。推出这幅标语很有必要。

我觉得同学们的知识积累已经够用，可以说已经整装待发了。在此时，一定要做到：

（1）自信——认为自己是最棒的，至少与自己比达到了最佳状态。

（2）轻松——轻装上阵，卸下所有包袱，谋事在人，成事在天。天道酬勤，既然我付出了，肯定有收获。

（3）常乐——不要自寻烦恼，要知足常乐，要永远看到事物阳光的一面。只要我们的心准备好了，一切事情就都成了。

最后告诉同学们，纪录大都在比赛中被打破，那是因为比赛时竞技状态最好。你们的最后成绩肯定会在考试中被刷新，那是因为你们的精神状态、心理状态都达到了最佳。

功夫不负有心人，正所谓天道酬勤。在今年的高考中，又一次证明了一个简单而又永恒的定理："1=1"，即一份播种，一份收获。

2007年4月25日

玉岩是你的起点，你是玉岩的高度
——致2009级高一新生的一封信

亲爱的同学们：

你们好！

祝贺你们以优异的成绩考入玉岩中学，成为玉岩这个大家庭中的一员！

你们刚刚迈出初中的门槛，或许满怀喜悦，或许仍有些许遗憾，但这都已不重要，重要的是你们以一个成功者的姿态来到了玉岩，带着一段光辉历史走进崭新的高中生活，你们是幸运的！你们用你们的优秀赢得了一个绚烂的夏日，这个夏日是只属于你们的！

"轻轻地走正如我轻轻地来，留下一个潇洒的背影，不带走十六岁天空中一片云彩"，这是很多同学对初中生活的一种心理流露，是一种轻松、一种喜悦、一种潇洒。但是，永远沉浸在成功的喜悦之中是不明智的，也是不现实的。

从今天起，你们就是高中生了，意味着你们的身份有了改变。你们在逐渐长大和成熟，对事物的判断少了些感性，多了点理性。现在距离开学还有一个月的时间，说真的，很羡慕你们能有如此充裕的时间自由支配。你们是否已经想好如何安排这段时间呢？也许有，也许没有。不过请相信，从你们成为玉岩学子的那一刻起，玉岩的教师们时刻都在关注着你们、期待着你们。我在这里给你们一些建议，希望同学们充分利用这段时间，做好由初中生到高中生的过渡，迈好高中第一步。

今天我们能坐在同一个报告厅，在同一时间和同一空间进行交流，不是缘分，而是一种选择的结果。因为在此之前双方都是经过了审慎的选择——你们选择了玉岩，玉岩也选择了你们。

我代表玉岩中学，首先感谢同学们的选择。因为玉岩人，或者可以说任何一个做教育的人，都想得天下英才而教之。你们的选择是对玉岩的信任，也是一种鼓舞。我始终认为优秀的学生可以成就学校的高度。其次要祝贺同学们成为玉岩这个大家庭中的一员。为什么要祝贺呢？因为玉岩中学虽然是一所新的学校，但是在全体玉岩人的共同努力下，经过几年的探索和实践，使玉岩中学在短短几年内已经发展为一所有一定区域影响的学校，成为很多同学的向往和选择，所以说值得祝贺。

从今天开始，同学们和玉岩已经是分不开的了，是要携手走过三年风雨历程的，来实现你们在玉岩的理想，实现玉岩对你们的承诺。为此，你们和玉岩，双方都要有一个新的开始。

对于同学们来说，请记住这样一句话：既然选定了玉岩中学度过三年的学习生活，那么你就一定有责任让这所学校成为你学习知识的乐园、精神生活的家园。只有这样才无愧于自己的选择，无愧于自己的三年青春年华。

怎么做？

关注和了解是热爱的基础。从现在开始，我们所有的2009级高一同学都应该对玉岩中学给予最大的关注和深入的了解。关注玉岩的每一件事，了解玉岩的每一个细节——办学理念、教学理念、社会影响、取得的成绩、前进和发展的速度等。只有这样你们才可能和玉岩真正地连在一起。

前两周玉岩一行到新疆去家访的事深深地影响着我或者说我们一个集体。当我们走进一个个家庭，看到我们的学生因为帮家长干活手上磨出了茧；当我们看到纯朴而勤劳的父母对小孩的期盼；当我们看到每一个家庭对教师给予的热情接待；当我们看到家长流着眼泪和教师相拥惜别……此时再看每一个学生已经不单单是一名学生，而是一个个有着家庭背景、有着个人追求、有血有肉的鲜活的孩子，难道我们还不倾注最大的心血去关心他们，我们还会因为他们的汉语不流利而不依不饶？

对于玉岩来讲，已经在实践一个理念——我们今天选择了你，绝不会从明天才开始爱你。今天的自主辅导到明后几天的校长一对一恳谈都是最好的体现。

玉岩是你的起点，你是玉岩的高度。

无疑，今天在座的同学都是优秀的、是成功的，无论对过去是满意还是有些许遗憾，但有一点是不容置疑的——你们都站在了同一条起跑线上，你们拥有同一个起点——玉岩。

那么如何让大家从同一起点出发，达到一个自己理想的终点呢？现在大家能做什么？我再给大家一些建议，希望同学们能充分利用好这段时间，做好初中到高中的过渡，迈好进入高中的第一步。

1. 认识上的准备

重新给自己一个定位，有时认识比知识更重要。

同学们，今天对于你们中的任何一个都可以说是一个新起点。有两句话请同学们记住。

第一句："在新的起点上所有人都处在同一条起跑线上。"

有一天我坐车从玉岩到市区，一路红绿灯，走走停停，在心情烦躁的同时，突然感悟到一个道理，公路上的红绿灯除了建立交通秩序以外，还可以建立另一种新的秩序——使大家不断地处于同一起跑线上！

其实，很多事情都会有"红绿灯效应"。对于学生来说，每一个学期，尤其是升学转型期，都是一次机会，一次对大家来说公平的机会，在这个阶段你们整体状态都是一样的，不存在谁的成绩好、谁的能力强。比如，现在你们的平台都是玉岩中学，享受到的资源也都将毫无区别——一样的教师、一样的实验室，一样关注的目光、一样期待的眼神。所以说没有区别、没有高低，你们处于同一条起跑线上。更为重要的是在这个时间段内，一切都由自己支配。（有时间自己支配是多么可贵！）只要能正确地进行反思、调整并付诸行动，一定会让你有极大的惊喜和丰厚的回报。

第二句："在转弯处最容易超越。"

同学们都看过体育比赛，不知道有没有留意到，在一些短跑、滑冰比赛中，直线速度相差无几，影响成绩的除了起跑（亦即刚刚说的起点）外，还有对转弯处的把握。很多选手都是在转弯处超越了对手，或者说有些选手在转弯处输给了对手。为什么呢？我想，主要是一方面在转弯处需要更高的技术、战术，还要有更稳定的心理状态、更好的精神状态等。而这一点有的人具备，有的人不具备。另一方面，弯道超越只是一个结果，其原因是在直道上积累的爆发——虽然滑在直道上，但想的是弯道的那一刻。

你们有没有弯道？弯道在哪儿？假期的一个月是什么？——是弯道。而今，你们每一个都站在这样的转弯处。这一个弯，有的同学把它看成机会，正跃跃欲试，也有同学把它看成一段空白，毫无作为。同学们可以想一想，这两部分人仅仅一个月以后，将会有多大的差别？更何况三年高中！这才叫真正的"赢在起跑线上"！

同学们，今天是你们新的起点，你们也是玉岩的新起点，玉岩将与你们共同努力，牢牢抓住起点，把握开始，共同达到新的高度！

2. 观念上的准备

你们要做一件初中没做或者没有做好的事情。

第一，学会自主。

在高中，决定成绩好坏的不是做题的多少，而是取决于"自主"学习的程度如何。到了高中阶段，在学习上，希望同学们做到"一个保持，一个改变"。保持的是初中良好的学习习惯和积极进取的态度，改变的是在初中那种"高投入换来高回报"的低效学习方法。这种低效的学习方法是一种急功近利的方法，关注的是短期效益，带进高中来，不但会影响同学们的学习效率，而且会阻碍同学们的健康发展。那么，高中如何自主学习？请同学们记住以下五个关键词：

兴趣

俗话说，兴趣是最好的老师；我却要说，兴趣是持续学习的动力。没有了兴趣，学习将会变成一件痛苦的事情，对学习过程有一种如临大敌的恐惧，那就谈不上什么学习的效果了。如何培养兴趣？方法很简单——不怕、接近、降低心理期望。

激情

同学们可以回忆一下，你充满激情做过的事情有没有失败过？答案是否定的。激情是做一件事情的良好状态，有了这种状态，你的思维会变得敏捷、精力会更加充沛，不想成功都不可能！

激情从何而来？一点不难——保持浓厚的兴趣、愉快的心情和轻松的状态。

理想

理想也可以说是一种目标，你的目标有多高决定你能走多远。没有理想的成长是漫无目的的，没有理想的拼搏是"苍白无力"的！理想是你前进道路上一颗闪亮的明珠！

自主

新课程所提倡的理念就是：所有知识都是通过学生的体验、经历、实践而获得，通过自主学习来完成。同学们，自主学习不完全是自学，还有乐学、会学，突出的是一种自愿、情愿和主动。自主学习是一种学习方法，也是一种学习习惯。一旦养成了良好的自主学习的学习习惯，你将永远走在同伴的前面，也将最先享受到学习的乐趣。因为你会原生态地发现问题、思考问题并试着去解决问题，这种过程会激发思维、激活潜在的能力，使你始终处于一种积极思考的状态。这样，你就永远不会失去学习兴趣，永远有一种积极探索的乐趣！

自信

自信并不是实力的体现，自信是一种心理状态。自信不是对某一个目标的承诺，自信只是对完成一件事情保持的一种健康的心态。自信的反义词可以说是"害怕"。当你对某件事情、某一学科感到害怕时，其实就是产生了一种惧怕心理，在这种心理下你就会潜意识地排斥、远离，这时哪怕你多用多少时间、精力，都将无济于事。

第二，学会独立。

独立不同于自主，它既有思维方式上的独立，又有行为方式上的独立。在初中阶段，同学们更习惯于依靠、随同。同学们可以回忆一下，在以前你有多少独思的时间、多少独处的空间？请同学们给出答案。可以说，大多数时间是在复制和模仿。有一句话说得很好：复制的人永远也不知道自己的方向，模仿的人永远也不知道下一步该干什么。同学们一定要变从众为从己，只有这样，你才会找到学习的出口——宽广而轻松的出口。

3. 知识上的准备

假期自学指导意见：

（1）访问一位高中学长；

（2）观看一部高中学习生活的电影；

（3）写一篇展望自己高中学习生活的博文；

（4）阅读、预习各个学科的第一本教材，泛泛地浏览一下课本，主要是从整体上把握一下高中课程主要学些什么知识，在心理上有个准备。

2009年8月1日

冲刺是一种资格
——2011届高中毕业班百日冲刺动员会

尊敬的各位家长、亲爱的同学们：

下午好！

今天在这里召开的2011届高三毕业班百日冲刺动员大会，是本届高三教育教学活动的一个重要组成部分，也是在座的各位同学高三生活历程中一个非常重要的时刻。我的讲话主题主要围绕"冲刺是一种资格"谈几点自己的理解和看法，以期对同学们有所激励和鼓舞。

高考冲刺是一种资格，不是每个人都有高考冲刺的机会，或者说都能体验到冲刺的刺激、拥有冲刺的记忆！冲刺是有资格条件的。

具备冲刺的条件之一：你已经出发，已经人在旅途。可以说这个条件就有很多人不能满足。

我想问一下同学们，你出发没有？是的，你们早已出发了，而且为了目标已经多次出发。

十八年以前，你们有了第一次的出发，这是一次带着好奇的出发——由于陌生，所以伴着哭声来到这个世界。

十二年以前，你们又一次出发，这是一次伴着渴望的出发——由于单纯，所以伴着欢笑走进学堂。

一年以前，你们再一次出发，这是一次向着梦想的出发——为了圆梦而进入高三备考。

你们一次次地出发，离出发点越来越远，同学们，请不要忘记你们为什么出发！

很多人出发以后只是知道自己人在旅途，不得不前行，常常感觉到疲惫或者盲目，忘记了自己为什么出发，你们为什么一次次地出发？

十八年前的出发是因为对这个完全陌生的世界的向往，对生命的渴望。

十二年前的出发是因为对知识的向往，也是为了使生命更有尊严，为了使生命健康成长，当然也是为了学习技能立足于将来的社会。

一年前的出发是因为对理想的憧憬，为使生命更精彩——为了改变命运，完美人生而毅然出发。

明天还要继续出发，明天的出发是为了实现今天的誓言及对生命的承诺。

是的，你们早已出发，已箭在弦上不得不发。你们已具备了冲刺的条件之一。

具备冲刺条件之二：你们不仅出发了，而且已经出发很久了，也就是说，你们已经付出了很多很多——难道不是吗？当你们选择了高考就等于选择了承受、付出，当然也选择了希望和目标。你们将自己的所有一切精力都倾注在校园里、课本里、试卷里。你们的脚步只能频繁地走在去往教室宿舍和食堂的路上，你们没有这个年龄该有的自由、潇洒……在现代这个信息社会好像是一个隐形人。而你们不会说出来——因为在你们心里有一个信念（也许你们从来或者永远都不会说出来）——什么信念——那就是要让自己的生命更精彩，要和很多人一样站在一个较高的台阶上去迎接生活的挑战。你们都有一个梦想，或者说你们的父母都有一个梦想——走出去，向高处走过去。在这个过程中你们遇到过很多困难，但是你们不会放弃，一直走到了现在——能走到现在都是最棒的，也是最有毅力的。

具备冲刺条件之三：你们不仅出发很久，而且离目标已经很近了。是的，同学们在承受了前进过程的种种磨难后，走到了今天——2月26日——距离高考几近百日——目标就在眼前了，有的同学已经看到了目标，也可以说目标已经触手可及了。此时，难道没有一些激动、一些感慨？加速往前冲是唯一的选择！

具备了条件是否就一定要冲呢？不一定，但是有一个原因让你不得不冲！

不得不冲的原因是什么？别人逼着你往前冲——人很多，大家都在急速地往前赶。虽然高考不再是独木桥，但仍然是千军万马向前冲。

那么该怎样冲刺呢？

冲刺的特征之一——快——在节奏上比自己从前快、比别人快。所以在冲刺阶段同学们要在状态上有所改变。你的脚步比别人快吗？没有——当你们早上6：55到教室的时候，高一、高二的同学已经差不多全到了；你的时间比别人多吗？不是的——省实的同学一样晚上学到10：30。

冲刺的特征之二——专——沿着一条大道往前冲——这是这一阶段最重要的事或者说唯一的事情，杜绝任何诱惑。你做到了吗？是否还留念自己的一点爱好、兴趣？是否还放不下你的聊天、信息浏览？记住我告诉大家的一句话——一百天以后你可以干很多事情，但是这一百天之内，你只能干一件事——冲刺！

冲刺的特征之三——冲刺是不留余力的。冲刺时需要百分之百用力，要用百分之百的力对准目标！对于高考，此时一分力，考时值千金，高考以后千斤力也等于零。同学们自查——是否已经全力以赴，是否对提高成绩已经无计可施？记住，干一件大事就要用尽全力，不留遗憾——因为人生没有几件大事可做。

具备冲刺条件之四——冲刺是一种爆发。也许你昨天还无动于衷，也许你今天还是漫不经心，那么从现在开始，希望你能改变状态，改变自己的生物钟，改变现在的慢节奏，猛然发力。成功是不计前嫌的！爆发所有的潜能，做回原本的自己。

有一句话大家耳熟能详："不要让孩子输在起跑线上。"这句话不一定对——这是商家的一种宣传，但也是父母对自己小孩的一种承诺。有的达到了，也有的达不到。

还有一句话："不要留遗憾在终点线上。"这是千真万确的真理——也是你们对父母的一种回报或者说一种承诺！

今天我在这里向同学们发出一个号召，或者说提出几点最基本的要求：

遵守作息时间——不迟到、不早退；早起床、早休息。

珍惜学习时间——将时间用分钟计算，让每一分钟都有收获——这是你们自己说了算的事。

珍爱自己的身体——按时休息、保障睡眠，使自己精力充沛，不输在身体上。

集中精力备考——"目空一切"，唯有备考。你的所为你做主。

端正高考态度——态度决定高度，高度决定风度。要以积极的态度迎考，以良好的精神状态备考。让自己动起来、唱起来、叫起来。

十年学子苦读，麒麟山下日学夜思倾注心血无数，正是尔等追梦者相信天道酬勤。

五载玉岩发展，南岗河畔分争秒夺洒下汗水万千，当数我辈造梦人定能梦想成真。

祝愿同学们在这一百天里身体无恙、学习向上，在高考中取得自己满意成绩；也祝愿各位家长心想事成，梦想成真！

2011年2月26日

凤凰花开，我把二十八字祝福送给玉岩高三学子

亲爱的同学，愿如所愿，你窗前的凤凰木又是花开最盛的一年，寓意今年又是一个丰收年，又是高考丰收季！

一年春、夏、秋、冬。

本季富、贵、肥、丰。

语文最富，注定此场你会富得流油，一步小康。

数学好贵，贵即重，愿你多收多得，一分千金。

综合很肥，肥水不流外人田，肥最要，收囊中。

外语特丰，丰丰与共，你丰我丰，大家皆丰。

亲爱的同学，你不是去上战场，但是你一直都在战斗，已经拿下了一块块高地，早已富贵肥丰。今天无非就是去"打卡"，把自己所有的奔跑用一个印章来记忆，仅此而已。

岁月煮文

十八年窖藏

满园香醇

开封

约来千万学友一起

让六月与世界鉴品

第一场：语文寄语——文心雕卷开篇顺

古有《文心雕龙》巨著，今作文心雕卷之工。

开卷，始从细，文心，细心也，更以"文人文化之心"精雕细琢，所答卷如初心。

作文，观点求正，正则言立；文笔求顺，顺势不偏，言规正统。情真理顺，一气呵成。

雕卷亦雕梦，愿你思若泉涌，开篇最红！

第二场：数学寄语——九章算理连数形

《九章算术》聚数学文化之精髓，定会给你以灵气与力量。祝愿你在数学答题中，算之全正，术之最简，推理顺畅，顺理成章，一切皆呈数学之章法节律。

数有形时更直观，形加数后得高分！

第三场：综合寄语——文通理顺行天下

文通，则文综通，文综过。理顺，则理综顺，理综成。正所谓考好数理化，大胆走天下。拿下史地政，天下任驰骋。

愿你手上行文可通，笔下推理顺畅，方寸之上展万里翱翔。

第四场：外语寄语——融会中西定乾坤

读书万卷，做题数千，翻来译去，尽在心底。穷其理，究其意，中英那声东音西，早成竹于胸，一切皆会，万处可融，乾坤已定，大功告成。

最后，祝愿：

琢玉当成器，惜日拼夜十个月，通文通理通万卷，凭信四科金榜梦圆。

攀岩在绝顶，乘风破浪八千里，顺风顺水顺千帆，借道六月鸿图志展。

2017年6月6日

如何让我们备考的姿势更加优雅

去年，一位朋友的孩子参加高考，要我与孩子聊一聊高考备考，我想这确实是家长关心的一件大事，便欣然接受。不巧的是，后来孩子去了外地就读，想到一诺千金的事，最后只能用文字进行了一次隔空交流。

朋友多次说很有帮助，很是感谢。我也就"当真"了，再看到今年参加2020年高考的几位本校教师子弟，家长的关切，孩子的刻苦，就有了这个想法，约定了一个时间，与四位同学做了次面对面的深入交流。

从交流过程同学的反应来看，似乎有很多是他们感兴趣的东西，或者说没听说过的东西，交流过后，也都说受到了启发，且很受鼓舞。所以就有了今天的想法，把这种交流大，让更多备考的同学了解备考常识，提升备考质量。

平常我多是与高三团队的教师进行备考交流，这么完整地与同学交流还是第一次，想来还是有点滞后。

因为真正参加最后两天四场考试的是学生们，平常一步留下一个脚印的也是学生们，所以学生才是备考的主体，或者说是提升备考质量的重要"元素"。

姑且把高三阶段的备考形容为一次奔跑，奔跑要讲究姿势姿态，要讲究姿势的正确，讲究姿态的优雅。

那么如何"奔跑"才更优雅呢？

第一篇章：预备——高三是什么？

我把其称为行动基础。

所有备考的同学必须在思想上、认识上，明确以下四个事实：

1. 进入高三就是进入集训阶段

在这一阶段有两个关键词：一是高强度；二是讲方法。

大家都知道体育比赛，如足球、篮球、田径等，参加大赛前都要有一个时间段进行集训。备考也一样，如果把高一、高二阶段称为"学习"阶段的话，高三就是"集训"阶段，它不同于"学习"阶段的从容与自由。

所以说，进入高三，首先，要检查一下自己的状态，是不是比基础年级的时候更紧张了，强度更大了，感觉更充实了。如果没有，应该说你还没有进入高三，或者说没进入高三状态。

其次，集训是重方法、讲技巧的。也就是说，基础年级更注重的是常规、是经历、是感受，集训阶段要注意方法总结和技巧的提升。

2. 进入高三当是进入提升阶段

两个关键词：一是系统性；二是突变性。

如果说以前也在学习，那是在学习知识点、知识模块，进入高三，对于一个学科来说，就是要用学科的思维把那些散落的知识点串起来、连起来，由点到线，再到面，直到形成一个系统。所以说，有很多同学会感到高三的学习与高一、高二不一样。

此外，高三会是一个让人惊喜不断的阶段，有很多东西，通过高三的再学习，会有一些质的飞跃与变化。

3. 进入高三更是进入自我阶段

两个关键词：一是自我意识；二是自我管理。

基础年级的学习就像在一个游乐园里，教师可能会看到每一个孩子，他们在做什么、要什么，都很清楚。高三是急行军，教师带着队伍向前冲，可能不会那么细致，包括知识学习，也包括沟通交流，所以需要有高度的自我意识。

还要会自我管理，因为高三更个性化、特殊化，自己要能管理自己，包括时间、精力、情绪管理等。

4. 进入高三就是进入考学的最后一公里

两个关键词：一是艰难；二是期待。

事事同理，和每次远行是一样的，高三就是学考阶段的最后一公里，比前面的前进要艰难得多，而且只能靠自己，要努力克服困难，去迎接期待已久的胜利。

第二篇章：开跑——高三怎么做？

八字方针：理想、目标、节奏、取舍。

可以称为行动指南。

理想。理想是为了提供能量。理想是太阳，万物生长靠太阳。当你想停下来的时候，当你失去信心的时候，理想会给你能量。理想，不一定是高三才有，也许在小学、中学都有属于自己的理想。高三，要把它明确下来，因为高三是一个关键节点，或者常说的分岔口。这时候要明确下来，它是一个人靠自己的力量去突围的制高点。

目标。目标是为了确定方向。目标不是目的，目的是要达到，目标是一个方向，让你时刻看一看，偏离了没有？还有多远？也许你最终没能达到，但是你离目标绝对不会太远。

另外，目标的另一个作用是，通过大目标，来分解设计小的目标，也即过程目标，每向前走一段，就与大目标比对一下，算一算距离，求一求斜率，看看是否满意、是否可控。

所谓目标，就是在远处树立或设立一个标杆，要高大，不然会看不见，用以检验自己的前进方向。

节奏。节奏用来确定姿态。如果把高考比作战场的话，那我们也是有备而战的，足足有十个月三百天的准备，用来策划和运作。所以说不是如临大敌，不应该慌乱和恐惧。奔跑中，不能横冲直撞，更不能狼狈不堪。相反，这是给我们一个机会来展示自己、证明自己。我们完全可以用更优雅的姿态来迎接这一切，以更自信的状态看待这一切，通过一年的高考备考，除了收获成绩以外，还能让自己变得更加坚强、勇敢和有梦想。

奔跑中，需要我们根据自身特点，设计一年的框架，预设各种进程。有备有序，"按部就班"。

取舍。取舍是用来设定速度。如何才能在正确的方向上，有速度、有姿势的情况下，变得更轻松、更优雅？

学会取舍，包括心理方面的、学习方面的、爱好方面的、尤其是作业、练习方面。

第三篇章：前进——高三做什么？

做好三个分析。

可以称为行动方略。

1. 对高考的分析

高考难不难？

不需要从理性的数据上分析太多，只是从感性上告诉大家，高考是所有考试中最简单的考试之一，比小升初容易，比初升高容易，估计还比你们以后研究生考试容易。只是大家赋予高考太多的功能和意义，也就使你们承载了太多的压力。

高考考什么？

高考考查的所有都是你学过的、做过的。无非要在一个很庄重的时刻、一个固定的时间，有仪式感地重做一遍。

高考怎么考？

把学过的、练过的题目以更加科学、简明、朴素，更人性化的形式编制，在你进行了最充分的准备以后让你来做。

2. 对自己的分析

（1）知道做什么

知识储备阶段。四个字"一网打尽"。网就是知识结构的网，对于一个学科，通过第一阶段的学习，要在大脑中有一个知识网的树状图。这很重要，它能让你记住知识并形成联系，比如数学学科，你可以闭上眼睛，在十分钟内把知识的树状图"闪现"一遍。

这一阶段是把书读薄的阶段。

题型练习阶段。四个字"一本千金"。本，就是课本，以课本为蓝本，把重要的结论、题根都记在课本上，让它成为你最好的资料。本，还是"经典题型本"。一个学科，经典题目就那么几十上百个，平常记下来，考前看一看，很有用。

这一阶段是把书读厚的阶段。

考试训练阶段。四个字"一卷通透"。选择并保存有价值的综合试题十套以内，每套试题在合适的时间，都按要求做第二遍、第三遍（一卷做三遍比做三套卷要有意义得多）。

这一阶段是把书读无的阶段。

（2）明确如何做

紧跟与若离的策略。在高三阶段，聪明的学生形象地说就像跟旅行社旅游一样，一定要有两条线。一条线紧跟教师，把握方向，不能走丢了。另一条线是自己掌握的，用来看风景，看更多的风景。

自主与咨询的策略。高三的学习，一是不能全靠自己；二是不能有困难就问，把握好度。教师这个资源要用，自己的大脑也要使。先独立思考，后寻求帮助。并且所有的问题一定是问一个"片段"，是在一定基础上去问问题，不要问一个"整问题"。

（3）做到怎么样

概念：纲举目张。概念是纲，题为目，在厘清概念的前提下，解答题目。

题目：知根知型。一个学科题目成千上万，但题根往往就那么几百个。做题不在多，重在把题根弄清楚。所谓题型，就是题目命制呈现的形式，做到熟悉"面孔"，清晰做题的流程。

阅读：一目十行。无论是文科还是理科题目，阅读都是非常重要的，平常加以锻炼和经历，熟悉学科术语，抓住关键词，知道有用信息和无用信息，等等，这里面也包括对图形的阅读。

推理：顺理成章。这个推理包括逻辑推理和运算推理等。关键在于平常的动手实践，看训练而习得。更多的属于"术"。

运算：准确无误。在平常的练习中，一方面要有一定的心算和口算能力。另一方面又要细，细到不能跨大步，要连续地完成整个运算。

3. 对备考的分析

如果说备考成果是一个函数的话，那么它一定是一个多元函数，也就是说，它的自变量有多个，我认为至少有这么几个——教师、资料、时间与自己。

如果只考虑到一个变量能让函数达到最大值，那是不科学的，一定要找到一个平衡点，让四个变量取得最优值，进而备考成绩最大，这才是我们所要的。

如何找平衡呢？

一是要跟上教师。何谓跟上？就是要明白教师。可能你会说，我们很明白呀。我觉得未必。

所有教师在讲课讲题时，都有一个"假设"——学生是按照教师的安排进行学习的，错的题目是你听懂弄会了的，预备知识是你储备好了的。然后才开始本节课的讲解。事实上，你这样做了吗？

如果没有，也就是教师的假设错了，哪怕推理再正确，也得不出正确的结果。这个大家都明白。

还有，就是你与资料的关系。你不能被资料绑架了。

资料，有两个层面，一是使用的，二是保存的。

哪些是学习的呢？哪些是保存的呢？

教材+复习资料+经典题型本，这些是要保存的。

至于练习、训练、测试等试卷是作为练习使用的，用过就丢弃也可以。但是你要把精华取出来，放到"经典题型本"里面。

最后当然是你与你的时间的约定。

首先，你得知道，你这一生中，此时此刻时间的含金量是最大的，也就是说，现在的时间是最值钱的！

其次，你要知道，时间是"一去不复返"的，过去就算过去了，其他时间是不可替代的。

所以说，你的时间要用好，充分、高效、轻松地运用。

当我们与教师达成了默契，资料做到了取舍，邀时间一起奔跑，我们定会越来越接近目标，最终与理想相拥。

2019年9月12日

2020届十八岁成人礼的发言

亲爱的同学，尊敬的各位家长、老师：

大家上午好！

今天家长、老师和同学们又一次聚在一起，参加2017级同学成人仪式，为的是共同见证这一庄严的时刻。在此我谨代表玉岩全体师生，向同学们表示诚挚的祝福，衷心的祝贺！

同学们，今天你们是主角，家长、老师是配角。作为家长和老师，我们今天是来"交作业"的。

十八年前，你们给爸妈布置了一份作业——就是今天要在这里，带你穿过成人门，把一个健康快乐、积极向上的你送入成人门。为了完成这份作业，他们真是不敢懈怠，勤奋努力，坚守岗位，不敢有太多的自由选择，甚至连生病都不敢，生怕有闪失、偏差。一路走来，远比刚才两分钟的路程要长得多，更艰辛得多。今天，他们交了一份满分答卷。

让我们用掌声感谢他们！

三年前，你们给老师也布置了一份作业——三年相伴与教诲，让你成为一个有能力进行选择的人，穿过成人门后能适应社会并掌控自己的人生。为此，老师可谓兢兢业业，呵护备至。有的老师把办公室搬进了教室，有的老师把家搬进了学校，等等。为的就是让你们始终保持一种奔跑的姿势和向上的姿态。看到同学们今天能平安、健康、自信地站在这里，老师也算交了一份满意的答卷。

让我们用掌声感谢他们！

记得我们三方第一次聚在一起的时间是2017年的8月——家校恳谈，那时我和同学们说："在你未来的成长道路旁始终有我们的伴随，一边是家长，一边是老师，当你们遇到困难需要帮助的时候，请向我们招手；当你走累了或者迷失了方向的时候，我们会毫不犹豫地冲上前去。我们是你成长的守护者。"

两年多的时间很快过去了，在感慨时间流逝的同时，更要感谢时间给我们的收获，那就是——你、你、你，还有你，已经站在成人的行列，这就是最大的收获！

请为自己鼓掌！感谢自己的付出与成长！

今天，在你们的成人礼上，我还是想让同学们做一道选择题：

给出四个词——快乐、担当、奋斗、挑战。请同学们为成人后的自己，选出三个关键词，并按重要性进行排序。

你可能选择了担当。说明你是一个有责任感的人。你知道在18岁以前自己是未成年人，是在爱护、呵护和保护中成长的。无疑你是安全的、幸福的。

今天，你知道自己告别了17岁，已经成人了，成大人了，这也意味着你将担当得更多，至少担当起独立成长的责任。担当是你的品质，也是能干大事的基石。

你可能选择了奋斗。说明你是一个积极向上的人。你知道18岁正值青春，青春的意义在于奋斗，幸福的生活要靠奋斗。每个人对未来都会有一个预期，且预期往往高于现状，要达到这个预期，唯一可靠的途径就是奋斗。奋斗是你的状态，这是一切成功的道路。

你可能选择了挑战。说明你是一个坚强勇敢的人。你不偏信权威，也不依赖经验。你敢于挑战，面对困难，不要退缩。挑战是一种态度，挑战是前进的动力。

你可能选择了快乐。老师要告诉你，快乐往往不是我们选择的，它总是与担当、奋斗、挑战相随相伴！

同学们，无论你的选择是什么，选定了，就要兑现承诺，敢想敢为。十八成木，木为栋梁，能负重。为家为国，向上！

在此预祝同学们成人后的第一件大事——2020年高考，能够取得优异成绩，为自己送上一份成人大礼。

我们的备考口号是：2020，金榜题名！

2019年12月27日

高考在那儿，老师在这儿，你在哪儿
——给2020届高三（13）班同学的一封信

亲爱的同学们：

大家好！

一会儿，你们的"远程诚信"月考最后一科就要结束了。昨天看到你们在"考试承诺书"中所表现出的态度与信心，我很是感动，尤其是晚上看到同学们的数学考试成绩，更是颇有感触，就想给你们写一封信，可是没有一个思路，所以拖到了今天。

今年，确实是出了些状况，这将会给大家留下很深的记忆。

不过，老师是这样认为的，这个状况只能说是在大家的赶考途中出现了，但它并不会影响赶考的步伐。

今天，我想写这封信，是因为突然想到了一个主题——三角形是最为稳定的图形，所以才有了这个标题。

什么意思？

姑且把你、我、高考看作备考的三个最重要的元素，也可称为三个点。

那么，问题来了：这三个点现在处在什么位置？这个位置是对的，还是不对的？

首先，"高考"就在那儿。它是不动的，无论"你"动还是不动，"高考"就在那儿，往年是，今年还是。

其次，老师在这儿。这儿，是面向"高考"的位置，这个位置一直都很有能量，而且此时更有能量。这里有丰富的备考资源、详尽的备考策略，以及比较成熟的备考技术——刚学会使用钉钉直播，学会智学网布置任务，还有微信一对一答疑……

自信具备了备考最大的能量。

最后，你在哪儿？你的位置决定了今年备考框架的稳固程度。

先说一下你所希望的位置，你一定是希望，也可以说，你一直在等，等与老师会合。

我要说，位置上的会合也许是一种常态，好多年都是这样的，我们不能说它不好，事实上，也从来没有人去改变、考证过。

现在，从位置上来说，你不能与老师会合，至少目前不能。

那么，你应该在什么位置最好呢？

先说，不能在哪里。你不能原地踏步，否则的话，你会与高考越来越远，你也会与老师越来越远。

那么，你应该在哪儿呢？

看好了，你的位置是这样子的（估计还有几位同学要拿起笔画一画）——"你"与"老师"这两个点，连成线段，满足线段的中垂线要穿过"高考"那个点。

目前，我认为这样的结构是最稳固的。

其一，它是平衡稳定的。其二，线段的中心与目标最近。其三，框架的重心稳定。

在这个结构中，"线段"是一个相对的整体，这很重要，不能离散，也不能偏转，必须保持"合力"在中点，且与目标最近。

此时，"线段"保持好方向，向着"高考"的目标靠近，在靠近的过程中一直保持三角形状态，这具有极高的稳定性。

因此，我想到，从前的结构把这个"线段"重叠成一个"点"了，是不是就失去了这个稳定性？前进的过程中会不会经常出现摇摆的情况？

我说的摇摆可不是吓唬人，时常会有这种情况发生——比如，你和老师捆绑在一起，按照一个节奏、一个思路、一个方案去备考，一旦发生问题，绝不是小问题，是很大的问题。

但是，现在就不一样了，你和老师从位置上说，各有各的点，因此，从某种意义上说，就避免了被绑架。其间，可以调整平衡，你可以调整，老师也可以调整，只要保证最终的平衡就可以了，变数多一些，可能性也就大一些。这是最大的保险。

各位同学，目前虽然我们处于一个"镜面"位置，但我们的心是在一起的，因此必须"心有灵犀"，这才是我写这封信的关键。

1. 莫要，"白过"黄金时

"等开学，等回到学校，等老师讲，等级长管；等老师布置作业，等年级组织考试，甚至还有等高考延迟。"这好像是近一段时间你们的状态，要尽快改。

首先，你等，老师没等，老师定好了节奏，按照确定的节拍往前赶。而且这些节奏和韵律也告诉过你们，你们要跟上节奏才有意义，这叫信息对称。如果你们还在等，我们这个"线段"就会变形，其重心就会偏移。

所以，你们要与老师在节奏上做到"统一协调"，达到信息对称、心心相印。

其次，你等，高考不延。这样，你就会离目标越来越远，最后醒悟过来，哪怕快马加鞭，也会恨路途遥远。

最后，你等，有人不等。虽然在水面上会看到各种气泡，可是有一些是一直潜在水底的，冒泡只是透气而已。

我告诉你，其实有很多优秀的学生早已开足马力，要大干一场。我说的优秀不是指学习成绩优秀，而是指他们有理想、有计划、有行动，他们正在抓住机会，把握自己。

莫等，是聪明。

2. 而今，"自主"值千金

一定要记住我说的，现在，学生中有两种人：

一种，一切不知。是的，特殊时期何时结束，不知；什么时候回学校，不知；高考会不会延迟，不知；关键是如何学习，不知。

另一种，尽在掌中。他们始终是两条线前进，一条是跟着老师走，另一条是顺着自己走，目前来说，一点也没有影响自己这条线。所以这部分同学从开始就静下心来，"走自己的路，让别人去等着"。他们走得很充分，也很充实。

所以我说，今年，高考就只考两个字："自主。"

同学们，我反复跟你们啰唆过，今年高考除了考知识、考能力之外，还会考"自主"。

毫无疑问，目前来说，你们与老师虽然在一条"线段"上，但毕竟不在一起，你们和家长虽然在一起，但毕竟有"距离"。你状态如何，只有你自己清楚。

其实，把"自由"用好了的同学，真不是坏事。

此时，真的可以"放开手脚"大干一场，老师没有了"绑架"你的条件，怎么样学习有效，你就怎么学。你可以坐着、躺着、喊着、唱着，都可以。

自主，是智慧。

3. 三驾马车向前进

哪三驾马车？

安全、健康、知识，是我们今年赶考的三驾马车。

安全第一，也是根本。虽然我们离胜利很近了，但老师提醒大家不要松懈，一切按照最高规格保护自己，因为你们还有一个身份，你们是"考生"，是人群中的"大熊猫"，是千万大军中的一员，要确保不出半点闪失。记住，"最高规格"保护。

健康为重，心态为要。同学们，今年遇到了点状况，但确实没到糟糕的程度，这一点很重要，我们不能在心里过不去，更不能夸大对高考的影响。

其实，高考看的是位次，不是分数。大家都处在同一种状态，大局上不会有影响。如果你想到了具体的情况，比如家庭环境、学习效率等，这也不会有多大影响，很多事情都有一个"总体平衡"，说不定失去了一点，就会得到一片。

知识很贵，时间可买。同学们，请写下这句话，还有十五分钟就要结束最后一科英语考试了，你们也许会轻松一下，也许会沉重一些，这些都源于你们对知识的掌握。

对知识的掌握程度，真的没有什么诀窍，几十年来我都没有教过我的学生什么诀窍，只有时间，时间煮酒，时间泡书。

往后，你还是把自己泡在书本里，可以泡很长很长时间，偶尔出来透气，透气就是思考，就是反思，更多的还是继续沉下去。你会闻到"书香"，你会看到"黄金"。

三个，不能缺一。

同学们，我之所以想到了给你们写信，是因为——值得。你们会看，你们会听，因为你们比其他同学更加勤奋与期待。也因为我感觉到我与你们感情一直很深，很是珍惜相见一年，相惜一缘。

最后，祝愿大家一切顺意！心想事成！

周志友

2020年3月1日

六月的心

送 行
——2009届毕业生考前赠言

一路同行

两行脚印

三年玉岩回首

四行

五行同延伸

六月当是新拐点

七

八

九日要独行

莫道为师"心太狠"

因你翅膀已坚挺

十年寒窗磨一剑

盼创佳绩报师恩

百年修得同船渡

千年修来玉岩情

为师在此不远送

万里征程从此行

2009年6月5日

最后的数学
——高考临别赠2009届同学

一、二、三

四、五、六

七、八、九

十、十一、十二

十二年读完一本书

书上写:

"书中自有黄金屋"

一、二、三

四、五、六

七、八、九

十、十一、十二

十三、十四、十五

十六、十七、十八

十八年读懂一本书

书中说:

"读书有甜也有苦"

一、二、三

四、五、六

七、八、九

……
还要用一生时间去读一本书
书本道：
"读书方行万里路"

2009年6月18日

教育是一种远离
——送2009届高三同学

云对雨说
你不要离开我
没有你
我将无所依倚

根对叶说
你不要离开我
离开了
也要为着这片土地

山对水说
你不要离开我
否则
我孤独的巍峨就没有了秀丽

老师对你说
快点离开我
因为
你展翅飞翔的姿势特别优美

2009年6月18日

别

——赠2009届高三同学

有一种别离
是被空间分断
分别的两人在两端
遥遥地看

有一种别离
是被时间隔断
一方只能在过往里
傻傻地盼

还有一种别离
叫"必然"
远离
是为了追求前方的灿烂

2009年6月21日

六　月

（有感于玉岩首届——2009届毕业生离校，三年有太多的艰辛，写下几句心里话赠同学，以表师生之真情、玉岩之恋情）

六月是个特殊的季节
六月流行"分别"

六月的分别伤不到别人
老师走不出六月的伤心

六月是个特殊的季节
六月流行"红T恤"
六月的"红T恤"别人不穿
老师脱不下祝福的心愿

六月是个特殊的季节
六月不再流行"谆谆教诲"
六月的"教诲"化成了丝丝细雨
让炎热悄悄离去

2009年6月21日

今天还你一个微笑
——与2011届高三（12）班同学分别共勉

一年了
整整458天
老师没有偷懒也不敢生病
只是挡不住白发斑斑

第一周
记下了41个名字
老师不想忘记任何一个
直到今天

明天后天
你们又要做四个"练习"

其实也没什么不同
只是老师再也无权在试卷上画"勾勾圈圈"

老师不大气
为了某种"目的"
整天装出很严肃的样子
想在今天还你一个真诚的笑脸

出发吧
迎接你们的将是灿烂明天
老师会永远撑你
勇敢少年勇往直前

2011年6月5日星期日晚

这一年

这一年是2014年
这一年是毕业年
这一年我们都收获很多
也包括友谊

这一季是夏季
这一季是高考季
这一季老师准备了满满的祝福
只送与你

这一天是6月6日
这一晚是今晚

这-刻我们仍在-起

只为明天给力

（前路很长，高考只是驿站，放松心情，勇往直前。以此短信祝同学们高考
顺利，满载而归！）

2014年6月6日

力　量

今天

起了个大早

站在校园的最高处

我要汲取最新鲜的那滴露珠

还有第一缕阳光

把它

合成一股强大的力量

传递给你

一路

畅通无阻披靡所向

今天

起了个大早

校园特别清静

唯有鸟儿在讲

细听

好像

"你若期望，天也帮忙"

2017年6月5日

会再见
——赠2020届高三（13）班同学临别

高二时
你说给我们读一首诗吧
我说等一等

这首诗
好难好难
一写就是两年

这首诗
好长好长
中间隔着好多数学符号

数学
讲完了
明天如你所愿

两年
结束了
留下瞬间无限

数学是缘
数学还是圆
期盼再见

2020年7月6日

玉岩考试季

六七月玉岩
第五季特征尽显
三片红
告诉你考试季不远

百日宣言
染红整栋"致远"
指引同学
从此勇往直前

凤凰木
红得灿烂
默默为毕业学子
香满后院

送考老师
红得最为壮观
红装一件
胜似绫罗绸缎

三片红
映红整个玉岩
照亮了六月夏天
绽放了千百学子的笑脸
我喜欢

2020年7月6日

学校篇
——培根沃土

学校，是教育实施的一个综合体，也可以说，学校包含了教师、学生、教学和教育，更为重要的是，学校是学生成长的重要场所。因此，建一所什么样的学校，给学校一个什么样的氛围，就显得至关重要。从某个角度说，学校是学生成长的根，或者说学校的文化是学生成长的根。如何培植，如何呵护这个根，使其成为一片沃土，应该是每一个教育工作者，尤其是校长必须思考的问题。

学校的结构

学校的结构是什么？

学校是一个"体"，这个体有架构，有生机，有生长。稳固的学校结构一定会一朝立校，百年树人，生机盎然，熠熠生辉。

一、学校的构件

学生在左，教师在右，建、构、经、纬、柱擎天

其中首要的关键词有四个——学生、教师、左、右。

"学生在左，教师在右。"学生、教师是学校存在的两个基础，也是构成学校整体的两个最重要的构件。而左、右是用来区分或定位轻重的。

1. 学生在左

学生在左是什么意思？

学生是学校的主体，让学生健康成长是学校的主要任务，不能忘记了学生。

这不是很自然的事情吗？为什么要特别强调呢？好像有点儿多余。我们可以先自问——现实中有没有忘记的呢？有没有不把学生放到学校工作第一位的呢？

回答是肯定的。现实中有不少学校把学校生存放在了第一位，或者说把学校的发展放在了第一位，而并没有把学生放在第一位。

那么，学校发展与学生发展有什么不同呢？

对此，一般人是很模糊的，可能很多人会把其当成一回事，认为学校发展不就是为学生发展吗？

其实不是这样的。

我们可以这样来看一所学校——学校既是动态的，又是静态的，任何动态的瞬间都是静态的。比如，当学校招录一批新生后，学校的首要任务就是为这些学生提供学习与成长服务。所有的起点都要以他们为起点，为他们发展提供合适、切实的服务。换句话说，他们的起点就是学校工作的起点，只能是这样。也就是说，我们不能避开这批学生而一味地追求学校的发展，所谓避开，其实就是牺牲，牺牲了当前学生的利益。

正确的做法应该是，要以当下的学生为基础，落实并优化对这些学生的培养方式，在教学上有所为，在成长上有所期。当这些学生学习能力提升了，学科成绩提高了，心理健康，快乐成长，这就是学生发展了，学校自然也就发展了。这样的发展才是符合教育伦理的。

反之，如果学校脱离了学生发展，而去外在地追求所谓的学校发展，通过粉饰、宣传等手段，把学校先"抬起来了"，进而达到一定的目的——可以招进来更好的学生。其实，此时的学校已经不是原来的那所学校了，是一所"新"的学校，适合"新"学生的学校。对这些新学生来说并没有什么，因为他们本来就应该进入这个层次的学校。能不能把这批学生培养好，又是一个新的问题。所以，学校的发展并不能带来学生的发展。

为什么在左？

字意上，左的方位为东，东有初升之意。当然左还有变革、进步、激进之意，以此说明学生的年轻与活力。

这样的学生是积极的，思想是先进的，思维是活跃的。世界永远是给年轻人留着的，从某种意义上说"年轻人总是对的"有一定的道理。所以，对于学校或教师而言，我们要有充分的思想准备，而且是带着敬意的关注，有点敬畏地去理解。我们关注的是学生的成长，理解的是这个世界。

我们不能再认为学生与教师的位置关系还像以前那样——教师在前，学生在后。

2. 教师在右

当然，除了学生以外，教师也是最为重要的。一所学校，没有教材可以编写，没有教室可以在外面上课，没有教师却是不行的。教师的重要性要被提到应有的高度。

重视教师的发展，已经成为广大优秀校长们的共识，有一项调研资料数据显示，百分之九十以上的校长认为，学校发展的第一重要因素是教师发展。有了优秀的教师，就可以推动学校工作良性开展；有了优秀的教师，才不负来学习的学生。只有这样，才能完成校长的教育理想，完成学校的育人使命。

教师在右何意？一方面，右为上，其位为尊。所以，不只是把教师提到一定的高度，还要看得很重，这种重是心里面的重，是让教师一直都能感觉到的那种重。为师，尤其是为师多年，一生清贫，两袖清风，默默无闻地做事，平平淡淡地做人，这些都是值得尊敬的，并不是做了贡献才为尊。

教师是师生平等中的首席。也可以说，学生为本，教师是根，根要吸收营养，保持活力。

另一方面，相对于左，右也有保守、不求变之意。所以说教师的专业发展与成长是学校工作的一项重要任务。

把这两个放在主体位置，才有后面一切的开始。

下面是对构成学校这个"体"的另外几个要件的描述：

3. 建

建，是大格局，是大脑，是思想，是情怀。

建，谁来完成呢？非校长莫属。建，要求校长站到更高处，想到最远方，为学校构思一个适合且远大的建校、传承与发展方案。要站得多高呢？要站在教育思想、教育理论、教育情怀、教育理想等最高处。要高于教师，高于时代。还有，要制定远到十年、百年的学校发展规划。不只是想到学校发展的科学性，还要考虑到学校发展的人文性和社会性等。毫不夸张地说，这时候，校长的起点就是学校的起点，校长的高度就是学校的高度。

当然，建还包含着从无到有的意思，是创建，是建立，更要求校长能打破旧思维，开拓新思路，勇于创新，敢于担当。要给教师、学生这样的感觉——未来未到，未来可期。

4. 构

构，在细微处，是脉络，是联结，是组合。

建设一所学校和建成一座建筑是一样的，要有很多的"件"，如何把件与件黏合起来，天衣无缝，契合恰当，这非常关键。对于学校来说，就是要达到运行顺畅，执行高效，整体平稳，稳固长久。

如果问学校有哪些"件"，应该有很多，但有两个大类最为关键——学科与年级，具体说就是学科组和年级组。

虽然只是两个"件"，但是这两个"件"之间有很多个"接口"——每个年级都有多个学科，每个学科也都关乎各个年级。它们的关系可以这样来表述——学科组提供属于自己的、有一定标准的课堂教学服务于年级，而年级要做的事，就是如何让这些课堂服务质量更优，效果最大。

如何把这些"件"给黏合起来呢？

这些事情，就归到学校的各个中层处室层面了。中层，应该说既不是纯"管理"，也不是纯"学术"，它是什么呢？其实早有定义——应该是"行政"。所谓行政，其职能就是在众多活动过程中进行的各种组织、控制、协调、监督、评价等。

一般学校都会有比较清晰的分类，主要包括：

课程与教学——课程如何引领学生？怎样的教学才是合适的教学？作业是不是教学的重要组成部分？学校的测试题是高质量、高标准的吗？

学生与成长——理想与毅力能撑得起三年的学习吗？立德树人真的只是一句话吗？在管与教之间如何平衡互补？品牌活动是德育吗？

教师与发展——教师有平台展示吗？有课题引领吗？有任务驱动吗？如何营造学术氛围？学术与管理哪个更重要？

教育与服务——我们是服务于学生吗？服务之中有教育吗？等等。

如果说校长是智能系统的话，那么行政就是整个学校运行的动力系统。

5. 经

经，乃体之纵，物之支撑。在学校里，具体说就是学科，也可以说是学术，是一所学校生存、发展下去的根本，是学校的资产与财富。一所学校如何才能称得上优秀呢？我认为，不只是看一两次的考试成绩，或者是一两届的升学成绩，而是要看——学校是不是有两三个或更多在区域内有影响的学科。学科可以支撑学校"立起来"，优秀的学科则能支撑学校向上发展。

目前普遍的现象是，学校都在追求最大、做强，这样的学校大都以年级管理为主，即所谓的"扁平化"管理模式，这无形之中就淡化了学科组建设，削弱了学科的学术引领。这样一来，对学校的持续性发展影响很大，也可以说是制约了学校的发展。

有思想、有远见的校长，无不重视学校学科建设，重视学科引领者的培养。把学科组长纳入管理队伍中来，这一点很重要。学科组长不仅是学术引领者，还是学科组的领导者、学校课程的领导者，能组织学科团队开展教育研究活动，把学科建设引向深入。

6. 纬

纬，是体之横，物之联接。在学校里，具体说就是管理。年级可称得上是学校管理的基层单元，也是最具管理特征的单元。年级要管理教师、管理学生、管理班主任、管理备课组长，还要管理成绩、管理时间、管理情绪、管理目标等，可以说管理方方面面。

学校的学术性得到发展，学术氛围形成以后，如何让学术为教学服务、为学校服务，这就需要管理走上前台，建立良好的秩序，让学术的力量均匀地分布到每一个环节，达到良好运转。

7. 柱

柱，体之承重，使之稳固、久远。应包含学校的全部文化，是学校精神之存在。

打个比方，把学校看成一座建筑，一切硬件设施都具备了，还只是一座建筑，要想使其有生机、有活力，必须有一种能量来填充，这种能量渗透、充斥到每一处空间、每一条缝隙——学校文化、学校精神才能起到这个作用，看似无形，实则有力。

二、学校各个构件的基本表述

1. 校长所要

有梦有想，情怀高尚，真、善、智、慧、勇担当

有梦有想：

这里的"梦"是指校长的教育之梦，教化一方之梦，培育英才之梦，好像有点虚幻，但确实美好，要的就是这种状态。一个自己都没有梦的校长不可能有超凡脱俗的作为。这里说的"想"，是指理想。理想是基于理性的梦想，是个人的岗位职责担当，这是比梦想更重要的，是校长之所以优秀的动力。这时候的理想一定是关乎"探索学生成长成功经验的理想"，关于"学校发展前景展望与规划的理想"。理想是动力，只有理想才能让校长在教育之路上走得远。

"梦"与"想"是一位校长从平庸到卓越的两个通道。

情怀高尚：

一位做真教育的校长，对教育拥有高尚的情怀是成功的首要条件。如果不是基于对教育的热爱，如果没有对教育的敬重，如果缺乏对教育崇高与平凡的认识，如果只是把校长看成一个职务或岗位，最终是不能给学校、给孩子带来期待的。

只有对教育充满高尚情怀，才能让校长站在最高处，也一定能久久地站在最高处。事实上，那些优秀的校长之所以让人仰止、敬重，的确在教育情怀上胜人一筹。

最重要的是教育的情怀会增加校长的幸福感与"获得感"，会使人感觉到每一天的踏实与收获，因而会为自己积蓄更多的能量。

紧跟着的下面这五个字，是细节，也是特质。其并无先后顺序，如此表述只是为了语感习惯。后面其他表述也是如此。

真：

校长不真，教师就不真，教育就不真，就培养不出求真的学生，这样的教育是反向的。校长要求真，就是要求真理、求真学、求真实。

校长真，而求真，一切水到渠成，轻松流畅。校长假，而求真，必将事倍功半，大事难成。

善：

善是每一个人的底色，这个底色是要不断"描涂"与"加深"的，这也正是教育的意义与作用之一。作为校长、教师，整个教育生涯会遇到千样情形万种可能，但都不能改变自己的底色，用这个底色去化解事态万千。

智：

这里更多的是指校长要有渊博的知识、宽阔的视野、创新的思维和牢固的教育理论基础。仅有理想、情怀、理念是不足以办好一所学校的，具体到实践，校长需要有大智，能带领团队、引领学校发展，能处埋具体事务与日常，给学校正常运作提供一个生态的环境、和谐的氛围。

慧：

智者一千，慧者难一。真实的情况就是这样，有智又有慧的校长少之又少。相对于智商来说，慧更侧重于情商；相对于科学性来讲，慧更偏重于人文性。

智要有慧相随，在智与慧中求得一个平衡，有刚有柔，讲理讲情，方能事半功倍。

勇：

勇，可以理解为校长的开拓创新思维与精神。相对于前面几点来说，这一点可能更具有个性特征，有的人可能具备，有的则不一定。这个特征是校长能否带领学校跨越式发展的一个条件，也是一所学校能形成具有个性特征品牌的一个条件。所以说，"勇"是当今校长的稀缺品质，社会、政府、教师需要给校长一个宽松、自由的办学环境。

2. 行政必须

上通下达，左右顺畅，思、想、行、定、能独当

作为学校中层，有上有下有自己，可谓三个三分之一。

上通下达：

上通，是指对于上层的决策、想法及意图，一定做到"通"。这里的通有两个方面的意思，一是理解透彻，不走偏；二是要想通，一旦形成决策便坚决执行，不停顿。下达，不是传达，是"到达""抵达""达标"之意，具体说就是要落实或监督落实，不能让事情悬空。当然，更为重要的是自己岗位的那个"一"——摆正位置，连接上下。

左右顺畅：

一方面，要与前文联系起来，左为学生，右有教师，学校的工作都要围绕这个"左"与"右"开展，赢得双方的肯定与赞誉；另一方面，也是指行政做事、为人要有非常好的沟通能力，这样才能做成事、做大事。

思：

主要指思考、反思两个方面。思考是发挥主动性的最好方式，是把自己"放上去"的体现，所谓放上去就是放到岗位上的意思，因为现实中确有在位不在岗的现象存在，没有凸显感，没有存在感。反思，当然就更好理解了，只有会反思的人才会进步，才会把事情做得更完美。

想：

就是指有想法，有创意的想法，有创新的想法，这是推动学校发展的必需条件。与之相反的就是按部就班，一成不变。事实上，人都是对"变"与"新"有期待的，再好的东西，如果没有新思维、新概念、新内容融入进去，久而久之，就会产生疲劳感，会影响运行成效。

行：

就是说，不只是脑动，更要有行动。一是执行力，二是自动力。行政，从某种意义上讲，就是"腿"上功夫，要到一线、到现场。所以，中层是学校这个框架中承载最重、最多的一个层面，撑过去就可以上，撑不过去只能下，而留是不现实的。

定：

就是要有定力，也指能守，有守力。定力，就是有定海神针一样的功效——没有你就不行。守力，相对于定力来说，更难一些，这是以时间为前提的，需要投入足够的时间与精力。

能：

这里当然指综合能力，也指总体能量。行政，就是要在能力和能量上都强于他人，能独立承重，自行"了"事，自己画句号。

3.学科组长必达

顶天立地，深耕一方，研、修、专、静、久成匠

顶天立地：

一是作为学科引领者，对于学校来说至关重要。一方面，研究学科学术是在做最基础的事情；另一方面，又可直接给校长提供学科教学建议，可谓既顶天又立地。二是学科组长专于学术，有学术权威，更无求于他事，当算顶天立地之人，可敬可佩。

深耕一方：

学科组长这个"职位"是值得做一辈子的岗位，或者说做一辈子学科组长也不显"掉价"。如果一位教师能在学科组长上退休，一定是非常了不起的人物，也是值得骄傲的事情。这是由这个岗位的学术性决定的。如果在一所学校，能看到几位50多岁的学科组长，一定是一件幸事，是教育之幸、学校之幸、学术之幸。为什么这么说呢？之所以有这样的结果出现，一是学校愿意，二是个人愿意。双方都愿意，对于学校而言，需要具备很好的氛围与格局；就个人来说，也需要有很好的学术修养与情怀。一所学校能这样，一定是非常了不起的，所以说是教育之幸、学校之幸、学术之幸。

研：

就个人而言，研是学科组长的第一个关键词，研究课程标准、研究教材、研究课例、研究考试、研究教法等。研是提升学科素养的起点。从另一方面说，研也是让自己爱上这个岗位，不会产生"岗位倦怠"的最好方法。只有不断地"研"，才知道自己永远在路上，知道自己还没有到达那个"天花板"。

修：

主要指修为，修良师之为，修学术之为。修，有浅有深，学术之为要深修，因为学术之位最高，学术之位最重。

专：

指"术有专攻"的专，一是要在专业上有独到的认知与领悟；二是要专一如一，专爱永爱。做一位真正意义上的专业人士。要对本学科有深的功底、深的造诣，要有别人无法替代的深度。在较大区域内，对本学科拥有话语权、权威性。

静：

相对于其他来说，学科学术研究是需要静的，就是要有安静的环境、平静的心态，静下来，慢下来。虽然不能"不闻窗外事"，也要比一般人更聚焦、更向内。

久：

这个久，就是长久，不弃不离，坚守如初，坚持永久，做良师，成匠师。

久，是以前面几个字为基础的，有前才有后，有修方成匠。

4. 学科组必为

平台引导，任务驱动，课、题、模、特、标准高

平台引导：

所谓平台，就是可以容纳所有科组人员的地方，大家都可以在上面，又都必须在上面，愿意在上面，有共同关心的话题，让大家聚焦于此。比如，学科组针对本学科提出并倡导某种教学方式，这就是一个平台。大家课上课下都会在这个平台之上，讨论也好，谈论也罢，都是围绕这个话题展开，这就有了研究的基础。另外，平台也让大家有了共同的话题，能交流、愿意交流，这是对问题开展研究的动力。

如何建平台，建什么样的平台，要结合学校实际、科组发展，既是管理，又是学术。

任务驱动：

没有任务，团队很难一起动起来，各有各事，自有自思。一起动起来的最好方法就是设计任务，下达任务，完成任务。任务的设计可以是学校层面，也可以是上级部门，但最好的任务设计应该出自学科组。学科组自己设计自己的任务，这样大家更容易接受与认同，做起来更顺畅，也最易出成果。比如，统一编制一份学科新教材作业本。这就是一项实实在在的任务，关乎每一位教师的任务。有了任务以后，可以把平常对作业方面的思考细化到任务里面——一日作业数量、作业质量、作业题型、作业难度、作业来源、作业功能等。显然，这项任务既能让大家动起来，又可以引导大家参与教学研究，在学科组中形成良好的学术氛围。

课：

课，这里主要指教学设计及课堂教学。对学科组每一位教师个人而言，课，要各有特色，自有风格。课，是教师一生的作品，要让每一件作品都成为精品。对学科组而言，课，要有一个比较成熟稳定的、趋于某一突出特征的教学方式。这个方式能否形成，是学科组是否有作为的一个体现。

课，是学科组工作的一个出口。

题：

题，是教学素材的最小单元，之所以把它从素材之中单列一位，确实是题太重要了，每一节课都离不开，不只是课堂要使用，作业也要用，测试还要用，所以对学生学习、教师教学来说，题都是仅次于课的重要元素。对题的收集、分类、甄别及选用很是重要，学科组教师都应该充分认识到选题、用题对教学的影响。要形成这样的共识——题库犹如粮库一样重要。

题，还可以有更广义的意义——问题、素材。比如，引入材料、情境材料、问题设计材料、例题材料、数学文化材料等。这些可以进行个性化收集，也要有学科组的汇总、整理。一个学科组如果能有足够的、实时更新的素材库，一定会给教学带来很大的方便，同时也会提升学科的学术实力。

模：

这里特指模式，不仅是教学模式，而是指整个学科学习进程比较稳定又可以重复的做法，这要靠多年的积累与提炼，一旦形成，将是本学科的极大财富。比如，学科学习进度、内容顺序、模块组合、教学方式、评价形式等。

特：

学科要想成为一个优秀的学科、有影响的区域科组，创新与特色是生命力、是发展力。要根据科组教师的个性化优势及集体优势，着力打造学科特色与优势，让学科的发展走到学校发展的最前列。

标：

标，就是标准。建立学科的各类课型标准、作业标准、质量标准等。在标准下开展教学工作，这样就不会出现问题，也容易形成统一。

5. 学科必做

要求依标，内容扣本，备、教、学、练、考本元

要求依标：

要形成正确的价值观念、必备品格和关键能力，进而形成学科核心素养，必须依照标准，离开了标准，就是离开了本元。随之而来的所有的所谓教育教学，都不是真正意义上的教育教学，那是在做机构"培训"——短期效应，没有可持续性，不能为学生的未来发展打下基础。

内容扣本：

内容，就是教学内容，也可以说是学生的学习内容。内容扣本，就是要以课本为根本，课本的内容是教学的基本内容，也是本元内容，不可忽略。我的观点是基础教育，离开课本的教学都是不负责任的。

什么叫离开课本，就是过度依赖资料。资料有什么不好呢？那些完整的资料——购买的教学设计、作业设计等，其实是绑架了教师，也捆住了学生。因为使用资料其实是在做"减法"——资料内容大都很多，面面俱到，要想为自己所用，就必须去掉一些，但是做减法最难。

备：

备课是上课的基础，上课精彩的教师，备课一定精细独到。

在现实中，存在比较普遍的一种现象是"他备课"，即拿着"别人"的设计去上课，比如资料配套的课件、自己原来的教案等。这样的课基本没有教师个人的思想、理念及风格，其结果就是，缺乏系统性和逻辑性，把课上得"支离破碎"。

备课，就应该是"元备课"——根据自己对课程标准及教材的理解，结合学生实际，进行符合个人风格的原始创作。通过这样"元备课"形成的教案，课堂教学组织才会得心应手，教学效果才会精彩纷呈。

教：

在教的方面，存在一个普遍问题——一步到位，甚至是一步到考，略去了中间过程，略去了对知识本元有效、真正的探究。

欠下的债都是要还的——到备考的时候，反复复习就是不到位，尤其是创设了新题境、遇到了综合性问题等，学生就会卡壳、发蒙，原因就是离开了课本，离开了本元。

另一个现象就是随意性比较大，很多课上完，教师自己都不满意，对效果也不满意。之所以随意，也因为没有了课本的约束所致。

如何教？这是教师研究最多的问题，也是要一直研究下去的问题。教，要体现师与生的关系、教与学的关系、度与量的关系。

学：

实际情况是，关于学的研究不多。其实，真正的教学研究，学是非常重要的一方面。要研究学生的学习意识、自主意识，还要研究学习方法、学习品质等。

教师如果在学上研究好了，必将在教上出成果。

练：

这里具体说就是作业。作业是教学的重要组成部分，作业布置是教师教学能力的重要体现。

我们的作业质量如何？一是日作业量大，原因是没精选、有重复；二是功能扩大化，加重学生课下负担。其实作业就是用来巩固当堂新学习的知识、锻炼独自分析和解决问题的能力。没有必要做太多的题目，更没有必要把课堂延伸到作业，用来补充课堂未完成的内容。

一所学校的学科组都要有自己的"作业本"。

考：

无论是章节检测，还是阶段检测，或是期中、期末考试，都要选用有质量、有标准的题目来引导教学、检测学习。所以说，考，除了检测功能以外，还有指明方向的作用，方向性很重要。

考题，是一个科组学术的最高展示。

6. 年级组长必修

求圆且方，独立担纲，引、领、协、定、和为上

求圆且方：

所谓求圆且方，是指做事有成，有圆有方。圆指圆满、圆通、顺畅。当然也指有结果，有始有终，可以循环。

方，有别于圆之意，多指规则、原则，还有正与直。求顺不失直，求圆且有方，要在方圆之间找平衡。

独立担纲：

年级虽小，大如学校，或者说从某方面来说就是一所学校，代表一所学校。但是领导这所"学校"的只有年级组长一个人，要历练独立思考、行事有为的能力。

引：

年级组长要有目标引领的能力，善于确立目标，激励团队前行。当然，目标引领的对象还有学生，要让学生有激情、有活力，动起来，砥砺前进。

领：

这里说的领，特指领导能力，领导教师团队和学生团体的能力，领导课程建设的能力等。领导能力区别于亲力亲为，领导能力要体现号召力，让大家都为目标同行动、共奋进。

协：

就是协调、统筹，在纷杂的万事中，找到平衡，使事情能有序运行。也是指处理具体事项的能力。

定：

要有定力，遇事不慌，有事不怕，这是稳定局势、稳定团队的能力。要给团队成员以信心、力量。还指决策力，在千头万绪之中，在千言万语之下，能决定事情、决策事情。

和：

万事求成，和不可缺。以自己之善、之胸怀、之修为，成团队之和善、之和谐。

7. 年级组必依

勤跟紧守，求真做实，管、教、育、培、学最重

一个共识是，年级管理是所有管理的落地，具有细、繁、实的特征，这就决定了年级主任的工作特点。

勤跟紧守：

勤，就是勤奋。其特征有三，一是尽全力，二是经常，三是主动。勤跟，应该是跟学生、跟教师、跟事项、跟任务等。紧守，关键词是守护、守着，它的反面就是放开、离开。勤跟紧守，是态度、是时间、是精力，当然还有情怀。

求真做实：

求真，特指学科教学，要有符合学科、级段、学生的教学要求，包括课堂教学、课后作业及个别辅导等。而做实，是指在方方面面都不能虚、不能悬，要触底、见底。

管：

管，是相对于教提出的，我们最基层的工作——年级工作，不能完全依赖于

教，要管、教结合，互为补充。具体说，管就是要用规则、规定等基本要求约束学生，这里的约束不是贬义的约束，"管"的本意就有约束之意，只是当今被淡化了，很是遗憾。

教：

教，就是指教化或者教育，说道理，讲情义。学校管理教要放于首位，是学校存在的意义之一。

育：

育，即"按照一定的目的，长期地指导、训练"。年级按照设定的目标要求，对学生有目地开展训练。包括学习要求、活动要求、纪律要求、成长要求等。育之特征更近于管。

培：

培，更多的是陪护、陪伴，是情感方面的交流。这对学生的成长是很重要的，每一位教师都要做到。在学校教育中，培，是欠缺的，甚至缺位，这种现象要改变。

学：

这里有两层意思，一是以学生为本，把学生的发展放在第一位。二是让学生自己动起来，变"管教培育"为主动、自主。这是教育、教学工作的最高境界。

8. 学校文化

凝心聚力，奋进同频，勤、竞、真、容、悦为人

无论是管理还是引领，都只是强调把教师调动起来，而这种动起来是一种表面状态，其实还是散的，稍停用力，这个方阵就会变形。这时候就需要学校文化和团队精神。那么，需要什么样的文化、精神呢？

凝心聚力：

凝心，就是达到心念层面的统一、专一。聚力，就是用力集中、聚焦。在同心的前提下，聚力向前，心力合一，这个方阵就获得了永动力。

凝心是前提，聚力是结果。做到凝心，考验的是领导者的情商，体现的是管理的人文性；达到聚力，领导者的智慧起到决定作用了，表现为管理的科学性与艺术性。

如果一个管理体系兼顾了科学性、艺术性与人文性，这个管理体系就是完备的，也是高效的。

奋进同频：

如果说凝心聚力表现的是静态的文化特征，那么奋进同频就显示出一种动态的精神状态。何为奋进？奋进，不是一个人或几个人在动，而是有一群人在向前奔跑，同向奔跑，同频共振，这是一个团队时时刻刻应该有的动态。

要形成这种动态的奋进同频，就要依靠学校的制度文化、激励机制及评价方式等。事实上，如果你看见一群人在奔跑，那一定是有一种无形的力量在牵引与推动，如果奔跑的姿态稳定、时间长久，无疑这种激励是成功的。

勤：

勤，是评价做事、成事的一个基本量。勤不只是能补拙，勤一样可以"添花"。在勤的状态下，一个人会有更积极的思维，也会有更多的灵感。

具体来说，就是要勤于思考、勤于"劳作"、勤于创新。

勤，不只是一个字，勤是可以被描述的——作为教师，勤体现在脚步行走于教室与办公室之间的次数、伏案备课的时间、批阅作业的姿势、撰写文章的篇数，还有，一早在校园的身影、课堂教学中一言一语的质量等。

竞：

竞，就是要求每个人不仅仅满足于个人的勤奋，还要与他人比较、竞争，只有这样，团队才会动起来，积极向上，勇往直前。这样的团队是充满生机与活力的，是向前发展的。一所学校要形成这样的氛围有难度，这是教师工作的性质决定的，所以要通过机制、活动等，让大家行动起来，打造一个强有力的团队。

竞，是为了让一个团队奔跑起来，形成一种强大的力量，足够战胜遇到的所有困难。竞，还是为了让个体强大起来，能承担一切前进中的压力与担当。

当然，竞，经常会与教师求稳求静的心态发生冲突，所以要求设计者在设计活动时，要具有艺术性与人文性。

真：

教育是科学，教育的对象是人，这些都需要在学校文化之中，把"真"放在重要的位置。这里当然包括学校的管理与运行。校长要求真，教师要求真，学生也要求真，也就是说，一切不虚、不假。以"真"营造学校氛围，引领学校发展。

求真，就是允许对问题争论、讨论。从教学上来说，其意义更为重要，那就是要在课堂上给学生充分的时间，让学生可以说出自己的想法，哪怕很浅薄，甚至有点离谱。让知识、原理、科学在这样的氛围中展开、呈现，进而被学生掌握。

从学校管理层面来说，在制定制度、方案的时候，要允许有不同的声音，要听取不同意见和建议，要对等地尊重一些合理的建议。只有这样，出台的意见才是有基础的，才能最大限度地得到执行。

求真，还反映在一旦形成共识，无论如何都要执行，不猜疑，不拆台，这是求真的更高要求。

容：

在这里特指包容、容纳之意。在学校，每一位教师都是有个性、有思想的，教育也需要这种个性化，只有这样才可能让教育丰富多彩。在学校文化中，容显得很重要，它是求真、创新的一个前提。

容的另一个层面更重要，那就是对待学生，对待学生的成长与发展，对待学生的进步与停滞，对待学生的对与错等。一个团队只有做到了这个"容"，形成了这样的共识，才能在育人的道路上心平气和、全神贯注地同向行进。

其实，从某种意义上说，没有了容，也就没有了真正意义上的团队。

可是，现实情况并不理想，在学校中，教师不容学生者有之，教师不容领导者有之，学生不容教师者也有之，是不是存在领导不容教师的情况，大家也有自己的答案。

出现这种情况原因可能很多，但有一点很明确——大家没有一个基础——学校文化基础，大家不能在同一个平台上对话、交流，这才是关键，也是学校领导层面要考虑的问题。

悦：

悦己为人是一种素养，也是一种格局。我们每一个人，尤其是作为一名教师，要有正确的价值观和良好的生活态度，能够为团队带来阳光和力量。

领导者若不悦，团队就不能欣欣向荣，更不能同频，所以说，悦是一切开始的基础，也是众多事项的落脚点。

这就要求团队的领导者在注意管理的科学性的同时，一定要有充分的人文性和艺术性。和谐团队的形成是建立在多元管理基础上的，是对领导者最高的要求。

学校之美

如果问学校应该是什么样的，我的回答很果断——"学校应该是美的"。我说学校美，大概是两个潜意识叠加而成的，一是我现在工作的学校——玉岩中学一直在我心里是最美的学校；二是学校本来应该是一个美的地方。

当然，我所说的学校之美，不仅仅是校园之美，还应该是静谧之美、和谐之美、生机之美，还有书声琅琅悦耳之美、守护陪伴醉心之美等。

我们必须深刻地认识到，学校是培养人的地方，我们培养出来的学生不仅仅表现在知识层面，更应是有智慧、有素养，懂美、爱美、尚美的新时代新人，这时环境育人就显得尤为重要。如果我们学生的眼睛看到的是美，耳朵听到的是美，处处感觉到美，可想而知，他们的成长一定是幸福的、阳光的，走出校园后必定个个是充满正能量的阳光少年。

那么，学校之美是通过哪些元素体现出来的呢？或者说，学校应该是什么样的呢？

校园选址、建筑设计及主要的功能场室，这些对于一所新学校来说没有太多的话语权，现在很多是建好校园基础设施，直接交给学校去使用。所以说，学校之美更多的是在框架之外，留给校长的是另一个创造空间。而且，一所学校会不会很美，剩下的这个空间会更重要。

校长要进行的一定是一项非常宏伟的工程。校长要综合校园所处的区域环境、办学定位、发展愿景，再结合个人的教育思想来确定学校的办学理念、培养目标、办学特色、作息时间、课程设置、评价方式等一系列办学思想体系，基本形成了一所学校的文化架构，其他所有都要围绕这个体系进行设计、布置。

1. 学校之美要体现在师生对学校的喜欢

学校是学生读书、学习和生活的地方，不能说只要有教室上课就可以了。进入校园，还要让人感觉到舒服、舒展，有好的心情，要有"在这里一定要好好读书"的触动和欣悦，这算是学习读书的"外部条件"吧。

玉岩中学是2006年新建的一所完全中学，占地230余亩，全部为徽派建筑，古朴典雅，极富韵律感，既静且动，整个校园构成一个充满生机活力的整体。校园依山就势，坐北向南，布局合理，错落有致，既大气又精致。建筑更以马头墙、青瓦顶特色而有别于周围楼宇。

首先，让校园灵动起来的当属校园内的"三点水"，"玉岩之美，美在之水。三点水，似玉岩之眼，像生趣之泉，三千学子生息于此，晨曦中书声琅琅碧波荡漾，夕阳下漫步水岸成对影，相约成景……"这被学生无限喜爱的"三点水"就是分布于校园东、南及中间位置的涵月塘、云影潭和濯玉池。

有水，就有灵气，就会灵动，这是设计者的用心。当然后来者对"三点水"的命名也颇具深意。比如，一个"濯玉池"，令多少玉岩学子视其为"高"池"圣"水，走近，掬一捧池水，许一个心愿，寄一届期望，享受无限美好。

其次，徽派建筑结构严谨、雕镂精湛的设计理念及工艺水准，也正是研学、育人之必需，让玉岩校园有了更深的内涵。学校正门上方"琢玉攀岩"四个字让学校建筑与校园文化、精神融为一体。也是玉岩首任校长孟纯初的点睛之笔，寄托了他对玉岩教育的理念与愿景。

当然，玉岩中学校园最美之处还是两道风雨廊。说其美，其一，顾名思义，美在实用，起到为师生员工遮风挡雨之用，这在多雨的南方来说很是方便；其二，美在结构与外形，两道风雨廊把学校的主要建筑连在一起，这种连接不是一种几何形状，更多显示的是自然节律，曲径但不通幽，顺势又有用心，称得上是玉岩校园建筑的灵魂；其三，也是最重要的，美在文化。在最初修建的连廊里，有79根柱子，被精心设计成了文化走廊，一个是以《论语》为主题，另一个是以《孙子兵法》为主题。师生走在其间，如同走在历史文化的隧道之中，幽微深邃之感顿生，不知不觉间就会放慢脚步，偶尔也会停下来，读一句"德不孤、必有邻"，领悟其中真理。一曲连廊，无限深意！还有，"见善如不及，见不善如探汤"——时刻告诉大家，世间万物，皆有善与不善之分，好与不好之别。要虚心向学，择其善者而从之，其不善者而改之，此乃人之美德。又有"父母之年，不可不知也。一则以喜，一则以惧"——儿女成人立事，父母定已年高。喜之，高寿，父母之禄，儿女之福；怕之，皆有百年，人力不及。知父母之年，念父母之恩，知孝悌之义。百善孝为先，此乃立人本孝。"岁寒，然后知松柏之后凋"——万物为生而长，大凡为一岁一枯荣，遇冬多有不敌，只有松柏凌酷寒而不凋，傲霜雪而青翠，初心从不改，逆境永向上……凡此种种，共计79条，亦即79部大书、79曲韶乐。

劝善，劝孝，劝志，劝在自然，劝在每一天，此为学校之美，美在师生喜爱。

还有很多很多，这样的校园，让学生的学习增加了无限的惬意。伏案研学之后，走在校园内，大概所有的疲惫都会远去，学生如何不喜爱呢？

学生会喜爱每一处的雕琢，喜爱每一处的细节。

玉岩建校之初，记得我非常自豪地写了一副对联：

聚天地灵气，古城换新貌，正建"千山萝岗"新区，今朝见楼宇拔山起同千年羊城竞辉煌。

汇南北英才，书院现生机，齐创"百年玉岩"名校，明日看桃李满天下与百年古荔争红艳。

可算是个人被一所美丽校园的感动与心情，这大概也能说明校园之美的力量吧。

2. 学校之美还应体现在师生对学校的热爱

学校要成为师生热爱的地方，这是"好学校"的一个标准。作为教师，热爱学校，那是用"心"在工作，否则只能称得上在这儿上班，像流水线上的工人一样，机械地完成动作。学校当然不希望这样来"上班"的教师太多。而是希望开心、愉悦、用心的教师走在校园里面，为学校的教育教学工作尽心尽力。

这就需要学校全体教职工共同营造一个良好的氛围，这个氛围应该是民主、平等与尊重的。

（1）民主

学校工作的特征之一是，学校工作非小事，学校工作也无"大事"，日常运行极其简单、明了；学校工作的特征之二是，事事都关乎学生的成长与发展，而每一位教师都是教育"专家"，有思想，有想法。在这种状态下，民主是最好的管理方式。民主，能够收获了智慧，建立和谐，调动团队的个体力量，使得团队力量最大化发挥。所以，在学校要营造民主氛围，还要提升民主能力。

（2）平等

在学校，平等包括教师个体之间的平等，还有师生之间的平等。平等更多的是一种氛围，教师愿意表达意见，学生可以与教师对等地讨论问题，无论是学术范围还是社会层面。这样就会培养出真正意义上的求真精神。

（3）尊重

其实，民主、平等和尊重，三者是连在一起的，都包含了互相之间的认同与尊重，这是团结一批"学术"人的法宝。教育工作是一项个性化很强的工作，也是教师这个职业的魅力所在，每一个人都是一个创造者，可以通过个人的风格去体现。因此，对每一位创造者的尊重就显得尤为重要。

这六个字，在玉岩中学得到了最大限度的体现。建校初期，大家真正感觉到是一个团队，所以方向一致，齐心合力，引领着玉岩走过最艰难的时期，取得了令人瞩目的优秀业绩。

团队中的每一个人都特别热爱这所学校，自豪取得的每一个成绩、每一点进步。

我特别珍惜玉岩的氛围。

回想2009年夏天，萝岗区教育局组织特级教师去英国参加培训活动，记得刚刚走近桑德兰城外，忽然间冒出这样一个想法：如果中国的某位作家生于斯长于斯，中国人也一样能获得诺贝尔文学奖。过后回想起来，没有任何推理或逻辑，只是一种强烈的感觉而已。就是感觉到桑德兰的天是那么蓝，草是那么青……总之，有一种宁静旷远的感觉，又有一种天地和谐共存、人与自然共处的惬意。虽然后来又去了英国的其他一些城市，但我还是最喜欢桑德兰，我喜欢呼吸这样的空气，我喜欢这里的幽静。

不知道是因为"初恋"难忘的情愫还是宁静致远的怡人，或许都有，或许都不是。

现在回想起来，可能有一种玉岩情结和对玉岩的期盼……

自问，我们的玉岩能否"桑德兰"？

3. 学校之美更应体现师生对学校的敬重

敬重，与喜欢、热爱是不一样的，我们敬重的一定是自己所信仰的，甚至是畏惧的，比如说学校的章程，大会通过的制度、规章，还有学校的办学理念、育人目标等，就是要形成一些东西，沉淀一些东西，让它成为学校的文化，成为师生的共识，这就是大家共同的信仰和价值观。无论哪个人做校长，大家都会明白有一些东西是不变的，是让人敬重的，进而大家也就会敬重学校。

记得在玉岩中学的一次（2008年9月）座谈会上，我说了几句话，可以反映出我对玉岩的敬重：

> 与我生命一起成长的
> 不多
> 玉岩是一个
>
> 一个名字被我们叫起又叫响的
> 只有一个
> 玉岩是另一个

敬重的是什么呢？敬重"玉岩精神"——艰苦创业、勇当尖兵的精神，琢玉攀岩、追求卓越的精神，高瞻远瞩、海纳百川的精神。还有就是敬重开创玉岩新局面的一些平凡的人，一些创业者和奉献者。

记得2009年高考是玉岩中学第一次"亮相"，谁都不知会怎样，大家都在心里憋着，又想更快地知道成绩。等着，等着，终于到了公布成绩的这一天。而后，这12个字"玉岩一炮打响，萝岗全面飘红"常挂在嘴边，响在耳边。其间，在北京的一位同学打电话问及今年玉岩高考之事（我的朋友都很关心我校的高考），我不知不觉就用这12个字来表达；老家的一位好朋友问及高考之事，我还是讲出这12个字；见到广州以前的老同事，当问起玉岩高考情况时，我依然不知不觉就说出了这12个字。这12个字，让我很是激动，随笔写下这样一段话：

一阵风从对面吹来

好凉快

吹走了几天的沉闷

吹来了玉岩三年的等待

一阵风从对面吹来

好凉快

吹进了六楼很晚还在亮灯的那个窗户

吹开了一个伟男的情怀

一阵风从对面吹来

好凉快

吹短了一个姑娘的头发

吹湿了她倔强的深爱

这阵风注定该来

玉岩与你有个约会

只是在路上耽搁得太久

刚刚吹来

有风吹来

真的好凉快

吹走了尘封的疲惫

吹来的是大玉岩崭新的时代

对学校的敬重是对自己的珍爱，无论我们在学校"无足轻重"，还是在学校"负重担当"，都要敬重。我们不能因为学校"不公"于我，也不能因为自己为学校做出贡献了、有资格了，就不把学校看得那么重了。说到底，个人所有的成长都是基于学校这棵大树，因为树根为我们提供了足够的营养和水分，让我们枝繁叶茂，此时我们更应该敬重根。

4. 学校之美最终要表现出学校的团队魅力

大家都在讲团队精神，到底怎样的团队才算是好的呢？

关于学校与个人的关系，我有一种理解："我们的脚步能走到的范围就是我们的整个世界，我们的脚步最频繁走到的区域就是我们的家。"其实，我们的学校就是我们的家，我们每天的多数时间是在这样的一个家中度过的，无论是酸甜苦辣还是喜怒哀乐，都将依偎在家的怀抱之中。学校是大家的一个集合，我们每一个人都是学校的一分子，是这个集合中的一个元素。元素与集合的关系只有两种，要么属于，要么不属于，没有第三种可能。我一直认为这样的认识是一个基础，有了这样的基础，我们就不会游离于集合或者群体之外。

学校对我来讲很重要。

还是2009年，教师节，区政府组织活动表彰萝岗区优秀教师，看到区委薛晓峰书记坐在下面听我们孟纯初校长发言的那种神态和眼神，晚上又参加萝岗街道为社区教师举行的教师节联欢，感受到那种气氛，真的让我好感动，回来写下了这么一段话：

昨天的天空特别通透
以至于我看到了天之边
仿佛天底下只写了两个字
玉岩

昨天的天空特别蔚蓝
让我看到了天之腰杆
并不算高大挺拔的一群人
坚韧地撑着一片天

昨天的天空特别透彻
隐约看到了梦中的天之湾
我们要共同地呵护
留着躺下看天蓝

我们要做学校的腰杆。

记得最清楚的还有这样一段话——有感于2009届毕业班团队QQ群解散：

多想把一切留在三年之内
默默三年之中
我们共同见证了什么是艰辛
我们好累

多想把一切留在一年之内
提前一年的冲刺
你我追寻的是同一种真诚
我们无愧

多想把一切留在一月之内
期盼与等待
伴着的是别样的幸福
我们欣慰

多想把一切留在一天之内
今晚不会是最后的相聚
伴着五味
我们想醉

多想把一切留在时间之外
让我在心里想你
没有人会知道
你我的爱

2009年6月24日

我们要为学校不舍，这就是团队。

学校的作为

毅行——学校之窗
——记2017级高二毅行活动

众所周知，一所学校会开一个门或几个门，似乎没听说哪所学校开窗的。

玉岩中学就开了"窗"，而且不只一扇"窗"。

窗有什么用呢？

先说说门的作用吧。

具体地说，学校的门有什么用呢？进与出。进来了，三年或六年，再出去。就这么简单，还似乎有些无聊。怎么不无聊呢？一个孩子又不是产品，家长给送进来"加工"，等有朝一日成型出品。

窗，有什么用？那就多了！透气，照进阳光，闲看风景，与自然对话，同外界交流，溜出去释放一下等，甚至很多美丽的故事也发生在窗前月下。

不仅如此，窗的特性还有很多。

临窗远眺，你可以很休闲，很随意。甚至有很多东西从"门"是看不出来的，也表现不出来，但是"窗"可以，比如孩子的多元、本真和个性。

今天"毅行"活动的中场休息，显然是又一批学生的主场。那位听到我在后面催作业就会低头不语，装出胆怯又调皮的小同学，站到了主持人位置上，表现自信满满、落落大方；那位课堂上我要敲她桌子把她"吓醒"的小同学，开场时候的演奏更是震"静"全场；等等。换一个舞台出场，都是道道风景；换一个角度看，都有惊喜阵阵。

寻找到一扇窗，就等于找到了生活或生命的另一种释放。

所以玉岩中学为学生开了很多"窗",即使有门还是要开很多窗,这不是为了"进出",而是为多元绽放,为自然生长。

门是最为基础的,"窗"才是一所学校的绚烂与灵性。

"毅行",30公里,700多人,放下书包,背上干粮,结对行进。确是一个"壮举"。

意义何在?

玉岩"毅行"的这扇窗,不同于"研学""户外活动"等。

其意义在于:

一是行路

古云"读万卷书,行万里路",其实读书、行路都是一种对话,一种与外界的对话。

诗人汪国真说:

"没有比脚更长的路"

也许是想告诉我们

坚持的力量

梦想的力量

或许是诗的力量

其实

世界上最长的就是路了

可能穷尽一生都不能走完

路

真的比脚长很长

行路

不是为了把路走完

是为了看到前方

路的延伸和无限

远方
藏着希望

行路
不是丈量路的长度
是
走近自然
走进阳光
就算遭遇风雨
都将丰富我们的经历

行路
是
与外界对话
与季节对话
不仅仅是对话课本
老师
还有那些数学公式

行路
是为了追赶自己的方向
沿路
播下种子
来年发芽
收获希望

二是弘毅

《论语·泰伯》中说："士不可以不弘毅，任重而道远。"唯"弘"方能胜万钧之重，有"毅"才可至千里之远。

家国天下
我们都有重担之任
别人无法替代
负重是在寻向上的力量

行学成长
都不是一帆风顺
来去没有捷径
坎坷是磨砺脚步的印章

三公里
十公里
三十公里
这不是距离
是测量极限的工具

超越极限
是每个人的梦想
超越自己
靠自信的力量
今后
我们以自己为榜样

三是绽放

幼苗，都是为了长大，花儿都是为了绽放。

所有花的绽放
除了花本身的顽强
不可忽视

外界减压释放
才是花开的临界力量

花开在路上
不是因为路边有花
而是路上青青少年
播撒的芬芳
和少年的奔放

花开在脸上
才是少年最美的模样
今天本是花季
让世界溢满花香

恳谈——学校之担当
——2019级新生恳谈实录

新生家校主题恳谈是玉岩教育的一个品牌活动，初衷是为了创新学校与家庭的沟通交流方式，落实校长办学思想，给新生上好第一课。更深层的意义在于，体现学校对学生成长的担当。

今年的恳谈主题是"善"。当时我的日记标题是"善，湖面上的那片叶"。

有强迫症的我，思来想去，结论是难度有点大。

玉岩办学的第一阶段恳谈主题是"勤"与"孝"。相比之下，谈"善"的难度至少十倍于前。

为什么这么说呢？

因为勤与不勤、孝与不孝，基本上可归到二分法，很确定，大家也很容易达成共识。而且，中学阶段，大都有不勤者，也有不懂得孝的，谈起来很容易产生共鸣。

"善",就很复杂,换句话说,它不是线性的,有的甚至没有结论。

另外,勤与孝是个人层面的品质。劝其勤,教其孝,此乃为其本人好。

善,不一样,虽然在社会主义核心价值观里面,"友善"被放到个人层面,仔细想来还是归属于社会层面的关系。

因为善,已经不仅仅关乎个人或家庭,而是要与社会中的人发生关系。

劝善,总会有说教之嫌、忠告之疑。

因此,方式很重要。

如何谈?

靠查词典,看来没有用了。《说文解字》上说,善从羊,羊就是善,那虎、豹就不善了吗?

还真是难。

无论多难,必须给"善"主题恳谈一个定位,给出自己的理解与诠释。不然那不是误人子弟吗?

"为什么"的问题,也就是说,"善"的意义问题,我们的印贤文校长已经给出了答案——"给生命涂上善良的底色",字数寥寥,含义万千!

"是什么"的问题,还要自己定,也就是"善"的特征问题,什么才是"善"呢?

词典上说,善从羊,肯定也有道理在其中,再结合自己的理解,我想这样定位"是什么"的问题——善,湖面上的那片叶。

这片叶是静的。叶,知道湖的静,是静无声的那种静,藏在喧嚣之外的那种静。叶,飘落了,它却不愿意打破这种宁静,轻轻地落下,任其漂移哪里。

静的叶,是善的。

这片叶是美的。湖面有宽广如镜之美,有远接蓝天之美,如此美丽的湖面上,有一片叶,如一方舟,自由漂移,如此点缀,让湖的画面感更强了,层次更丰富了。可谓叶美,湖美,美美与共。

美的叶,是善的。

这片叶是舍己利他的。世上没有一片叶是必须要落的,叶的落都是叶的舍己,是为了让树保存更多的水分,熬过秋天冬季。有这样一片叶,它选择了飘落湖面,是为了带回一点儿水分,为了给湖面增添生动,还是为诗人一句"一叶湖面一扁舟"？

舍己利他的叶，是善的。

是的，静的，美的，利他的……这就是善。

因此，恳谈方式也就不难了，我认真编制了五则"恳谈"情境材料，主要从"善心""善行"及"扬善"三个层次来诠释"善"。

每次由学生或家庭抽取一个，阅读交流，发表见解，需要时，再点一点，轻轻地点一点。一切就这样缓缓地进行，不需要说教，不需要讲解。

这样很OK！

今天共与30个家庭进行了恳谈，效果很好，进行得很顺利。多数家庭都能从对善的理解、对善的教育及对善的弘扬方面谈个人看法，学生大胆、大方，敢于表达、善于表达，充分说明了新时期的学生、家庭都在发生变化，所以我们教师也要提升个人素养，扩大知识面，这样才能成为新时期合格的教育工作者。

在恳谈中，材料五（关于《感动中国》故事）被抽中的最多，而且有的家庭谈得很好。

有一位家长如是说："善，只有行动才能有用，只有行动才能产生影响。上榜的人物都是在行动，在做善事，作为主流媒体，或者社会层面，就是要大力宣扬善事，让主流文化占上风。"说得多好啊。

还有一个家庭在现场开导孩子："你不能感动中国，你可以先感动家庭，感动玉岩嘛。"

这是对的，从小事做起，从身边事做起。

最感动的材料要数故事三了。家长和孩子都非常感动农民爷爷有一颗善良的心。

……

正所谓"教学相长"，在与学生及家长的交流中，我自己对"善"的理解与践行也有所提升。

比如，有一个家庭谈兴正浓，虽然计时员打出"时间到"的牌，我还是认真倾听，频频点头。

还有一个家庭只有爸爸来了，虽然我们要求必须父母一起来，但我没有直接问妈妈为什么没到，害怕有其他原因，尴尬。

理解、尊重都是一种善。

在十多年的实践中，我发现家校恳谈意义远大于预期。每次恳谈会都给孩子们留下一个美好的画面——在他们成长的关键时间节点，校长和家长围坐在一起，共同交流、沟通与其成长相关的话题。

让孩子知道，成长不是他一个人的事情，有很多人在陪跑，随时准备为其提供帮助、援助。

希望通过这种仪式或画面，给孩子成长中的一种安全感，建立孩子成长中的自信。

让我们做一个永远的陪跑者，做一个成长的守望者。

附：

以"善"为主题的家校恳谈情境材料一：

社会主义核心价值观是社会主义核心价值体系的内核，其中，"爱国、敬业、诚信、友善"是公民的基本道德规范，是在个人行为层面对社会主义核心价值观基本理念的凝练。

请就"友善"一词谈一谈个人的理解和行动。

以"善"为主题的家校恳谈情境材料二：

让我们分享一下小明的故事：小明今年已经13岁了。他出生在一个诗书之家，可谓受到良好的家庭教育，非常注重品德修养。课余时间，常去参加一些志愿者活动，并且立志长大后做个慈善家。

一位关心小明成长的志愿者，对小明进行了差不多一学期的观察。下面是记录的一个片段：

有一天自习课，小明发现同桌一道数学题不会做，急得抓耳挠腮，本打算给他讲一讲，但由于自己的作业也特别多，就没有去帮助这位同学。

请针对这个片段，谈一谈你的看法。

以"善"为主题的家校恳谈情境材料三：

有这样一个故事，从前，有一位农民爷爷从外面赶回家里，正准备开院门，这时候他发现院子里的枣树树梢在左右摇动。"没有风，树为何会动呢"，好像猜到了什么，这位老爷爷停止开院门，站在院外……

你知道老爷爷为什么没有立即进去吗？请谈一谈你的看法。

以"善"为主题的家校恳谈情境材料四：

分享一个身边故事：工作之余，周末我偶尔会陪夫人杨女士到市中心去逛一逛，很多时候都会碰到学生模样的孩子上来递小广告，开始我是不接的，感觉麻烦，甚至还会成为垃圾。可是夫人不一样，每次都爽快地接过来。有一次，我问她为什么，她的理由很简单，这些孩子要么因为生活困难，出来挣点生活费；要么是出来参加社会实践，锻炼自己的能力，都是好孩子，广告发完越早，他就能越早回家。而且有时候还可以当作扇子用，当作垫子使，何乐而不为呢？

请你评价一下杨女士的想法和做法。

以"善"为主题的家校恳谈背景材料五：

《感动中国》是中央电视台综合频道打造的一个品牌栏目，每年都会评选出感动中国十大人物，其中不乏道德模范，并进行隆重的颁奖典礼。

谈一谈为什么会评选出这些道德模范，并进行隆重的颁奖典礼。

寻根——学校之底蕴
——寻根玉岩书院

2006年玉岩中学开办以来，玉岩同人凭着"琢玉攀岩"精神，艰苦奋斗，追求卓越，擦亮了"玉岩中学"这块牌匾，让玉岩中学成为一所区域内最优质的学校，服务社区，文化民风，育才培英。

玉岩中学不仅"优"其外，更"雅"于内。

走进玉岩校园，徽派建筑的典雅，校园环境的静雅，还有男女生宿舍"纯、友、君""静、雅、慧"透出的文雅，等等，处处透着浓郁的文化气息与丰富内涵。

那么玉岩中学"雅"的本元文化基因源自哪里呢？玉岩中学校名源于距今856年的玉岩书院，玉岩书院是玉岩文化的根。

2019年5月23日，玉岩中学教育工会提出倡议，到玉岩书院寻根溯源。我们高二数学备课组一行10人来到了玉岩书院，找到了部分答案。

玉岩书院面积不大，朴素雅致，古色古香，观之时许，思之良久。

先从两个故事开头：

故事一：玉岩书院的故事

钟玉岩父亲钟隧和，官至宋朝宣议郎，晚年辞官归田，定居萝峰坑村，建"种德庵"，虽年老，仍重执教鞭，于此教育族中子弟和乡里儒子。

其间，9岁的崔与之与12岁的钟玉岩同读于种德庵。二人勤奋好学，互为友好，后都考取进士，成为国之栋梁。

钟玉岩为继承父愿，辞官告老还乡，改建种德庵为萝坑精舍，继续讲学传道。他延名师，传儒学，收族里无力读书幼童，教其读书，管其吃住。

钟玉岩子孙为弘扬父辈讲学办学善举，继续扩建萝坑精舍，更名为玉岩书院。成为当时文人墨客常聚之地，为岭南文化发展做出了不可磨灭的贡献。

崔与之官至右丞。一直惦念钟家对其培育之恩，赠地三处与钟玉岩，传颂千古。

崔与之给钟玉岩书信道："窃愿于前留余诸穴，择其颇近兄乡里者，凡三处：曰郁洞、曰姜田、曰黄洞岭，并送以兄，永为茔域一从酬昔年训诲之恩，一从绵子孙世好之谊。兄倘如意，此札即为送帖。弟异日解绶方旋，悉将税户交割与兄，永为兄业。"

故事二：玉岩中学的故事

玉岩中学建设初期，并非一帆风顺，堵路者有之，闹事者有之，曾一度不可开工。

一日，事情闹大，聚集数百人。一位钟姓老人站出来大声训斥："闹什么，这是建学校，又不是楼堂馆所，是教化一方的好事，是造福子孙的义举。我们应该感谢才是。"

至此，工程顺利，按时开学。

无论是藏于历史、典籍，化人千年的玉岩书院故事，还是现代钟姓老人对建玉岩中学的支持与期待，都是令人感动的。凝其核心，就是这两个字：种德。办学即种德。

种德，即德化育人。钟家建种德庵，可谓用心良苦，对萝峰片区及周边教育是功不可没的。

1. 玉岩书院之德有哪些？

（1）勤为奋

勤者，即尽全力去做一件事。

钟玉岩从小做事勤勉，读书用功，日读夜思，可谓勤奋的榜样。年五十方中进士，终为振翅跃飞，不想平庸而过。

（2）孝根本

钟玉岩年幼之时，遵从父愿，跟随父亲学书识字，懂礼守义，顺父意而行之，此乃孝顺。

更对父亲敬而重之，建堂立祠，每日拜之、爱之，此为孝敬。

又钟姓子孙都在继承父辈遗愿，父做之，子承之，把书院延续至今，可谓以父志为己志，谓之孝志。

孝顺、孝敬、孝志，皆讲尊重长辈，谦恭行事，此为根本。在家知行孝，出外一定知礼懂规，做事不凡，因万事同理。

钟族子孙，延续祖辈讲学育德之志，顺祖辈之意，敬父辈之为，传承文化，继承先愿。当可敬之。

（3）文传家

钟家深知，黄金万用，唯诗书千古。物让人浮，文使人善。历代诗书传家，以文立家，读书知礼，读书成业。

（4）化民风

有能、有力，当教化一方，德化一城。

钟姓子孙兴建玉岩书院，钟族后代支持建玉岩中学，我们都应敬之、爱之。

今日，钟族子孙有向学者，玉岩学人皆应尽全力，教之、育之，使成栋梁之材。若有懒学者，我们也应爱之、导之，使其成有用之人，获生存之能力。

（5）情最长

崔与之与钟玉岩的千古友谊比金重、比水长。

滴水之恩当涌泉相报。崔与之在钟玉岩辞官归田后，赠三地块，所言确实感人，情真意切。"兄倘如意，此札即为送帖"，一片真诚。

2. 玉岩中学传承了什么？

四个字"文、德、勤、孝"。

（1）尚文

古今中外，文最重，学最要。文，让人智，使人慧。学，培人优，育人雅。

玉岩中学以"行己有耻，博学于文"为校训，既源于玉岩书院理念，也是对文对学的重视。

玉岩中学，校园优美，静如书院，宜读书，适修学。玉岩中学不仅重视专业文化的学习，还鼓励、引导学生博览群书，开阔视野，了解世界，思考古今。今开国学讲堂、美文诵读等系列活动皆是对文的传承。

玉岩学子，当爱书读书，心静读之，心动阅之，以书修己，向书求真。

（2）立德

玉岩中学育人理念，明德为首位。立德树人，千古不变。入学玉岩中学的学子，第一年要入读明德楼。正所谓"大学之道在明明德"，明明德是玉岩人的理念，也是职责。

德是一切的基础。尚德就是要尊重自然、尊重社会，按照秩序行事，走正道，有方向，可功成。

（3）重勤讲孝

玉岩中学育人两个品质，一勤一孝。建校至今，每位新生入学，都会有一对一的家校恳谈，主题即为"勤孝恳谈"。

在恳谈现场，一边是家长与学生，一边是校长，双边合一，共同培育。校长会对学校为何重视"勤与孝"与学生做面对面的交流，让学生知道，无论是古是今，勤与孝是做人、成人的两个基本品质。这一恳谈活动多年来一直受到学生及家长的拥护、支持和赞誉。

从玉岩书院到玉岩中学，从种德到明德，是传承，也是坚守。学校，就是排除一切干扰，安安静静育人，事事处处求真。玉岩中学会一直这样优雅地走下去。